UN APPEL
DANGEREUX

« Mon ami Paul Tripp fait jaillir la lumière de la Parole de Dieu dans le cœur de tout pasteur. Que vous exerciez le ministère depuis 20 minutes ou depuis 20 ans, je vous recommande ce livre. Abordez sa lecture avec prière et passion et préparez-vous au changement que Dieu s'apprête à faire dans votre vie, votre cœur et votre ministère. »

James MacDonald, pasteur principal à la Harvest Bible Chapel et auteur de *Vertical Church.*

« Ce livre est "bénéfique" au même titre que l'est la chirurgie cardiaque. Il est douloureux et effrayant et vous serez tentés de fuir loin de la vérité qu'il contient. Pourtant, il pourrait bien vous sauver la vie. Les pasteurs ont besoin de ce livre : J'en avais moi-même grandement besoin. Il m'a interpelé tout en renouvelant mon espérance et ma foi en Dieu pour exercer le ministère pastoral. »

Joshua Harris, pasteur principal à l'Église Covenant Life à Gaithersburg, au Maryland et auteur de *Dug Down Deep.*

« *Un appel dangereux* est un livre dangereux que toute personne engagée dans le ministère doit lire. Son message vous ira droit au cœur et suscitera en vous une profonde conviction si vous le lisez avec humilité et demandez à Dieu de vous révéler les péchés profondément enfouis dans votre âme. J'aimerais en remettre un exemplaire à tout étudiant qui pose le pied sur ce campus. »

Daniel L. Akin, directeur du Southeastern Baptist Theological Seminary

« Avant que finisse la semaine, nous serons de nouveaux maris, de nouveaux pères et de nouveaux pasteurs si nous suivons l'exemple de Paul Tripp. Lisons ce livre avec humilité et sincérité : le scribe ou le pharisien en nous sera alors désamorcé. Nous verrons notre besoin d'être délivrés d'une force très sombre et destructrice qui entrave le travail de bon nombre de pasteurs : l'autosuffisance pastorale non diagnostiquée. Avec grande sagesse et conviction, *Un appel dangereux* prêche l'Évangile de la grâce aux hommes qui, tous les dimanches, le prêchent à tous sauf à eux-mêmes. »

Eric C. Redmond, pasteur adjoint et professeur de théologie à l'Église New Canaan Baptist et membre du conseil de la Gospel Coalition

« Le ministère pastoral est un appel dangereux et ce livre est dangereux. Il vous transformera à coup sûr. Les pasteurs ont besoin de pasteurs : chaque page de ce livre s'occupera des besoins de votre cœur [...] même de ceux dont vous ignoriez l'existence. Ce livre vous procurera à la fois de la joie et un certain malaise. Par la grâce de Dieu, vous tomberez à genoux avec des larmes de reconnaissance. Enfin, il vous aidera à relever la tête pour fixer un regard renouvelé vers Christ. Ce livre constitue un miroir qui réoriente la réflexion de nos cœurs vers Christ plutôt que vers nous-mêmes. Ce livre, s'il était une prédication, serait le plus solennel et le plus rafraîchissant des sermons. Je souhaite sincèrement qu'il soit traduit en plusieurs langues, qu'il fasse partie des ouvrages obligatoires au séminaire et soit distribué à l'échelle mondiale à tout chrétien appelé à servir Dieu et les autres en exerçant les dons que le Saint-Esprit lui a accordés. »

Burk Parsons, pasteur associé à la Saint Andrew's Chapel à Sanford en Floride et éditeur du magazine *Tabletalk*.

« Peu d'hommes voient le rôle du pasteur comme un appel dangereux, et très peu sont aussi qualifiés et perspicaces que Paul Tripp pour déceler les pièges et les occasions de chute associés au ministère pastoral. Rares sont ceux qui peuvent prescrire une cure fondée de telle manière sur l'Évangile et l'Église locale. C'est un excellent ouvrage à lire, à relire et à mettre en pratique. »

Terry Vigo, fondateur de Newfrontiers.

UN APPEL DANGEREUX

RELEVER LES DÉFIS DU
MINISTÈRE PASTORAL

PAUL DAVID TRIPP

éditions
cruciforme

À tous les pasteurs qui ont pris soin de moi.
Votre empreinte est toujours sur moi
et j'en suis reconnaissant.

TABLE DES MATIÈRES

INTRODUCTION

Plusieurs raisons peuvent justifier la rédaction d'un livre. Les *livres explicatifs* sont écrits dans le but d'élucider un principe que peu de gens parviennent à comprendre. Les *livres d'encouragement* donnent un espoir motivant et une raison de persévérer dans ce monde déchu. Les *livres didactiques* nous enseignent comment faire. Les *livres d'exégèse* se concentrent sur la Parole de Dieu et nous aident à comprendre et à mettre en pratique ses vérités. Le livre que vous vous apprêtez à lire comprend des éléments de ces quatre types de livres sans pourtant leur ressembler tout à fait.

Il s'agit d'un *livre diagnostique*. Il a été écrit pour nous inciter à jeter un regard honnête dans le miroir de la Parole de Dieu qui nous révèle notre cœur et expose ce qui doit y être corrigé. Il nous aide à rechercher la guérison et la puissance transformatrice de l'Évangile de Jésus-Christ. De tous les livres que j'ai écrits, celui-ci fut le plus difficile à rédiger. Non pas à cause du processus d'écriture en tant que tel, mais parce que ses pages démontrent la laideur de mon cœur et révèlent à quel point j'ai toujours désespérément besoin de la grâce. J'ai littéralement pleuré en écrivant certains chapitres. Il m'arrivait de prendre une pause pour partager avec Luella ce que j'avais écrit. À d'autres moments, les larmes de conviction étaient si intenses qu'elles m'empêchaient de continuer. Toutefois, le brouillard du découragement s'est peu à peu dissipé. J'ai aussi ressenti, sans doute plus que jamais, une profonde espérance dans l'Évangile et une grande joie dans le ministère.

J'ai tenté d'exposer dans les pages de ce livre le problème de la culture pastorale actuelle qui comporte parfois des symptômes malsains. J'ai aussi voulu y aborder les tentations que le ministère pastoral intensifie et celles qui lui sont propres. C'est un livre d'avertissement qui appelle à une humble introspection et au changement. Il est écrit de manière à susciter un certain malaise pour vous encourager à changer. À certains moments, il vous irritera peut-être, mais je suis convaincu que son contenu reflète l'appel que j'ai reçu de Dieu. Peut-être aimons-nous trop le confort. Nous avons sans doute cessé de nous examiner et d'examiner la culture de ceux qui ont été appelés au ministère dans l'Église locale. À vrai dire, il m'aurait paru impossible de continuer à vivre sans avoir écrit ce livre. D'autant plus que la direction que j'ai empruntée dans ma carrière m'amène à aider du mieux que je peux les pasteurs qui se sont égarés.

On dira peut-être que je suis un pasteur audacieux, car je suppose que vous avez besoin, tout comme moi, d'un pasteur qui prendra soin de vous. J'essaierai de prendre soin de vous, du moins dans les pages de ce livre. Je le ferai sachant que j'ai besoin de chacun des avertissements qu'il contient et de chaque dose du remède de la grâce que je vous administre.

C'est l'Évangile du Seigneur Jésus-Christ qui rend possible la sincérité qui se trouve dans ces pages. Puisque son sang a couvert tous les péchés, toutes les faiblesses et toutes les défaites que décrit ce livre, il est donc possible de briser le silence et de faire face à ce que Dieu nous demande d'affronter. Ma prière est que ce livre soit à la base d'une discussion qui ne s'arrêtera jamais. Qu'il génère certains changements qui s'imposent depuis bien trop longtemps.

Tout au long de votre lecture, je vous propose de désactiver l'avocat qui sommeille en vous et de réfléchir à cœur ouvert. Ayez l'audace de demander à Dieu de vous révéler ce qui doit vous être révélé et de vous accorder la grâce de régler ce qui doit être réglé. Au fur et à mesure que vous mettrez ces choses en pratique, célébrez la grâce que vous recevez : elle vous délivrera du besoin pressant de vous convaincre de votre propre justice et de l'exhiber devant les autres. Votre position devant votre Seigneur est fondée sur la justice d'un Autre. Vous pouvez donc vous présenter devant le Dieu saint et admettre sans crainte les plus sombres de vos secrets et les plus profondes de vos défaites. Sachez que, grâce à l'œuvre de Jésus, le Dieu à qui vous vous confessez ne vous tournera pas le dos. Il s'approchera plutôt de vous avec sa grâce qui pardonne, sauve, transforme, fortifie et délivre. Cette bonne nouvelle, qui a permis la rédaction de ce livre, nous devons, vous et moi, nous la prêcher à nous-mêmes et les uns aux autres, jour après jour.

Paul David Tripp
10 avril 2012

PARTIE 1

UN EXAMEN DE LA CULTURE PASTORALE

CHAPITRE UN

EN ROUTE VERS LE DÉSASTRE

J'étais un homme rempli de colère. Malheureusement, je l'ignorais. Je croyais avoir une perception plus juste que quiconque sur mon propre compte : selon moi, je n'étais pas coléreux. Bien sûr, je ne pensais pas être parfait. Je savais que j'avais besoin des autres, mais je vivais sans m'en soucier. Luella, ma chère femme, a longtemps cherché à me faire prendre conscience de ma colère. Elle l'a fait fidèlement, à la fois avec fermeté et grâce. Elle n'a jamais haussé le ton en s'adressant à moi, elle ne m'a jamais injurié et ne m'a jamais fait de reproche devant nos enfants. À maintes reprises, elle m'a laissé entendre que ma colère n'était ni justifiée ni acceptable. Je m'émerveille encore de la force de caractère dont elle a fait preuve durant ces jours très difficiles. J'ai découvert plus tard qu'elle avait déjà un plan. Elle n'envisageait pas de me divorcer, bien sûr. Elle savait seulement qu'il fallait briser ce cycle de colère pour pouvoir vivre la réconciliation et le type de relation prévue par Dieu dans le mariage.

Chaque fois que Luella attirait mon attention sur un nouvel exemple de ma colère, je réagissais toujours de la même manière. Je réveillais alors l'avocat qui sommeillait au fond de mon cœur, j'enfilais ma toge de justice, et je lui rappelais à quel point j'étais un bon mari pour elle. Je repassais la liste plutôt longue de tout ce que je faisais pour lui faciliter la vie. Je suis un « homme d'intérieur » : les corvées ménagères ne m'ennuient pas et j'aime cuisiner. Je pouvais donc énumérer plusieurs choses qui confirmaient que je n'étais pas celui qu'elle prétendait. Par la même occasion, j'espérais également la convaincre qu'elle avait tort. Mais Luella n'était pas convaincue. Elle était de plus en plus persuadée qu'un changement s'imposait. Je souhaitais seulement qu'elle me laisse tranquille, mais elle persistait et franchement, cela m'irritait.

J'étais en route vers le désastre. J'ai peur quand j'y repense maintenant. Je détruisais peu à peu ma relation conjugale et mon ministère et je n'en savais rien. L'écart s'accentuait entre ma véritable identité et celle du personnage public engagé dans le ministère. L'homme irritable et impatient que j'étais à la maison était très différent du pasteur aimable et patient que connaissaient les membres de notre Église. Je dois dire qu'ils me voyaient le plus souvent dans le contexte du ministère et de l'adoration. Je me sentais de plus en plus confortable avec certaines choses qui auraient dû me troubler et m'accuser. Je n'éprouvais pas vraiment le besoin de changer. J'étais bien ainsi. Je ne percevais pas la schizophrénie spirituelle qui dissociait ma vie personnelle de ma vie publique. Le statu quo ne pouvait plus durer pour l'unique raison que j'étais et que je suis toujours le fils d'un Rédempteur inlassable : il n'abandonne pas l'œuvre de ses mains avant qu'elle soit terminée. J'étais aveugle et je m'endurcissais progressivement. Pourtant, je poursuivais allègrement le travail au sein d'une Église locale et d'une école chrétienne florissantes.

Lorsque Luella abordait le sujet, je lui répondais qu'elle était la femme mécontente typique et que j'allais prier pour elle. Vraiment! Quel encouragement de ma part! En fait, cette réponse produisait l'effet contraire et lui démontrait deux choses : d'abord, l'ampleur de mon aveuglement, puis le fait qu'elle n'avait aucune puissance pour me changer. Elle était confrontée au fait qu'elle ne serait jamais plus qu'un instrument entre les mains puissantes de Dieu. Seule l'action de la grâce pouvait opérer la transformation nécessaire.

Toutefois, Dieu a béni Luella et lui a accordé la foi persévérante dont elle avait besoin pour continuer à m'interpeller, souvent au cœur de moments très décourageants. Ce que je m'apprête à vous raconter est à la fois humiliant et embarrassant. Un jour où ma femme me reprenait à la suite d'un nouvel épisode de colère, je me suis emporté et je lui ai réellement jeté à la figure ces paroles inqualifiables : « Quatre-vingt-quinze pour cent des femmes de notre Église auraient aimé marier un homme comme moi! » Quel homme orgueilleux! Quel aveuglement! Comment avais-je pu affirmer une telle chose? Luella m'a vite répondu qu'elle faisait partie des cinq autres pour cent. Dieu était sur le point de reconstruire mon cœur et ma vie, même si j'ignorais alors mon besoin ou ce qui allait se produire.

Mon frère Tedd et moi rentrions à la maison en voiture après une formation pour pasteurs. Je n'aurais jamais cru qu'un simple voyage puisse être aussi déterminant. Tedd a proposé que nous commencions tout de suite à mettre en pratique dans nos propres vies ce que nous avions appris au cours du week-end. « Et si on commençait par toi? » m'a-t-il dit. Je serai éternellement reconnaissant pour ce qui s'est passé par la suite! Pendant que Tedd me posait certaines questions, il me semblait que Dieu faisait tomber le voile de mes yeux et me permettait de me voir et de m'entendre clairement pour la première fois. Le Saint-Esprit se servait des questions de Tedd à ce moment précis.

Dieu m'ouvrait les yeux : mon cœur a été brisé sur-le-champ. Les réalités que ces questions m'ont permis de voir étaient si loin de la perception que j'entretenais depuis tant d'années. J'avais du mal à croire que j'étais réellement l'homme que je voyais et entendais alors. Pourtant, c'était bien moi. Les scénarios que je m'entendais raconter en réponse aux questions de Tedd étaient tout à fait inouïs. Cet instant de secours divin, puissant et sans équivoque, était trop grand pour que je puisse le saisir sous le choc et l'émotion du moment. J'ignore également si Tedd était conscient alors de l'importance de ce qui se produisait.

J'avais hâte de rentrer pour parler à Luella. Je savais que cette perspective toute nouvelle, en plus d'être le résultat de ce que Dieu avait fait par l'intermédiaire de Tedd, était aussi celui de la fidélité aimante et déterminée de ma femme durant toutes ces années éprouvantes. J'ai un sens de l'humour plutôt vif et mon arrivée à la maison s'accompagne souvent de plaisanteries. Mais pas ce soir-là. J'étais troublé par ce genre de conviction qui change une vie et un cœur. Je crois que Luella a tout de suite su qu'il se passait quelque chose. Je lui ai demandé si nous pouvions nous asseoir et discuter, même s'il était tard. « Je sais que tu essaies depuis longtemps de me montrer ma colère et que je refusais de la voir, lui ai-je dit. J'ai toujours rejeté le blâme sur toi, mais pour la première fois, je suis sincèrement prêt à t'écouter. Je veux entendre ce que tu as à me dire. »

Je n'oublierai jamais ce qui s'est passé ensuite. À travers ses larmes, Luella m'a dit qu'elle m'aimait, puis elle a parlé durant deux heures. C'est au cours de ces deux heures que Dieu a entamé le *processus* radical de démolition et de reconstruction de mon cœur. Oui. Car il s'agit bien d'un processus. Je n'ai pas été frappé par la foudre. Je ne me suis pas transformé forcément en homme plein de douceur. Toutefois, j'avais désormais les yeux, les oreilles et le cœur ouverts. Les mois qui suivirent ont été incroyablement pénibles. Ma colère semblait se manifester dans toutes les situations de ma vie. À certains moments, la douleur paraissait insoutenable. C'était la douleur de la grâce. Dieu donnait à la colère que j'avais niée et excusée le goût de la vomissure. Il s'assurait que je ne reviendrais jamais plus en arrière. Je subissais une intervention spirituelle intensive. Cette douleur n'était pas le signe que Dieu m'avait retiré son amour et sa grâce. Au contraire, elle était la preuve évidente que Dieu déversait son amour et sa grâce sur moi. Cette épreuve de conviction était l'exaucement d'une prière si souvent formulée : le salut (la sanctification) de mon âme.

Un événement précis est survenu plusieurs mois après cette soirée mémorable. Je descendais l'escalier et j'ai aperçu Luella assise au salon. Elle me tournait le dos. J'ai alors constaté à mon grand étonnement que je ne pouvais me souvenir de la dernière fois où j'avais ressenti cette affreuse colère à son égard. À vrai dire, je n'étais pas sanctifié au point de ne plus ressentir la moindre impatience ou irritation. Toutefois, cette colère qui dominait ma vie avait disparu. Gloire à Dieu! Je me suis tenu derrière elle et j'ai mis les mains sur ses épaules. Elle a renversé la tête en arrière pour me regarder et je lui ai dit : « Tu sais, je ne suis plus en colère contre toi. » Ensemble, nous avons ri et pleuré en même temps devant la beauté de ce que Dieu avait accompli.

UN CAS NON ISOLÉ

J'ai appris au cours de mes visites dans des centaines d'Églises à travers le monde que mon expérience pastorale n'est malheureusement pas un cas isolé. Bien sûr, les détails sont uniques, mais la même disparité entre le personnage public et la vie privée est présente dans la vie d'un grand nombre de pasteurs. J'ai entendu tant d'histoires et tant de confessions : j'ai porté les soucis et la peine associés à l'état actuel de la culture pastorale. C'est ce fardeau, de même que ma connaissance et mon expérience de la grâce transformatrice qui m'ont poussé à écrire ce livre.

Trois éléments sous-jacents ont contribué à l'aveuglement spirituel dans ma propre vie et dans celle de plusieurs pasteurs avec qui j'ai discuté. Ces éléments sont utiles pour examiner les aspects de la culture pastorale qui ne sont pas conformes à la Bible. Ils nous aident aussi à considérer certaines tentations caractéristiques ou intensifiées par le ministère.

1) J'AI LAISSÉ MON MINISTÈRE DÉFINIR MON IDENTITÉ.

Ceux qui s'engagent dans le ministère doivent comprendre ceci : « Personne n'a plus d'influence sur votre vie que vous-même, car personne ne vous parle aussi souvent que vous le faites vous-même. » Que vous en soyez conscient ou non, vous entretenez avec vous-même un monologue ininterrompu, et ce que vous vous dites façonne votre vie. Votre monologue continu porte sur votre identité, votre spiritualité, votre rôle, vos émotions, votre mentalité, votre personnalité, vos relations, etc. Vous vous prêchez constamment une sorte d'évangile. Soit l'antiévangile de votre propre justice, de votre puissance et de votre sagesse, soit le véritable Évangile du profond besoin spirituel et de la grâce suffisante. Soit un antiévangile de solitude et d'inaptitude, soit le véritable Évangile de la présence, de la provision et de la puissance d'un Christ omniprésent.

Le cœur même de cette conversation intérieure porte sur l'identité. Les êtres humains s'attribuent constamment une forme ou une autre d'identité. Tous, ils la cherchent sur le plan vertical, en se basant sur ce qu'ils sont en Christ, ou horizontal, dans les situations, les expériences et les relations de leur quotidien. Or, le fait de chercher une identité axée sur la dimension horizontale est une tentation particulière au ministère. Ce problème d'identité explique en partie pourquoi j'étais si aveugle quant à la grande discordance entre ma vie pastorale publique et ma vie familiale privée.

Le ministère était devenu mon identité. Je ne me voyais plus comme un enfant de Dieu en constante lutte contre le péché, qui tous les jours a besoin de la grâce et du corps de Christ qu'il est appelé à servir. Je n'étais plus un croyant au cœur du processus de sanctification. J'étais devenu un *pasteur*. Voilà tout. L'office de pasteur me définissait : c'était pour moi bien plus qu'un appel et un ensemble de dons de Dieu reconnus par le corps de Christ. C'était *moi*. Et cette dynamique spirituelle présentait de grands dangers.

Ma vie chrétienne avait cessé d'être une relation et mon cœur refusait de le comprendre. Bien sûr, je savais que Dieu est mon Père et moi son enfant, mais les choses semblaient différentes en réalité. Ma foi était devenue une simple compétence professionnelle dans le cadre de mon travail. Mon rôle de pasteur définissait ma compréhension de mon identité. Il façonnait mes relations avec l'entourage. Mon appel était devenu mon identité et à mon insu, cela m'attirait de graves ennuis. Je me dirigeais tout droit vers un désastre. J'avais laissé la colère gouverner ma vie, quoique le péché ait pu tout aussi bien prendre une autre forme.

Je ne m'étonne pas de constater que bon nombre de pasteurs sont amers, ou mal à l'aise dans leurs rapports sociaux. Plusieurs d'entre eux vivent des relations troublées ou dysfonctionnelles à la maison, ou entretiennent des relations tendues avec des responsables ou des membres engagés de l'Église. Je ne m'étonne pas que plusieurs soient aux prises avec des péchés secrets non confessés. Est-il possible que toutes ces luttes découlent de l'habitude de nous définir d'une façon non biblique? Par conséquent, nous entrons en relation avec Dieu et les autres sans reconnaître nos véritables besoins : nous ne sommes pas ouverts au ministère des autres envers nous et à l'œuvre de conviction qu'exerce le Saint-Esprit. Une telle attitude anéantit toute vitalité de l'intimité de notre marche avec Dieu. Il est difficile d'adorer avec tendresse et avec cœur alors que nous pensons avoir atteint les plus hauts sommets. Personne ne célèbre avec autant d'ardeur la présence et la grâce du Seigneur Jésus-Christ que celui qui a reconnu en avoir quotidiennement et désespérément besoin. Toutefois, le ministère m'avait redéfini. Je me croyais différent de tous les autres, je pensais appartenir à une catégorie unique. Et puisque je n'étais pas comme tout le monde, je n'éprouvais pas les mêmes besoins que les autres. Or, si vous aviez tenté de me raisonner et d'aborder précisément ce sujet, je vous aurais répondu que c'étaient des foutaises.

Je ne suis pas différent des autres. Bon nombre de pasteurs ont accédé à une catégorie spirituelle qui n'existe pas. Ils pensent être ce qu'ils ne sont pas. Par conséquent, ils réagissent de façon inappropriée et prennent des habitudes qui mettent en péril leur vitalité spirituelle. Ils s'accommodent d'une vie sans prière ou que la préparation parvient trop souvent à supplanter. Ils sont à l'aise de vivre en périphérie ou au-dessus du corps de Christ. Ils sont prompts à exhorter les autres, mais peu ouverts à accueillir eux-mêmes l'exhortation. Ils ont cessé depuis longtemps d'avoir une juste opinion d'eux-mêmes. Par conséquent, ils acceptent mal les reproches empreints d'amour que leur adressent les autres. Ils ont aussi tendance à ramener à la maison cette identité distinctive et font preuve d'un manque flagrant d'humilité et de patience envers leur famille.

En conséquence, la fausse identité que plusieurs se sont assignée définit leur façon de voir les autres et d'interagir avec eux. Nous avons désespérément besoin de toutes les vérités que nous enseignons aux autres. La compréhension de cette réalité nous rend plus compatissants, patients, bienveillants et aimables. Nous devenons plus humbles et plus amicaux lorsque nous croyons que la personne devant nous nous ressemble plus qu'elle ne diffère de nous. Quand nous nous plaçons dans une catégorie à part qui nous donne l'impression d'avoir accédé aux plus hautes sphères spirituelles, il est très facile de juger les autres et de manifester de l'impatience à leur égard. J'ai un jour entendu un pasteur verbaliser exactement ce principe sans s'en rendre compte.

Mon frère Tedd et moi assistions à une importante conférence sur la vie chrétienne et écoutions un pasteur renommé parler de l'adoration familiale. Il évoquait le zèle et la discipline dont avaient fait preuve les vaillants pères de notre foi. Il dépeignait par de longues illustrations leur manière de conduire leur culte familial. Je crois que chacun de nous percevait à quel point ses propos étaient accusateurs et décourageants. Je ressentais le lourd fardeau de l'auditoire en l'écoutant. Je le suppliais intérieurement : « Réconforte-nous par la grâce! Réconforte-nous par la grâce! » Mais la grâce ne s'est jamais manifestée.

En route vers l'hôtel, Tedd et moi étions dans la même voiture que ce conférencier et un autre pasteur qui nous y conduisait. Notre conducteur, qui avait de toute évidence ressenti le même fardeau, a posé une brillante question. « Que diriez-vous, a-t-il demandé, à un homme de votre Église qui vous dirait : "Pasteur, je sais que je suis censé faire un culte en famille, mais les choses sont tellement chaotiques à la maison que je peux à peine me lever le matin pour nourrir mes enfants et les conduire à l'école. Je ne sais pas si je saurais comment organiser un culte."? » (La réponse suivante n'est d'aucune façon inventée ou exagérée.) « Voilà ce que je lui dirais, a répondu le conférencier : "Je suis pasteur, ce qui veut dire que je porte probablement beaucoup plus de fardeaux pour beaucoup plus de gens que toi. Alors, si moi j'arrive à faire un culte en famille, tu le peux certainement toi aussi." » C'est exactement ce qu'il a répondu! Sans doute parce qu'il se sentait à l'aise de s'exprimer ainsi en compagnie d'autres pasteurs. Il ne s'identifiait aucunement aux luttes de cet homme. Son ministère était dépourvu de grâce. Le pasteur, sorti tout droit d'un univers que ce père de famille ne comprenait pas, l'a chargé de la loi encore plus lourdement.

Sa réponse m'a profondément irrité, jusqu'à ce que je me souvienne que j'avais agi de la même manière maintes et maintes fois envers ma femme et mes enfants. À la maison, il était si facile d'infliger mon jugement alors que j'étais trop avare pour accorder la grâce. Toutefois, un autre principe encore plus dangereux était à l'œuvre. Cette identité issue d'une catégorie à part définissait non seulement ma relation avec les autres, mais aussi avec Dieu.

Aveuglé au point de ne pas voir clairement mon cœur, j'étais orgueilleux, inabordable et sur la défensive. J'étais devenu beaucoup trop confortable. J'étais pasteur : je n'éprouvais donc pas les mêmes besoins que les autres. Je répète que sur le plan conceptuel et théologique, j'aurais nié une telle chose. Être pasteur était bien sûr mon appel et non pas mon identité. Être enfant du Dieu Très-Haut : voilà la véritable identité que m'avait accordée la croix! Mon identité, c'était celle d'un membre du corps de Christ en train d'être sanctifié. Celle du pécheur qui a désespérément besoin de la grâce qui sauve, transforme, fortifie et délivre. Je ne me rendais pas compte du fait que je cherchais autour de moi ce que j'avais déjà reçu en Christ. Cette vaine poursuite produisait de mauvais fruits dans mon cœur, mon ministère et mes relations. J'avais laissé le ministère définir mon identité. Je comptais en tirer un sentiment de bien-être intérieur. Or, le ministère ne pouvait pas me le procurer.

2) J'AI LAISSÉ MA CONNAISSANCE BIBLIQUE ET THÉOLOGIQUE DÉFINIR MA MATURITÉ.

Ce point diffère suffisamment du premier pour que nous l'examinions séparément. Le ministère peut subtilement mener à redéfinir la maturité spirituelle et ses effets. Cette définition provient de notre perception du péché et de ses conséquences. Un nombre considérable de pasteurs intègrent à leur ministère une fausse définition de la maturité. Cette manière de voir résulte d'une culture éducationnelle qui a tendance à s'imposer au séminaire.

Le séminaire tend à faire de la foi une pratique éducative : elle devient un monde d'idées à maîtriser. (J'aborderai ce sujet plus loin.) Ainsi, il est relativement facile pour un étudiant de croire que la maturité spirituelle concerne la précision de sa connaissance théologique et l'étendue de son bagage biblique. Les diplômés du séminaire, qui sont des experts de la Bible et de la théologie, ont tendance à se considérer comme des croyants matures. Toutefois, précisons que la maturité n'est pas un phénomène qui se produit uniquement dans la tête (bien qu'il s'agisse d'un élément important de la maturité spirituelle). Elle relève plutôt de la manière de vivre. Il est possible d'être à la fois perspicace sur le plan théologique et très immature, d'être un érudit de la Bible et en même temps de sous-estimer l'importance de son propre besoin de croissance spirituelle.

J'ai obtenu mon diplôme du séminaire avec distinction et j'ai remporté des prix d'excellence. J'estimais donc que j'étais mature. Selon moi, ceux qui ne partageaient pas mon point de vue me jugeaient et me comprenaient mal. À vrai dire, je considérais ces moments de confrontation comme des persécutions que sont appelés à subir tous ceux qui se consacrent au ministère de l'Évangile. Or, ces idées proviennent d'une mauvaise compréhension de la nature du péché et de la grâce. Le problème du péché n'est pas intellectuel avant tout. (Bien sûr, il touche l'intellect, comme il touche l'ensemble de l'être.) Le péché est d'abord un problème moral. Il constitue la rébellion contre Dieu et la quête qui vise à usurper la gloire qui lui est due. Le péché, ce n'est pas surtout la désobéissance à un ensemble de règles abstraites. C'est d'abord et avant tout la rupture d'une relation avec Dieu. Puisque j'ai brisé cette relation, il devient facile et naturel de me rebeller contre les règles de Dieu. Ce n'est donc pas seulement ma tête qui a besoin d'être renouvelée par la saine doctrine biblique : la grâce puissante du Seigneur Jésus-Christ réclame aussi mon cœur. La revendication de mon cœur est à la fois un événement (la justification) et un processus (la sanctification). Le séminaire ne réglera donc pas mon plus grand problème : le péché. Il peut contribuer à la solution, mais il peut aussi m'aveugler sur ma véritable condition par sa tendance à redéfinir la maturité. La maturité biblique ne se rapporte jamais uniquement à ce que nous savons. Elle est toujours associée à la manière dont la grâce emploie ce que nous avons appris pour transformer notre façon de vivre.

Songez à Adam et Ève, par exemple. Ils n'ont pas désobéi à Dieu parce qu'ils ignoraient intellectuellement ses commandements. Non. Ils ont volontairement outrepassé les limites que Dieu leur avait fixées parce qu'ils enviaient sa position. La guerre spirituelle en Éden s'est livrée sur le terrain des désirs du cœur. La bataille faisait rage sur un plan plus profond que la simple connaissance. Songez à David. Il n'a pas réclamé Bath-Schéba pour lui-même et planifié la mort de son mari parce qu'il ignorait les interdictions de Dieu au sujet de l'adultère et du meurtre. Non. David a commis de tels actes parce qu'à un certain moment il ne s'est plus soucié de la volonté de Dieu. Il voulait obtenir ce que son cœur désirait, et il était prêt à tout pour y parvenir.

Songez encore à ce que signifie la sagesse. Il y a une grande différence entre la connaissance et la sagesse. La connaissance est une juste compréhension de la vérité. La sagesse est la manière de comprendre et d'appliquer cette vérité aux situations et aux relations de la vie quotidienne. La connaissance est un exercice du cerveau. La sagesse est l'engagement du cœur qui mène à une vie transformée. J'exerçais mon ministère pastoral avec une conception non biblique de la maturité. Toutefois, je l'ignorais. Je me rends compte aujourd'hui que je croyais être parvenu au point culminant de ma carrière. Je me croyais beaucoup plus mature que je l'étais réellement. Ainsi, lorsque Luella s'opposait avec amour et fidélité à ma façon d'agir, je me défendais et je pensais par défaut qu'elle avait tort. J'étais de plus en plus persuadé que c'était elle qui avait un problème. Je ne ressentais pas mon besoin. Par conséquent, je n'étais pas ouvert à la correction et j'utilisais ma connaissance biblique et théologique pour me défendre. Je m'enfonçais dans un véritable bourbier et je n'en savais rien.

3) J'AI CONFONDU LE SUCCÈS DE MON MINISTÈRE AVEC L'APPROBATION DE MON MODE DE VIE PAR DIEU.

Le ministère pastoral était exaltant sur plusieurs plans. L'Église croissait en nombre et les gens semblaient grandir spirituellement. De plus en plus de personnes semblaient s'engager dans cette communauté spirituelle vivante et nous étions témoins des luttes que livraient leurs cœurs. L'école chrétienne que nous avions fondée devenait de plus en plus influente et jouissait d'une bonne réputation. Nous commencions à découvrir et à former des dirigeants. Bien sûr, tout n'était pas rose : nous avons connu des périodes sombres et pénibles. Mais j'entamais chaque journée avec le profond sentiment d'être privilégié que Dieu m'ait appelé à accomplir cette tâche. Je dirigeais une communauté chrétienne et Dieu bénissait nos efforts. Toutefois, je recevais ces bénédictions de la mauvaise façon. Inconsciemment, j'interprétais la fidélité de Dieu envers moi, son peuple, l'œuvre de son royaume, son plan de rédemption et son Église comme une manifestation de l'approbation de Dieu à mon égard. La perspective que j'entretenais au sujet de mon ministère, mais surtout de moi-même, se résumait ainsi : « Je fais partie des gens bien et Dieu me soutient dans tout ce que je fais. » En effet, je disais à Luella (c'est embarrassant, mais essentiel de l'admettre) : « Si je suis mauvais à ce point, comment se fait-il que Dieu bénisse tout ce que je touche? » Dieu agissait ainsi, non parce qu'il approuvait mon mode de vie, mais à cause de son zèle pour sa propre gloire. Il se montrait fidèle aux promesses de sa grâce envers son peuple. Puisque Dieu détient l'autorité et la puissance, il utilise l'instrument qu'il choisit de la façon dont il choisit. Le succès d'un ministère dépeint la personne de Dieu plus qu'il ne décrit les personnes qu'il utilise pour accomplir ses desseins. Je me trompais complètement. Je m'appropriais une gloire que je ne méritais pas pour ce que je ne pouvais faire moi-même. Je croyais que tout convergeait vers moi, ce qui m'empêchait de voir que j'étais en route vers le désastre. J'ignorais tout de mon profond besoin d'être secouru par la grâce de Dieu.

▲　▲　▲

J'avais besoin du secours de la grâce et Dieu est venu à ma rescousse. Pour ce faire, il a utilisé la fidélité de Luella et les questions incisives de Tedd. Et vous? Comment vous percevez-vous? Quelles sont les choses que vous vous répétez constamment à votre sujet? Y a-t-il des signes subtils dans votre vie qui indiquent que vous vous considérez comme différent de ceux qui ont été confiés à vos soins? Vous considérez-vous comme un ministre de la grâce qui a besoin de cette même grâce? Vous êtes-vous habitué aux disparités entre l'Évangile que vous prêchez et votre façon de vivre? Y a-t-il des incohérences entre votre personnalité publique et les détails de votre vie privée? Encouragez-vous dans votre Église un niveau de communion auquel vous ne vous soumettez pas vous-mêmes? Tombez-vous dans le piège qui consiste à croire que personne ne vous connaît mieux que vous-même? Vous servez-vous de votre connaissance ou de votre expérience pour réfuter les critiques?

Pasteur, vous n'avez pas à avoir peur de ce qui se trouve dans votre cœur, ni à craindre d'être connu. Tout ce qui pourrait être dévoilé à votre sujet a déjà été couvert par le sang précieux de votre Roi et Sauveur, Jésus.

CHAPITRE DEUX

UNE HISTOIRE QUI SE RÉPÈTE

J'aimerais pouvoir dire que mon histoire est unique. Toutefois, la plupart des pasteurs éprouvent ce genre de luttes. J'aimerais pouvoir affirmer que dans la majorité des cas, il n'y a aucune incohérence entre leur vie publique et leur vie privée. Que la plupart d'entre eux sont doués pour se prêcher le même Évangile qu'ils prêchent aux autres. Que peu de pasteurs sont frustrés et amers et que leurs relations avec les autres responsables de l'Église sont toujours des plus amicales. J'aimerais pouvoir dire par expérience que la plupart des Églises s'occupent bien de leur pasteur et que la plupart des pasteurs sont reconnus pour leur humilité et leur accessibilité. Que la plupart d'entre eux prennent soin des autres tout en ressentant profondément leur propre besoin. J'aimerais pouvoir affirmer toutes ces choses, mais je ne le peux pas.

À cause de l'appel que j'ai reçu de Dieu, je me trouve dans un cadre pastoral différent environ quarante fois par année, et ce, dans diverses parties du monde. Au cours de ces visites, ma curiosité concernant le ministère local frôle l'obsession, dans le sens le plus utile du terme. J'aime les pasteurs. J'aime l'Église locale. Je comprends les rudiments du ministère pastoral. J'ai connu ses jours les plus resplendissants et ses nuits les plus sombres. Je sais à quel point le fardeau de cet appel peut sembler insoutenable et à quel point il peut constituer un pur bonheur. Je sais non seulement que les pasteurs sont capables d'affronter des problèmes, mais qu'ils sont également doués pour s'enliser dans leurs propres problèmes. Aucun pasteur n'a obtenu de diplôme qui le dispense du besoin de la grâce qui pardonne, transforme, fortifie et délivre. C'est pourquoi je me préoccupe d'eux et c'est pour cette raison que je cherche à savoir ce qui se passe et comment les pasteurs se portent. J'aime rencontrer les membres du conseil pastoral et les secouer un peu quand c'est nécessaire. J'aime les aider à communiquer ce qu'ils éprouvent et comment ils s'en tirent. J'aime rappeler aux pasteurs les bénéfices présents de la personne et de l'œuvre de Jésus. J'aime les aider à voir que leur assurance ne se trouve pas dans l'amour que leur porte l'Église, mais dans la réalité de l'amour que Jésus leur a déjà démontré. J'aime donner au pasteur plutôt orgueilleux des yeux pour qu'il se voie lui-même avec une plus grande acuité biblique et j'aime aider le pasteur découragé à se voir à la lumière de la grâce de l'Évangile. C'est pourquoi j'écoute attentivement. J'observe avec les yeux du ministère. Je les amène à parler de leurs histoires et je sonde l'importance qu'elles revêtent dans le cœur de ces pasteurs. J'essaie de comprendre la culture locale du pasteur et des responsables. Tout cela, je le fais avec une question en tête : quel est l'impact de l'Évangile sur le cœur de ce pasteur et sur la culture du ministère local?

Outre mon engagement à épier la vie du pasteur et de ses collègues, une autre expérience m'a donné l'information et la motivation nécessaires pour écrire ce livre. Je suis invité à enseigner presque chaque week-end sur un sujet de la vie chrétienne (le mariage, la parentalité, la communication, le corps de Christ, la vie vécue dans la perspective de l'éternité, etc.). Il arrive fréquemment au cours de ces conférences, qu'un pasteur me prenne à part pour me confier qu'il est « l'abruti » dont je viens de parler (bien sûr, je n'utilise jamais ce terme). Il confesse alors l'état lamentable de sa relation conjugale, le fait qu'il est un père coléreux, qu'il s'engourdit le cerveau tous les soirs en passant des heures devant le téléviseur, qu'il boit plus qu'il ne le devrait en réaction à la pression du ministère ou que sa relation avec ses collègues est tendue. L'événement relaté ci-dessous s'est produit lors d'un de ces week-ends.

Le jour précédant mon arrivée, un des principaux responsables m'a téléphoné pour me demander d'accorder une entrevue d'une heure au conseil de l'Église. J'ai su aussitôt ce que serait le sujet de notre conversation. Tout de suite après la conférence, on m'a conduit dans le bureau d'un des responsables où les membres du conseil, en état de choc, m'ont accueilli. Je les portais dans mon cœur avant même qu'ils aient partagé le moindre détail de leur semaine tout à fait inattendue. Nous avons prié, après quoi ils ont raconté leur histoire.

Les membres de l'équipe de responsables s'étaient réunis le lundi matin pour dresser leur bilan hebdomadaire. Normalement, ils passaient du temps en prière, puis revenaient sur les événements du dimanche. Cependant, cette réunion s'est avérée tout à fait différente des autres. D'abord, le pasteur principal était en retard, ce qui était contraire à ses habitudes. Il détestait cette idée. Cette fois, par contre, il était tellement en retard qu'un des membres de l'équipe a cru bon de téléphoner pour s'informer de ce qui n'allait pas. Lorsqu'il est enfin arrivé, tous ont constaté que quelque chose ne tournait pas rond. Il avait quarante-cinq ans et se trouvait à l'apogée de son ministère, mais il semblait vieux, fatigué et abattu. Il n'était plus l'homme qui avait prêché la veille. Il a murmuré quelques excuses au sujet de son retard, puis sans hésiter, il a enchaîné :

C'est fini, j'en ai assez! Je ne peux plus supporter les pressions du ministère! Je ne prêcherai pas un seul sermon de plus. J'en ai marre des réunions. Si j'étais honnête, je dirais que je veux tout simplement partir. Je veux abandonner le ministère, je veux quitter la région et je veux quitter ma femme. N'allez pas croire que j'ai une aventure! Non! J'en ai tout simplement assez de jouer la comédie : je ne suis pas celui que tout le monde croit. J'en ai ras le bol de faire semblant que tout va bien alors que ça ne va pas du tout. Ras le bol de prétendre que notre vie conjugale est épanouie alors que c'est tout le contraire. Je ne pourrai pas prêcher dimanche prochain et je dois m'en aller, seul, sans quoi je vais exploser. Je suis désolé de vous déballer mon sac de cette façon, mais ça ne peut plus continuer!

Puis, il est sorti. Les autres responsables de l'équipe étaient trop abasourdis pour le retenir. Après avoir discuté et prié ensemble, ils ont téléphoné au pasteur et lui ont demandé de revenir. C'est au cours de cette conversation que ses collègues ont appris à connaître l'homme avec qui ils avaient vécu et servi, sans pourtant savoir qui il était.

J'ai trop souvent entendu le même genre d'histoires. Ce n'est pas sa soudaineté qui m'étonne surtout, mais la réalité saisissante que ce pasteur ait pu exercer chaque jour son ministère dans une communauté où personne ne le connaissait vraiment ou ne se souciait de lui. J'ai aidé l'équipe à réfléchir à la prochaine étape et à la façon de prendre soin de leur pasteur, mais je suis parti, le cœur lourd, sachant qu'ils s'engageaient dans une entreprise qui serait très longue et très pénible.

Partout dans le monde, j'ai été témoin de tels scénarios chez de nombreux pasteurs. De Belfast à Los Angeles, de Johannesburg à New York, de Minneapolis à Singapour, de Cleveland à Berlin, j'ai entendu leurs histoires et j'ai ressenti leur découragement, leur amertume, leur solitude, leur peur et leur soif. Je leur ai d'abord raconté mon histoire, et ces pasteurs se sont alors sentis en confiance pour me raconter la leur. J'ai été frappé à maintes reprises du fait que beaucoup trop de pasteurs ont de tristes histoires à raconter, et je me suis souvent demandé : « Qu'est-ce qui ne va pas dans la culture pastorale? »

On me demande souvent d'enseigner sur un sujet similaire au contenu de ce livre lors d'une rencontre préliminaire ou d'une conférence qui traite d'un autre thème. Je tente toujours d'être résolument honnête tout en demeurant un inébranlable optimiste. Je venais de m'adresser à environ cinq cents pasteurs lors d'une de ces conférences, mais j'étais loin d'imaginer le dénouement suivant. Lorsque je suis descendu de la tribune, une longue file de pasteurs inquiets et blessés s'est formée devant moi. Le cinquième pasteur de la file pleurait de manière incontrôlable pendant qu'il attendait son tour. Il m'aurait fallu plus de deux semaines complètes pour m'occuper des besoins de tous ceux qui se tenaient devant moi. C'est à cette occasion que j'ai décidé que j'allais faire tout ce que pouvais pour prendre soin de mes collègues pasteurs. Ce livre est le résultat de ce moment d'appel déterminant.

Certains thèmes ressortent chaque fois que je présente mon histoire et que j'interprète celle des autres. Certes, chaque histoire est unique et les généralisations peuvent être inutiles et même nuisibles. Plusieurs se sont égarés au sein même de leur ministère. L'examen de leur cheminement peut nous aider à comprendre le nôtre.

SIGNES D'UN PASTEUR QUI S'ÉGARE

Certains traits de comportement chez l'ami pasteur dont je viens de parler représentent bien les signes d'un pasteur en difficulté.

1) IL NIAIT L'ÉVIDENCE FLAGRANTE DE SES PROBLÈMES.

Les preuves étaient nombreuses et pourtant il n'y portait aucune attention. Dans d'autres livres, j'ai déjà souligné que personne n'a plus d'influence sur votre vie que vous-même, car personne ne vous parle aussi souvent que vous le faites vous-même. Mon ami pasteur entretenait depuis longtemps un monologue avec lui-même dans lequel il niait, minimisait et rationalisait les preuves qui indiquaient pourtant que sa situation était critique. Il ne s'agissait pas d'adultère ou de pornographie : sa lutte était beaucoup plus fondamentale. Sa colère explosive et fréquente envers ses enfants en constituait un signe indéniable. Ses plaintes constantes au sujet de ses collègues étaient un autre élément de preuve. La distance croissante entre lui et sa femme de même que sa vie dépourvue de temps de prière démontrait que quelque chose n'allait pas. Il perdait des heures précieuses tous les soirs à s'abrutir devant le téléviseur et cela dévoilait l'agitation de son cœur. Il semblait lui manquer quelque chose : il rêvait d'être pasteur dans un cadre différent ou à un endroit différent. Il savait adroitement se défiler devant les questions personnelles, et cela prouvait qu'il s'égarait. Des preuves de toutes sortes se manifestaient, mais il les niait, les ignorait ou les justifiait.

Ce pasteur était devenu, comme nous avons tous tendance à le devenir sous l'effet du péché, très doué dans l'art de s'arnaquer lui-même. Les preuves autour de nous doivent nous inciter à abandonner notre confiance en notre propre justice. Si nous ne reconnaissons pas quotidiennement le chaos de notre vie et le fait que nous avons désespérément besoin de la grâce qui pardonne et transforme, nous essaierons alors de nous convaincre nous-mêmes que tout va bien. Comment nous y prendrons-nous? Eh bien, ce monde déchu nous fournira d'abondantes preuves du fait que les personnes de notre entourage et les circonstances sont imparfaites. Voilà qui suffira à justifier nos réactions : nous nous répéterons constamment que le problème, ce n'est pas nous, ce sont les autres. Nous nous dirons que nous n'avons pas besoin de changer, mais que ce sont les gens et les circonstances qui doivent changer. Nous élaborerons sans pourtant nous en rendre compte des arguments sophistiqués en faveur de notre propre justice qui sembleront tout à fait logiques. Tous les jours, nous trouverons de nouvelles façons de la défendre et de l'exhiber devant les autres. Au lieu de dépendre de la grâce du véritable Sauveur, nous agirons comme si nous étions notre propre sauveur. Nous érigerons des arguments pour nous justifier. Ces derniers nieront la vérité même des déclarations de Dieu. Nous défendrons notre justice et résisterons à la grâce. Pas étonnant dans ces conditions que les choses empirent jusqu'à atteindre un point critique. Je connais ce dispositif de déni de l'évidence, je suis passé maître dans cet art! En réalité, j'ignorais qu'au moment même où je présentais aux autres le merveilleux Sauveur, je m'efforçais d'être mon propre sauveur.

2) IL ÉTAIT AVEUGLE QUANT AUX PROBLÈMES DE SON PROPRE CŒUR.

Un des éléments les plus redoutables du péché persistant est son aspect trompeur. Il est essentiel de reconnaître et de confesser cette réalité. Le péché aveugle. En effet, vous et moi possédons deux systèmes de vision : nos yeux physiques nous permettent de voir le monde matériel qui nous entoure, et les yeux du cœur nous aident à « voir » les réalités spirituelles. Ces derniers sont indispensables pour être et faire ce que nous sommes destinés à devenir et à accomplir. Le péché fait obstacle à notre vision spirituelle. Même si nous sommes en mesure de voir précisément et clairement le péché des autres, nous avons tendance à être aveugles quant aux nôtres. L'aspect le plus dangereux de cette situation déjà pernicieuse est que les personnes aveuglées spirituellement ne perçoivent pas leur propre aveuglement.

Ainsi, mon ami pasteur s'est accroché de toutes ses forces à l'illusion que personne n'avait une vision plus juste que lui-même à son sujet. Il a cru qu'aucune évaluation n'était plus fiable que la sienne pour juger de ses pensées, de ses aspirations, de ses motivations, de ses décisions, de ses paroles ou de ses actions. Il croyait que les seules questions ou réprimandes dont il avait réellement besoin étaient celles qu'il s'adressait à lui-même. Il était beaucoup trop sûr de son opinion sur son propre compte. Lorsqu'on remettait son avis en question ou qu'on lui faisait des reproches, il réveillait inconsciemment l'avocat qui sommeillait en lui et produisait des arguments pour sa propre défense. Il se disait que son interlocuteur ne le connaissait sûrement pas, autrement, il n'aurait jamais douté de lui de cette façon. Il déclarait souvent avec irritation devant sa femme : « Chérie, tu ne me connais tout simplement pas autant que tu le penses. »

Le péché nous aveugle. C'est pourquoi Dieu a établi le corps de Christ pour nous servir d'instrument pour voir nos vies. Ainsi, il nous est possible de nous connaître avec une profondeur et une acuité qui seraient hors de portée si nous étions seuls. Toutefois, mon ami ne faisait pas confiance à l'aide des autres pour y voir plus clair. Il se fiait plutôt à sa propre vision de lui-même qui perpétuait son aveuglement. Il ne travaillait pas à corriger ses mauvaises habitudes : elles ont par conséquent pris de l'ampleur. Après un certain temps, la disparité entre sa vie privée et son ministère est devenue si évidente et lourde à porter que la seule solution envisageable était celle de partir.

3) SON MINISTÈRE MANQUAIT DE RECUEILLEMENT.

Je suis de plus en plus persuadé que la relation personnelle avec Dieu est ce qui donne au ministère sa motivation, sa persévérance, son humilité, sa joie, sa tendresse, sa passion et sa grâce. Lorsque, quotidiennement, je reconnais la profondeur de mon besoin, que je médite sur la grâce du Seigneur Jésus-Christ et que je me nourris de la sagesse réparatrice de sa Parole, je suis poussé à partager avec les autres la grâce que je reçois tous les jours de la main de mon Sauveur. Aucune aptitude à l'exégèse, à l'homilétique ou à la direction ne peut compenser une telle lacune dans la vie d'un pasteur. C'est mon adoration qui me permet de conduire les autres à l'adoration. C'est le besoin que je ressens qui me permet de prendre tendrement soin de ceux qui ont besoin de la grâce. C'est la joie que je puise dans mon identité en Christ qui m'incite à aider les autres à expérimenter ce que signifie la vie « en Christ ». En fait, un sermon devient convaincant au moment où le prédicateur adore Dieu en le prêchant.

Le ministère alimenté par le recueillement personnel trouve sa source dans la confession humble et profonde. C'est dans ce domaine que mon ami pasteur avait échoué, et bon nombre de pasteurs se trouvent dans la même situation. Parce qu'il niait des preuves évidentes et qu'il était aveugle concernant son propre cœur, il avait tendance à croire que tout allait bien. La préparation de ses sermons ne générait chez lui aucune conviction, aucun encouragement : il n'appliquait tout simplement pas sa prédication à sa vie. Son autosatisfaction révélait le fait que ses paroles et ses actes n'étaient pas enracinés dans le sol de l'amour et de l'adoration envers Christ. Sa préparation se limitait à déverser un ensemble de vérités sur des personnes qui avaient grand besoin d'un remaniement de leur pensée. Son counseling se définissait davantage par la résolution de problèmes que par l'encouragement que donne l'Évangile. Puis, au fil du temps, son ministère est devenu sec et dépourvu d'intérêt. Il avait cessé d'être centré sur l'adoration et était devenu une série répétitive de tâches pastorales. Il avait perdu toute vitalité.

4) IL NE SE PRÊCHAIT PAS L'ÉVANGILE À LUI-MÊME.

Si vous êtes dans le ministère et que vous ne vous rappelez pas l'actualité de l'Évangile, c'est-à-dire, les bienfaits actuels de la grâce de Christ, vous chercherez ailleurs ce qui ne peut se trouver qu'en Jésus. Si vous ne nourrissez pas votre âme de la réalité de la présence, des promesses et de la provision de Christ, vous demanderez aux personnes et aux circonstances d'être le messie qu'elles ne peuvent être. Si vous dissociez votre identité de l'amour inébranlable de votre Sauveur, vous exigerez des choses qui constituent votre vie qu'elles vous sauvent, ce qui est tout simplement impossible. Si vous négligez de chercher votre sens le plus profond de bien-être dans votre relation verticale avec Dieu, vous le chercherez dans la dimension terrestre et horizontale et rien ne pourra vous combler. Si vous ne trouvez pas votre repos dans le véritable Évangile en vous le prêchant encore et encore, vous chercherez la réponse aux besoins de votre cœur perturbé dans un autre évangile.

Mon ami pasteur ne se prêchait plus à lui-même les vérités de son identité en Christ. Par conséquent, il s'est mis à chercher du repos là où il ne pouvait en trouver. Sans s'en rendre compte, il attendait des personnes et des circonstances qu'elles le sauvent. Le respect des responsables de son entourage était devenu essentiel à sa paix intérieure. Il tirait sa fierté des éloges des membres de son Église au sujet de sa prédication. Son identité était trop attachée à ses opinions et à ses idées : il se sentait rejeté lorsqu'on les rejetait. Alors qu'il cherchait dans la dimension terrestre et horizontale ce qu'on ne peut trouver que dans une relation verticale avec Dieu, il se sentait de plus en plus seul et sous-estimé. Son monologue intérieur prenait davantage le ton de l'autodéfense et de l'apitoiement sur son sort. Il se sentait lésé. Il avait besoin du rappel libérateur et inspirant des gloires présentes de l'amour de Christ. En oubliant lui-même l'Évangile qu'il cherchait à présenter aux autres, il s'était enfoncé sans le savoir dans un gouffre. Son ministère était devenu un fardeau et il ne songeait plus qu'à l'abandonner.

5) IL N'ÉCOUTAIT PAS LES COMMENTAIRES DE SON ENTOURAGE IMMÉDIAT.

Mon ami pasteur ne laissait pas paraître les luttes de son cœur. Cependant, il n'était pas totalement dépourvu d'aide. Il vivait et servait avec d'autres dirigeants qui s'occupaient bel et bien de lui et lui parlaient avec honnêteté. Des anciens ou des responsables expérimentés l'avaient fréquemment interpelé concernant son attitude ou la façon dont il avait abordé une personne. À maintes reprises au fil des années, des individus lui avaient fait part de leurs inquiétudes à propos de sa vie de couple, du peu de temps qu'il y consacrait et des choses qu'ils constataient dans la vie de ses enfants. On lui avait reproché la réserve dont il faisait preuve concernant les détails de sa vie privée ou le nombre de soirées où il travaillait tard dans son bureau. Bien sûr, personne ne connaissait la guerre monumentale qui faisait rage dans son cœur, mais il n'était pas complètement laissé à lui-même. Il recevait une attention qui, s'il l'avait prise au sérieux, aurait sûrement pu l'aider à remonter jusqu'à la source des problèmes de son cœur.

Mon ami ne rejetait pas ouvertement les conseils, mais il ne les écoutait pas vraiment. Son manque d'ouverture l'amenait à dire que les autres ne le comprenaient pas ou que la situation n'était pas si mauvaise. Il aurait même affirmé qu'il était reconnaissant pour ces gens qui s'inquiétaient à son sujet : ces gens ne tenaient pas compte des bonnes choses qu'il accomplissait, voilà tout. Cet homme était à la fois très abordable et très doué pour ignorer les avertissements que Dieu lui donnait par l'intermédiaire des membres du corps de Christ.

6) SON MINISTÈRE ÉTAIT DEVENU UN FARDEAU.

Voilà où cela mène inévitablement. Vous avez perdu de vue l'Évangile dans votre vie personnelle. Vous sentez le fossé s'élargir entre votre vie privée et votre personnage public. Votre ministère n'est plus alimenté par votre adoration personnelle. Vous vous sentez incompris de votre entourage et injustement critiqué à la maison. Vous pensez que vous et les responsables de l'Église ne recevez pas l'estime que vous méritez. Vous vous videz spirituellement parce que vous cherchez la vigueur spirituelle là où elle ne se trouve pas. Quel est l'effet de toutes ces perceptions réunies? Vous considérez le ministère de moins en moins comme un privilège et une joie, et de plus en plus comme un fardeau et un devoir.

Nous serions abasourdis de constater le nombre de pasteurs qui ont perdu leur joie. Combien d'entre nous se remettent à la besogne au début de chaque semaine simplement parce qu'ils ignorent ce qu'ils pourraient faire d'autre? Combien d'entre nous ne considèrent plus le ministère comme un acte d'adoration? Combien se construisent un petit royaume au sein de leur ministère qui n'est pas le royaume de Dieu? Combien traînent un fardeau de blessures et d'amertume dans chaque activité du ministère? Combien d'entre nous veulent fuir, mais ne savent pas comment s'y prendre?

7) IL S'EST MIS À VIVRE ENFERMÉ DANS LE SILENCE.

Ici, deux choses entrent en ligne de compte. D'abord, lorsque des personnes se substituent à votre messie (quand vous avez besoin de leur respect pour continuer à vivre), il devient difficile de leur avouer honnêtement vos péchés, vos faiblesses et vos manquements. La peur se met alors de la partie. Plus l'écart est important entre les vrais détails de ma vie personnelle et l'image publique, plus j'aurai tendance à craindre qu'on me connaisse. J'aurai peur de l'opinion et de la réaction que pourraient avoir les autres s'ils apprenaient ce qui se passe réellement dans ma vie. Il se peut même que je craigne de perdre mon emploi. Ainsi, c'est la crainte plutôt que la foi qui dicte mes réponses aux questions et aux préoccupations des autres. Je ne confesse plus mes luttes de manière assidue et légitime à mes collègues de ministère. Je ne leur demande plus sincèrement et humblement de prier pour les domaines de ma vie où j'en ai manifestement besoin. Je fais surtout très attention à ma façon de répondre aux questions personnelles que l'on m'adresse.

Par conséquent, je ne bénéficie plus du ministère édifiant, protecteur, encourageant préventif et restaurateur du corps de Christ. Je cherche à m'en tirer seul spirituellement. Or, nul d'entre nous n'y parvient. Le christianisme autonome ne fonctionne jamais parce que Dieu a voulu que notre vie spirituelle soit un projet communautaire.

8) IL A COMMENCÉ À REMETTRE EN QUESTION SON APPEL.

Lorsque ma perspective est faussée et que le ministère est devenu un fardeau, j'ai tendance à douter des raisons qui m'ont confirmé mon appel ministère au lieu d'examiner mon caractère et mes réactions. Il n'y a que deux explications possibles à l'effondrement extérieur et intérieur de mon ministère. J'essaie d'accomplir une tâche à laquelle je n'ai pas été appelé, ou alors j'ai réellement été appelé à ce ministère, mais mes pensées et mes actions sont erronées. Une fois que je nie l'évidence et que je cesse d'écouter la voix des autres, je suis livré à l'aveuglement et à l'autosuffisance de mon cœur pécheur. Il devient alors difficile d'admettre que le problème, c'est moi. Dans ce cas, je conclurai plutôt que ce sont le ministère ou les tâches du ministère qui constituent le problème et qui doivent changer. C'est précisément la situation dans laquelle mon ami pasteur s'est trouvé. Il entretenait au sujet de son appel de sérieux doutes. Des doutes qui n'existaient pas cinq ans auparavant.

9) IL S'EST MIS À RÊVER D'UNE AUTRE VIE.

Toutes ces choses convergeaient vers un même rêve : celui de s'enfuir. Au début, il était effrayé à l'idée d'entretenir de telles pensées, mais il n'y pouvait rien. Il était de plus en plus facile pour lui d'imaginer qu'il pourrait faire autre chose. Toutefois, il craignait d'en parler à qui que ce soit. Il a fini par aborder le sujet avec sa femme pour savoir ce qu'elle pensait de l'idée d'une vie différente de celle qu'ils avaient connue dans le ministère. Et c'est peu de temps après qu'il a songé à dire à son équipe qu'il souhaitait partir. C'est une semaine particulièrement difficile qui l'a amené à tout déballer, d'une manière plus chaotique qu'il l'avait envisagé.

Ce scénario n'est malheureusement pas un cas isolé. J'ai entendu ce genre d'histoires à maintes reprises. Je peux même prédire ce qu'on me dira ensuite. Bien qu'un grand nombre de pasteurs sachent déjà qu'ils ont des ennuis, plusieurs autres en ont et l'ignorent. Bien sûr, tous les hommes avec qui j'ai discuté n'éprouvent pas des difficultés identiques. Mais je retrouve les mêmes traits caractéristiques chez chacun d'eux. Ces caractéristiques s'écartent des vérités encourageantes, stimulantes, transformatrices et libératrices de l'Évangile de Jésus-Christ. Je l'écris, parce que je m'inquiète pour moi et pour vous. De plus, je me fais du souci concernant la culture qui permet à un tel phénomène de se produire dans nos Églises, souvent sans que nous y prenions garde.

CHAPITRE TROIS

UNE GROSSE TÊTE REMPLIE DE THÉOLOGIE ET UN CŒUR MALADE

Cette étape décisive de prise de conscience fut un moment de douce délivrance divine. C'est précisément le type de grâce qui allait constituer ma passion pour le ministère auquel j'avais été appelé. Je faisais alors l'exégèse de Romains : l'exposition fondamentale de l'Évangile tel que Paul le présente. J'avais pris un cahier de notes relié de grand format et j'avais découpé un carré au coin supérieur droit de chaque troisième page afin d'y coller, recto verso, une page du texte grec. Je remplissais ensuite ces pages de notes exégétiques, de plans de sermons et d'illustrations. Cet exercice stimulant et passionnant faisait appel à toutes les aptitudes que j'avais récemment acquises dans le ministère. J'étais fier de voir ce cahier rempli de mes notes sur Romains. J'étais submergé dans un monde enivrant de syntaxe et d'arguments théologiques. Je bûchais les temps de verbes, les contextes, les sujets et les conjonctions. J'étudiais l'étymologie et le vocabulaire de Paul. Je tentais de relier le moindre détail à l'intention globale de l'auteur. Je consultais tous les érudits : j'évaluais perspective après perspective, opinion contre opinion. Les heures innombrables d'étude personnelle disciplinée s'accumulaient page après page, dans ces notes sur feuilles grand format. Tout cela était valorisant.

Un soir, après des heures d'exégèse d'un passage de l'Épître aux Romains, la pensée suivante m'a stupéfié. Depuis des mois, j'avais passé plusieurs heures chaque jour à étudier l'exposition sans doute la plus complète et la plus magnifique de l'Évangile jamais écrite sans que le message me touche particulièrement. Ce message avait peu d'effet sur moi. Il s'agissait uniquement de grammaire et de syntaxe, d'idées théologiques et d'arguments logiques. J'avais réalisé un exercice intellectuel considérable pratiquement dénué de puissance spirituelle. Je me rappelle avoir fixé les yeux sur mes pages gribouillées. Elles semblaient tout à coup distantes et floues, déconnectées de ma vie. Non, je n'avais pas perdu la tête. J'avais bel et bien rédigé ces notes. Cependant, tout cela semblait n'avoir aucun lien avec moi : ma réalité, ma vie de couple, mes luttes avec le péché, mon passé, mon avenir, mes espoirs, mes craintes et mes rêves les plus profonds. J'ai regardé longuement ces pages. Il me paraissait impossible que tout ce travail effectué ne représente guère plus qu'un exercice pour un cours, qu'une note pour l'obtention d'un diplôme.

Pendant un moment, je suis resté là, assis, perplexe, comme si j'étais suspendu entre deux mondes : l'un réel et l'autre n'ayant rien à voir avec la réalité. Je songeais à tous ces cours, tous ces travaux, tous ces examens. Je songeais au grand investissement de temps, d'énergie et d'argent. Tout cela pour en arriver là? Je me suis mis à pleurer, à vrai dire, à sangloter. Une forte émotion s'était emparée de moi, à tel point que Luella, qui m'avait entendu d'une autre pièce, est venue voir ce qui se passait. Elle a tout de suite vu que quelque chose n'allait pas. Elle s'est penchée vers moi, m'a entouré de ses bras et m'a demandé de lui dire ce qui n'allait pas. Je me souviens qu'elle avait l'air terrifié de voir son jeune mari étudiant du séminaire s'effondrer devant ses yeux. Dans ma tendance à tout dramatiser, je lui ai dit que j'en avais assez, que je ne pouvais plus poursuivre mes études. Je lui ai dit que c'en était fini.

Heureusement pour moi, je suis marié à une femme sage et patiente! Elle m'a aidé à retrouver mes repères et elle s'est tenue à mes côtés jusqu'à la fin de mes études. Ce soir-là, cahier d'exégèse en main, j'ai appris quelque chose sur moi-même et sur les Écritures. J'ai pris conscience des dangers qui consistent à examiner la foi sous un angle strictement théorique. J'ai expérimenté personnellement ce qui peut se produire lorsque l'Évangile de Jésus-Christ est réduit à une série d'idées théologiques et d'aptitudes nécessaires pour accéder à ces idées. Il est dangereux de laisser la connaissance plutôt que le caractère définir la maturité. Nous courons de grands risques quand nous en venons à préférer des idées au Dieu qu'elles représentent et au peuple qu'elles sont censées libérer.

Lorsque j'étais membre de la faculté de théologie pratique au Westminster Seminary, à Philadelphie, on m'a demandé d'enseigner, entre autres, le counseling pastoral. Les étudiants qui entreprenaient une maîtrise en théologie devaient suivre ce cours, même s'ils ne s'intéressaient pas réellement à la relation d'aide. C'était un cours obligatoire et les étudiants le suivaient pour cette seule raison. J'entamais chaque année conscient que bon nombre d'étudiants ne portaient aucun intérêt à ce cours. Ils ne s'identifiaient pas à ce que j'allais enseigner. Les premières années furent extrêmement difficiles, jusqu'au moment où j'ai compris l'importance de ma voix dans la vie de ces futurs pasteurs au crâne bourré. J'en suis venu à mettre au point une stratégie qui, en plus de changer l'atmosphère du cours, m'a donné envie de le redonner chaque année.

J'ai décidé de me munir d'une série d'histoires d'horreur pastorales pour entamer chaque année scolaire : le type de situations qu'aucun pasteur ne veut aborder, mais auxquelles ils doivent tous faire face. J'ai raconté à mes étudiants des histoires de femmes battues par leur mari qui appelaient en pleine nuit. D'autres relataient le déchirement d'une mère qui vient d'apprendre que sa fille de quinze ans est enceinte; le sentiment affligeant qu'éprouve le pasteur qui se tient auprès d'un jeune couple devant le cercueil de leur fils de quatre ans; les longues heures passées avec une personne qui souffre de dépression profonde ou avec cet homme qui a mené sa famille dans un gouffre financier. Ces récits décrivaient la tristesse et le labeur que vit le corps de Christ aux prises avec les réalités de la vie dans un monde brisé par le péché : des histoires de crainte, de trahison, de découragement, de colère, de dépression, de solitude et de deuil. Je voulais que mes étudiants comprennent qu'ils ne sont pas seulement appelés à prêcher des sermons qui soient corrects sur le plan de l'exégèse et qui comportent une théologie exacte. Ils doivent aussi s'occuper de personnes : marcher, vivre, travailler et souffrir avec elles. Je voulais qu'ils sachent qu'ils sont appelés à être plus que des instructeurs théologiques dans une Église locale. Ils sont également appelés à être les ambassadeurs de Christ : le regard sur son visage, le toucher de sa main et le son de sa voix. Je voulais qu'ils ressentent l'importance considérable de cet appel qui consiste à rendre visible le Christ invisible pour des gens qui ont désespérément besoin de « voir » sa présence et de se souvenir de sa grâce. Je souhaitais profondément qu'ils comprennent qu'ils sont appelés non seulement à *enseigner* la théologie aux gens qui sont sous leur responsabilité, mais aussi à *faire* de la théologie avec eux. Je souhaitais qu'ils réfléchissent et se demandent s'ils étaient au séminaire parce qu'ils aimaient la superstructure labyrinthique des concepts théologiques des Écritures ou parce qu'ils aimaient Jésus. Voulaient-ils servir d'instruments de transformation dans la vie chaotique de son peuple?

J'entamais chaque semestre en ressortant les histoires de mes propres défaites pastorales. J'espérais que mes récits servent à créer en eux une vision biblique plus grande et plus complète du ministère pastoral. C'est au milieu de l'une de ces histoires qu'est survenu un événement qu'aucun d'entre nous n'oubliera jamais. Je partageais les luttes que j'avais éprouvées après qu'on m'ait demandé de visiter de nouveau un homme qui avait déjà beaucoup abusé de mon temps et de mon énergie. C'est alors qu'un de mes étudiants a levé la main et s'est exclamé : « D'accord, professeur Tripp, nous savons que nous aurons ce genre de projets dans nos Églises. Dites-nous ce que nous devons en faire pour pouvoir nous remettre le plus rapidement possible au travail du ministère! » L'ensemble de cette phrase présente un raisonnement bancal. Remarquez en particulier celui-ci : ceux qui vivent des luttes et à qui nous sommes appelés à annoncer l'Évangile ne sont pas considérés comme des « personnes ». Selon lui, ils étaient des *projets*, c'est-à-dire des obstacles à sa définition du ministère. Or, si ces gens ne constituent pas le centre et l'objet du ministère, qu'est-ce que le ministère? La déclaration de cet étudiant était dépourvue d'amour. Sa vision du ministère était dépourvue d'amour. Nous pouvons également conclure qu'elle comportait peu d'amour réel envers Christ. Il était de ce type d'individus centrés sur les idées et sur l'aspect technique de la théologie qui peuplaient tant de salles de cours. J'employais à l'époque un terme plutôt péjoratif pour désigner ces personnes qui voient la théologie comme une fin en soi plutôt qu'un moyen pour parvenir à une fin. Ces *théologeeks* aiment le séminaire et l'emportent avec eux sans le savoir dans l'Église locale. Ils prêchent des sermons constitués davantage de leçons théologiques que de méditations sur l'Évangile.

Je me suis rendu à sa place et, agenouillé près de lui pour que nous puissions nous regarder bien en face, je lui ai demandé de répéter exactement ce qu'il venait de dire. J'exerçais alors envers lui et envers toute la classe le rôle de pasteur, puisque tous avaient entendu ce qu'il avait dit. Je voulais qu'ils n'oublient jamais cet instant. Je lui ai demandé de répéter le terme qu'il avait utilisé pour décrire ces personnes. Il a répondu à voix basse : « Projets ». Dieu m'offrait une merveilleuse occasion d'enseigner. Un pasteur qui avait assisté à ce cours m'a salué récemment. Il garde encore ce souvenir qui lui a maintes fois servi d'avertissement.

Au cours de ces années d'enseignement, beaucoup d'étudiants m'ont demandé d'être leur conseiller. À mesure que je les encourageais en leur présentant l'aspect actuel de l'Évangile et sa puissance qui transforme les vies de façon très concrète, les étudiants réfléchissaient aux problèmes de leur propre vie. Ce cours couvrait des sujets qui n'avaient jamais été soulevés auparavant. Ces étudiants allaient quelques mois plus tard obtenir leur diplôme et accepter un poste dans le ministère. Par conséquent, ils ressentaient l'urgence de régler dans leur vie ce que ce cours avait mis en lumière. Rien dans mon expérience ne m'avait préparé à entendre ce genre de récits ni à faire face aux types de luttes que vivaient mes étudiants.

Frank a été l'un des premiers à me consulter. Il était marié depuis quinze ans et avait cinq enfants dont le plus vieux était adolescent. Il était venu au séminaire après une fructueuse carrière en finance. Nous avons bavardé beaucoup trop longtemps à propos de tout et de rien : il paraissait évident qu'il éprouvait de la difficulté à me dire ce qui l'avait incité à chercher mon aide. Je l'ai rassuré quant à ma loyauté, à la confidentialité de notre relation et à l'importance de chercher de l'aide. J'ai été abasourdi par ce qu'il m'a révélé ensuite : « J'ai dans mon sous-sol un placard rempli de vêtements féminins que je porte la nuit. C'est le seul moment de la journée où je me sens bien. » Cet homme était un théologien très brillant et doué, une sorte de vedette intellectuelle. Tous les jours, il vivait et travaillait avec la Parole. Il pouvait analyser les détails de l'Évangile de Jésus-Christ. Malgré tout, il était perdu dans un monde de confusion identitaire profonde et l'Évangile qu'il étudiait pour aider les autres semblait inadéquat pour lui porter secours. Je me suis demandé ce qu'il pouvait bien se dire lorsqu'il passait des entrevues pour le ministère. Comment sa femme était-elle parvenue à vivre dans de telles circonstances? Comment pensait-il pouvoir cacher une telle chose à ses enfants qui grandissaient? Mais par-dessus tout, je me suis demandé comment il était possible de porter des vêtements féminins la nuit et de se lever le lendemain matin pour faire l'exégèse de Colossiens.

George n'a pas eu autant de mal à me parler parce qu'il n'était plus en mesure de se faire confiance à lui-même : il avait peur. Tous les soirs, après avoir soupé avec sa femme, il avait pris l'habitude de se rendre dans un café-librairie de la ville pour y étudier. Cela le changeait de l'ambiance du séminaire et lui offrait un environnement silencieux, disait-il. Il a vite remarqué que plusieurs jolies jeunes femmes avaient aussi choisi d'y passer leur soirée. Un soir, après avoir aperçu une de ces jeunes femmes, il avait changé de place de façon à obtenir une vue plus stratégique de son sujet. Il s'installait parfois de manière à avoir un contact visuel avec l'une d'elles ou à pouvoir les observer à leur insu. Après quelques mois de ce manège, une femme qu'il observait s'est levée pour partir et il a fait de même, dans l'espoir qu'ils se croiseraient peut-être. Elle est montée dans sa voiture sans le remarquer. Il est donc retourné étudier. Ce comportement l'a conduit non seulement à partir au moment où une femme se levait, mais à la suivre, à une certaine distance, jusque chez elle. Il a demandé à me voir un soir, après avoir suivi une femme jusque chez elle, être sorti de sa voiture et s'être rendu à sa porte. Juste avant de frapper, il a pris peur, s'est enfui vers sa voiture et est parti. En classe, il semblait un étudiant aimable : le contraste entre le jour et la nuit de sa vie était stupéfiant.

On me racontait des histoires de couples mariés au bord du précipice, de violence domestique, de femmes prêtes à s'en aller, d'hommes en colère, de relations brisées avec les enfants et la famille élargie, de péchés sexuels secrets, de conflits avec des voisins et au sein de l'Église, de lourdes dettes, de luttes avec la dépression et l'anxiété, de pensées compulsives et obsessives et de pornographie sur internet.

Plus j'entendais ces histoires, plus j'étais persuadé que les phénomènes qui ressortaient de la vie de mes étudiants n'étaient pas individuels, mais systémiques. J'ai décidé que j'allais prendre soin de mes étudiants : j'allais appliquer tout ce que j'enseignais aux pensées et aux motifs profonds de leur cœur. J'avais acquis la profonde conviction qu'il est dangereux d'appliquer l'Évangile de toute autre façon. Pourtant, alors que je me livrais à cette tâche pastorale, je rencontrais souvent de la résistance chez mes étudiants. Un étudiant a même contesté ma façon de faire devant toute la classe en disant : « Professeur Tripp, vous nous prêchez un sermon! Nous sommes dans une salle de cours au séminaire. Ce n'est pas votre Église, et nous ne sommes pas votre congrégation. » Oui, c'est bel et bien arrivé.

Durant ces années j'ai entendu trop souvent : « Devons-nous retenir cette matière pour l'examen? » et pas assez souvent : « Aidez-moi à comprendre comment vivre à la lumière de ce que vous nous enseignez. » J'ai reçu beaucoup de comptes rendus arrogants de la part d'étudiants sûrs d'eux-mêmes qui se voyaient davantage comme mes enseignants que mes étudiants. Je les lisais en frissonnant à l'idée qu'ils seraient très bientôt les pasteurs d'une Église. Mes étudiants éprouvaient-ils tous certaines difficultés spirituelles? Bien sûr que non. Mais plusieurs en avaient, la plupart sans le savoir, même s'ils se regardaient tous les jours dans le miroir de la Parole de Dieu. Cette triste expérience a constitué une motivation primordiale pour écrire ce livre. Elle m'a conduit à méditer et à discuter de cette question : qu'est-ce qui ne va pas dans notre manière de préparer les individus au ministère dans l'Église locale?

QUE FAISONS-NOUS DE LA PAROLE?

Un de mes amis est devenu un fervent rosiériste. Son jardin contenait la plus grande variété des roses les plus belles et les plus robustes. Il faisait tout ce qui est humainement possible pour tailler, protéger et nourrir ses rosiers. Il veillait avec soin à leur bonne santé et à leur productivité. En saison, il travaillait de nombreuses heures tous les jours au milieu de ses rosiers. Il le faisait avec discipline et persévérance parce qu'il affirmait aimer les roses. Le jardinage l'occupait depuis tôt le matin jusque tard en soirée, mais cela ne l'ennuyait pas. Sa femme le croyait un peu fou. Ses amis se demandaient ce qui pouvait bien le passionner autant chez les roses... Pourtant, rien ne semblait ralentir ses ardeurs. Il connaissait l'adresse de tous les sites importants qui traitaient du sujet. Il était l'ami de tous les propriétaires de pépinières de sa région. Il avait la tête remplie de connaissances concernant l'histoire, la santé et le soin des roses. Il pouvait parler de roses dans un tel jargon que l'auditeur avait besoin d'un interprète s'il n'était pas lui-même rosiériste.

Un soir, après avoir travaillé au milieu de ses roses pendant plus de trois heures, il s'est soudain rendu compte que depuis des années, il n'avait pas pris le temps de jouir de ses roses. Il avait étudié le monde des roses. Il avait cultivé le sol autour des rosiers et les avait soigneusement entretenus. Il avait offert des tas de roses aux autres. Il avait nourri et arrosé ses roses. Il avait eu de longues conversations avec d'autres rosiéristes. Il avait passé du temps dans les pépinières locales pour en apprendre davantage et pour examiner les arbustes qu'il avait l'intention d'acheter. Toutefois, malgré tout le temps et le travail investis, et bien qu'il soit devenu un expert en la matière, il n'avait été ni ému ni transformé à la vue de la beauté qui avait été l'objet de tant d'efforts.

Ce soir-là, debout à sa fenêtre, il a résolu de prendre le temps de jouir de ses roses. Le lendemain matin, il s'est installé au milieu de son jardin pour contempler le fruit de son labeur. Cette fois, il allait simplement s'assoir, regarder, écouter et apprécier. Il est resté là durant des heures devant ses rosiers. Il a pris le temps d'observer : la forme unique de chacune des branches de l'arbuste, la courbure et la position unique de chacune des épines, la population d'insectes qui vivait sur ces rosiers. Il a relevé le contraste entre le vert tendre des jeunes pousses et l'aspect rugueux des plus vieilles branches. Il admirait avec enthousiasme la structure précise et délicate de chaque fleur. Il s'émerveillait de constater que chaque pétale jaune était en fait constitué d'un faisceau de centaines de nuances de jaune qui lui donnait sa couleur. Aussi étrange que cela puisse paraître, il m'a avoué que ces heures devant un buisson de roses l'ont transformé. Ces heures lui ont redonné la vue. Elles l'ont rendu reconnaissant, l'ont fait sourire du fond du cœur, l'ont rempli de mystère et de joie et plus important encore, elles lui ont permis d'adorer.

La beauté de ces rosiers n'était pas destinée à être une fin en soi. Non. Ils avaient été créés comme un moyen pour parvenir à une fin. La gloire des rosiers n'est pas la gloire suprême. C'est une gloire représentative, comme celle de tout objet créé. Toute la création a pour but de pointer vers la gloire suprême, la seule gloire qui puisse satisfaire le cœur humain : la gloire de Dieu. Mon ami était expert en matière de roses, mais n'avait vu ni le panneau indicateur, ni la direction que ce dernier signalait : il n'avait pas été transformé. L'expert était dépourvu d'admiration et d'adoration. Il manquait de joie et de reconnaissance. Voilà un bien triste état pour quelqu'un qui affirme aimer les roses!

Est-il possible d'établir un rapprochement entre cette situation et l'éducation transmise aux étudiants du séminaire? Ces étudiants deviendront-ils les experts d'un Évangile qui ne leur dévoile pas l'état de leur cœur et ne les transforme pas? N'est-il pas dangereux de leur enseigner à analyser le contenu fondamental des Écritures sans qu'il produise un impact sur leur cœur et leur vie? N'est-il pas dangereux pour ces étudiants d'aborder l'étude de la Bible sans qu'ils se reconnaissent coupables et soient brisés et contrits par ce message? Il importe pour eux de faire face quotidiennement aux implications personnelles du message qu'ils apprennent à exposer et à prêcher aux autres. Nous devons présenter à ceux qui étudient la théologie de Christ l'appel constant d'un amour transformateur à l'égard de Christ. Est-il possible qu'un grand nombre d'étudiants du séminaire soient trop occupés par les travaux pour s'asseoir devant la Rose du Saron, remplis d'admiration, d'amour et d'adoration? Nous avons fait de la foi un sujet d'étude et une matière scolaire. Sans le vouloir, nous avons considéré comme but ultime ce qui était destiné à n'être qu'un moyen pour y parvenir. Tout établissement chrétien d'études supérieures ne devrait-il pas être une communauté chaleureuse, formatrice, centrée sur Christ et motivée par l'Évangile? Nous devrions viser à diplômer des étudiants qui ont été maîtrisés par le Livre plutôt que des étudiants qui maîtrisent le Livre.

Ésaïe 55, l'une des plus belles offres de grâce que présente la Bible, nous interpelle précisément à ce sujet :

> Comme la pluie et la neige descendent des cieux
>> Et n'y retournent pas
> Sans avoir arrosé, fécondé la terre
>> Et fait germer les plantes,
> Sans avoir donné de la semence au semeur
>> Et du pain à celui qui mange,
> Ainsi en est-il de ma parole qui sort de ma bouche :
>> Elle ne retourne pas à moi sans effet,
> Sans avoir exécuté ma volonté
>> Et accompli avec succès
>> Ce pour quoi je l'ai envoyée.
> Oui, vous sortirez dans la joie
>> Et vous serez conduits dans la paix;
> Les montagnes et les collines
>> Éclateront en acclamations devant vous,
>> Et tous les arbres de la campagne battront des mains.
> Au lieu des buissons s'élèvera le cyprès,
>> Au lieu de l'ortie croîtra le myrte;
> Et ce sera pour l'Éternel une renommée,
>> Un signe perpétuel
>> Qui ne sera pas retranché (versets 10-13).

J'ai entendu bon nombre de sermons à propos du premier paragraphe de cette formidable promesse. Comme il est encourageant de lire que la Parole de Dieu ne reviendra pas à lui sans effet! Il est très motivant de savoir que les paroles de Dieu accomplissent toujours sa volonté et qu'il n'y a par conséquent aucune raison de s'inquiéter. Il est merveilleux de comprendre que le Dieu de la Parole a un plan pour sa Parole et qu'il la soutient pour en assurer la réalisation. Tout cela est fantastique et stimulant! Cependant, lorsqu'un prédicateur expose cette déclaration sans aborder la question essentielle qu'elle soulève, cela déclenche toujours chez moi une réaction quelque peu extravagante. Déclarer que la Parole de Dieu exécute toujours sa volonté attire notre attention sur cette question inévitable : quelle est donc sa volonté? Nous ne pouvons pas comprendre le génie et l'espoir que renferme ce passage sans répondre d'abord à cette question. À vrai dire, il est tout à fait possible d'utiliser la Bible de façon non biblique et malheureusement, il nous arrive assez fréquemment de le faire. Certes, la Parole de Dieu est gouvernée par la volonté arrêtée de Dieu. Néanmoins, il est possible de l'aborder et de l'appliquer selon un mode d'emploi qui s'écarte de son intention première.

À l'aide de superbes images inspirées de la nature, le deuxième paragraphe répond à la question que pose le premier. Il nous rappelle que le but fondamental de la Parole est l'adoration : le profond drame de ce monde brisé et des porteurs de l'image qui y vivent est l'absence d'adoration. L'Évangile est l'histoire du vol et de la restauration de la véritable adoration de Dieu : c'est pour adorer que nous avons reçu le souffle. La Parole de Dieu atteste qu'il y aura un moment où toute la création se prosternera pour adorer Dieu. Tout péché est une idolâtrie et l'œuvre de la grâce consiste à réclamer pour Dieu les passions, les pensées, les désirs et les motifs les plus profonds de notre cœur. En conséquence, nous nous sentons interpelés : le contenu et la théologie de la Parole de Dieu ne constituent pas une fin en soi. Toutefois, ils doivent être considérés comme un moyen pour parvenir cette fin. L'intention ultime de la Parole de Dieu est une adoration qui honore Dieu et transforme nos vies.

Mais une autre question demeure : comment cette profonde adoration est-elle suscitée? Ce passage utilise l'une des images les plus étranges de la Bible pour l'expliquer. Souvenez-vous que la métaphore principale est celle de la pluie et de la neige qui tombent. Or, ce passage dit que lorsque cette pluie tombera, le buisson deviendra un cyprès et l'ortie deviendra du myrte. Réfléchissez. Si vous avez un petit buisson dans votre cour, que deviendra-t-il après avoir été arrosé par la pluie et la neige? Un plus grand buisson. Du moins, c'est la réponse évidente. Si la pluie et la neige nourrissent les plants d'ortie de votre jardin, vous aurez un plant d'ortie plus abondant. Mais il en va autrement pour la

Parole de Dieu : lorsque cette pluie tombe sur un buisson, il prend une composition organique différente! Cette image représente une transformation fondamentale, précise et personnelle.

Lorsque la semence de la Parole de Dieu tombe en terre, fidèlement enseignée par le peuple de Dieu et ravivée par le Saint-Esprit, les individus deviennent différents. Ceux qui se livraient à la convoitise deviennent purs, les craintifs deviennent courageux, les voleurs deviennent généreux, les intraitables deviennent serviteurs, les coléreux deviennent artisans de paix, les insatisfaits deviennent reconnaissants et les idolâtres en viennent à adorer avec joie le seul vrai Dieu. Le but premier de la Parole de Dieu n'est pas de communiquer de l'information théologique, mais de transformer les cœurs et les vies. La connaissance biblique et l'expertise théologique ne constituent donc pas la finalité de la Parole. Elles sont plutôt le moyen pour parvenir à une fin : une vie radicalement transformée au centre de laquelle l'adoration a repris la place qui lui est due. Ainsi, il est dangereux d'enseigner la Parole, d'en discuter et d'en faire l'exégèse sans avoir ce but en tête. Tout professeur de séminaire devrait poursuivre un tel but et prier pour chacun de ses étudiants à ce sujet. Le ministère de chacun d'eux ne sera jamais façonné uniquement par la connaissance et les aptitudes, mais aussi par l'état de son cœur. Ce but devrait donc constamment inciter les professeurs à interpeller leurs étudiants de façon pastorale.

Réfléchissez. Un pasteur qui, en rentrant à la maison, prend un ton agressif pour s'adresser à sa femme n'ignore pourtant pas qu'il est mal d'agir de la sorte. À ce point, il ne se préoccupe pas de ce qui est bien ou mal, parce que son cœur est dominé par autre chose. Le pasteur qui aborde les problèmes de son Église selon une approche « politique » plutôt que pastorale n'ignore pas l'égoïsme de sa réaction. Cependant, il est plus occupé à construire son propre royaume que celui de Dieu. Le pasteur qui est rongé par l'envie du ministère d'un autre ne se livre pas à la convoitise parce qu'il en ignore les dangers. Néanmoins, son cœur égocentrique le pousse à revendiquer ce qui est une bénédiction et non un droit.

Pouvons-nous affirmer que nous avons accompli notre tâche quand des générations de diplômés sortent du séminaire la tête pleine de théologie, mais le cœur désespérément malade? Ne devons-nous pas associer formation théologique et transformation personnelle? Ne devrions-nous pas exiger que chaque cours du séminaire soit fidèle à l'intention de Dieu pour sa Parole? Tout professeur de séminaire ne devrait-il pas éprouver un amour pastoral envers ses étudiants? Tout enseignant ne devrait-il pas aspirer à être utilisé par Dieu pour susciter un amour croissant pour Christ chez chacun de ses étudiants?

Je suis persuadé que la crise de la culture pastorale commence souvent au séminaire. Le problème se manifeste d'abord par une lecture détachée et impersonnelle de la Parole de Dieu, et centrée sur la connaissance. Il se perpétue quand des pasteurs, au cours de leurs années au séminaire, maintiennent sans trop de malaise une distance relative entre la Parole de Dieu et leur propre cœur. Il prend de l'ampleur grâce à des enseignements centrés sur la matière scolaire sans être pastoraux : lorsqu'on accorde plus d'attention aux cerveaux qu'aux cœurs et que les résultats aux examens importent plus que le caractère. Le problème, c'est que tous ces symptômes sont subtils et trompeurs : ils ne relèvent pas d'un monde d'idées où tout est noir ou blanc, mais d'un monde nébuleux où tout est gris. Certes, tout professeur de séminaire affirmera qu'il se préoccupe du cœur de ses étudiants. Chacun dira qu'il veut encourager l'amour à l'égard de Christ. Cependant, ce but influence-t-il le contenu et la démarche de l'éducation théologique à laquelle nous nous sommes consacrés?

LA SPÉCIALISATION DE L'ÉDUCATION THÉOLOGIQUE

Revenons environ cent ans en arrière. Chaque professeur était alors un homme d'Église : l'éducation théologique était en quelque sorte l'aboutissement logique du pastorat. Ces hommes entretenaient un amour ardent pour l'Église locale. Ils se présentaient devant leurs étudiants empreints de l'humilité et de la sagesse que seules de nombreuses années passées dans les tranchées permettent d'acquérir. Ils enseignaient par leur cœur et leur vie. Ils avaient à l'esprit des personnes bien réelles : celles avec qui ils avaient pleuré ou s'étaient réjouis, contre qui ils s'étaient irrités et avec qui ils s'étaient querellés.

Ils venaient en classe sachant que les plus grands combats du ministère pastoral se livraient sur le terrain de leur propre cœur. Ils étaient des pasteurs : leur appel consistait non pas à abandonner le pastorat, mais à envahir l'écosystème de l'éducation théologique en y apportant leur amour et leur zèle.

Cependant, au fil des ans, l'éducation théologique a peu à peu changé. Elle est devenue plus spécialisée et institutionnalisée. De nombreux professeurs qui se sont joints au séminaire ne possédaient aucune expérience de l'Église locale, sinon très peu. Ils ont accédé à l'enseignement non parce qu'ils avaient réussi en tant que pasteurs et qu'ils étaient par conséquent équipés pour former professionnellement et spirituellement la prochaine génération. Non. Ils sont plutôt venus au séminaire parce qu'ils étaient experts dans leurs domaines. L'énergie déployée dans la salle de classe sert désormais à cloner non pas une nouvelle génération de pasteurs, mais d'experts en apologétique, en éthique, en théologie systématique, en histoire de l'Église et en langues bibliques. Ce changement subtil produit un impact monumental dans la culture du séminaire. Dans certains cas, le tout s'organise en véritables royaumes féodaux (le fief de la théologie systématique, celui de l'éthique, etc.). Le professeur, qui est seigneur du fief, protège et défend le royaume qu'il a construit ou acquis au détriment de l'expansion d'autres royaumes. L'étudiant est admis dans un fief puis dans un autre. Chaque fois, on tente de le persuader que sa présente concentration est la plus vitale au bon fonctionnement de la fédération des royaumes qui constituent le monde de l'éducation théologique. C'est une culture au climat politique tendu, qui s'emploie davantage à garder ses remparts qu'à former des disciples et qui se concentre plus sur l'acquisition d'information essentielle que sur la formation du caractère. Mon cœur de pasteur est lourd alors que j'écris ces mots. J'ai vécu dans cette culture pendant vingt ans. Je sais que ce que j'ai écrit provoquera la colère de certains, et je sais que le système est en mesure de riposter pour se défendre, mais c'est un prix que je suis prêt à payer. L'enjeu est à ce point essentiel et l'autoévaluation du séminaire est à ce point importante. Il est nécessaire de parler avec sincérité.

DONC, OÙ EST LE DANGER?

Le christianisme scolarisé n'est pas toujours associé au cœur et fonde son espoir sur la connaissance et les aptitudes. Par conséquent, il peut rendre les étudiants dangereux. Il les arme de connaissances et de techniques puissantes qui peuvent les inciter à penser qu'ils sont plus matures et pieux qu'ils le sont en réalité. Il fournit aux étudiants des armes de combat spirituel qui, si elles ne sont pas maniées avec humilité et grâce, feront du tort aux personnes qu'elles sont destinées à aider.

Permettez-moi de présenter brièvement une liste de répercussions possibles dans la vie des étudiants lorsque l'enseignement du séminaire s'éloigne de l'intention de Dieu par rapport à sa Parole.

1) L'AVEUGLEMENT SPIRITUEL

Le péché aveugle, et ceux qui sont aveuglés par le péché ont tendance à être aveuglés quant à leur propre aveuglement. Par conséquent, il est dangereux d'aborder les vérités de la Parole sans demander aux étudiants de s'examiner en même temps dans le miroir de la Parole. Ceux qui auront négligé de le faire entreront dans le ministère, convaincus qu'ils sont prêts à réformer le monde sans reconnaître leur besoin d'être réformés au même titre que le troupeau qu'ils sont appelés à paître.

2) L'AUTOJUSTIFICATION THÉOLOGIQUE

Les étudiants qui n'ont jamais eu besoin d'admettre qu'il est plus facile d'apprendre la théologie que de la vivre peuvent être tentés de croire que la maturité est davantage reliée à la connaissance qu'au mode de vie. Ils croient que la piété dépend davantage de ce que nous comprenons intellectuellement que de notre manière de vivre. Ainsi, enflés de leur connaissance, ils ont l'assurance qu'ils sont dans le vrai.

3) UNE RELATION DYSFONCTIONNELLE AVEC LA PAROLE

À un point de son éducation théologique, l'étudiant peut perdre de vue sa relation personnelle non seulement avec la Parole, mais aussi avec le Dieu de la Parole. La lecture de la Parole se limite à l'exploration d'un monde d'idées correctes. Elle devrait plutôt le transporter dans le monde de la soumission au Seigneur que de telles idées présentent et définissent.

4) L'INDIFFÉRENCE QUANT À SES BESOINS PERSONNELS DE L'ÉVANGILE

L'étudiant en est donc venu à se considérer comme plus mature qu'il ne l'est en réalité à cause de la connaissance qu'il a acquise : il ne s'approche plus de la Parole de Dieu avec un cœur tendre et démuni. L'étude de la Parole le ramène constamment à sa table de travail, mais le mène rarement sur ses genoux.

5) L'IMPATIENCE ENVERS LES AUTRES

J'ai souvent répété que personne n'accorde la grâce aussi librement que celui qui est profondément persuadé qu'il en a lui-même besoin. Les personnes justes à leurs propres yeux ont tendance à se montrer critiques, méprisantes et impatientes envers les autres.

6) UNE PERSPECTIVE ERRONÉE DU MINISTÈRE

À cause de tout ce qui vient d'être mentionné, le ministère est davantage motivé par l'exactitude théologique que par l'adoration et l'amour à l'égard de Jésus-Christ. Le sermon devient une leçon théologique plus qu'une exposition de la grâce de l'Évangile et un appel à rechercher le Sauveur. Malheureusement, il est plus souvent motivé par la passion des idées que par l'amour pour les autres et pour Christ.

7) L'ABSENCE DE COMMUNION AVEC CHRIST

Enfin, tout cela peut dégénérer et produire un christianisme dépourvu de Christ. L'étudiant qui fonde son espoir sur la théologie et les règles oublie que si la théologie et les règles avaient la puissance de transformer les cœurs idolâtres, Jésus ne serait jamais venu pour vivre, mourir et ressusciter. Au final, le moyen devient la fin et le christianisme perd sa puissance pour lutter contre le monde, la chair et Satan.

QUE FAIRE MAINTENANT?

Je ne dis pas que tout le curriculum du séminaire doit être mis aux rebuts. Tous les domaines d'études qui forment l'éducation du séminaire sont essentiels. J'affirme plutôt que la passion pastorale envers les étudiants doit façonner la manière de livrer et d'appliquer le contenu de l'éducation théologique. J'affirme que les professeurs du séminaire doivent s'engager à établir un lien communautaire avec leurs étudiants. Ils doivent enseigner en gardant toujours le cœur au centre de leur préoccupation, et espérer en la puissance transformatrice de l'Évangile. L'étudiant du séminaire devrait se sentir connu et aimé de ses professeurs. Dans le processus de son éducation, il devrait également apprendre à connaître son propre cœur et son Seigneur de façon plus complète et plus profonde. Les salles de cours du séminaire doivent devenir tant des lieux d'adoration que d'éducation. Les professeurs doivent prêcher aux étudiants et veiller sur eux avec un soin pastoral. J'affirme que la formation spirituelle n'est pas un département de l'éducation théologique ou un cours en particulier. Au contraire, l'objectif de la formation spirituelle doit déteindre sur tous les domaines d'études. Enfin, j'affirme que chaque cours doit présenter à chaque étudiant un Sauveur merveilleux, dont la beauté seule a la puissance de supplanter toute autre beauté qui pourrait s'emparer de son cœur.

CHAPITRE QUATRE

PLUS QUE LA CONNAISSANCE ET LA TECHNIQUE

J'ai entendu cette histoire à maintes reprises. Chaque fois, la conclusion est la même : « Nous avons appelé un homme que nous ne connaissions pas. » L'histoire la plus récente est assez typique. Le pasteur principal, qui avait atteint la soixantaine, savait qu'il devrait bientôt céder sa place à un plus jeune. Un comité de recherche s'est formé et a commencé à définir les critères qui valideraient la candidature des aspirants. L'offre de poste a été publiée partout dans le réseau de l'Église et le processus a débuté. Outre quelques lignes plutôt vagues et trop générales, les deux pages qui décrivaient le profil du candidat recherché mentionnaient très peu de choses concernant l'homme en tant que tel. Connaître le cœur de l'homme dont la liste impressionnante d'aptitudes et de connaissances devait ressortir de la page de postulation ne jouait pas un rôle essentiel dans le processus de recherche.

Les membres du comité ont montré beaucoup d'enthousiasme quand le responsable a présenté la candidature d'un homme qui semblait convenir à tous les critères. Il avait reçu la formation adéquate et possédait les aptitudes nécessaires et ce qui semblait être la bonne philosophie pour connecter avec l'Église et pour l'aider à grandir. Il avait aussi acquis une expérience diversifiée dans le ministère. À la fin de la réunion, le groupe a décidé d'envoyer une délégation pour entendre cet homme prêcher et avoir une idée de l'état de santé de son Église. Après l'avoir entendu ce dimanche matin, les membres du comité étaient enthousiasmés. Ils aimaient la façon dont il avait abordé le passage et quelques-uns ont souligné que sa prédication leur rappelait celle de leur pasteur actuel. Peu après, ils l'ont invité à prêcher à leur Église, et le lendemain on lui a accordé une entrevue. Plus tard dans la même semaine, on l'a invité à devenir le nouveau pasteur principal de l'Église. Bien sûr, les anciens, les diacres et les membres du comité de recherche ont eu l'occasion de discuter brièvement avec lui et de rencontrer sa famille. À vrai dire, maintenant qu'il correspondait au profil recherché, il devenait difficile pour le comité de porter réellement attention à tout ce qui aurait pu entraver cet appel.

Les quelques premiers mois, il a exercé son ministère avec beaucoup d'enthousiasme et d'espoir. Il semblait que Dieu avait envoyé le candidat idéal. Une seule chose sonnait faux aux dires des membres les plus perspicaces : la femme du nouveau pasteur ne semblait ni à l'aise ni heureuse. Elle ne se liait pas avec les autres femmes de l'Église et ne semblait prendre part qu'aux activités où la femme du pasteur est tenue d'assister. Son mari était moins présent à son bureau que l'auraient souhaité les responsables et par conséquent difficile à joindre, mais cela ne semblait être que des problèmes mineurs. En prenant le café avec un autre responsable, un vieil homme sage, ancien de l'Église, a mentionné : « Huit mois, et personne n'a été invité chez eux, ni à participer à des activités sociales avec eux. » Il paraissait évident que le nouveau pasteur avait horreur des rencontres sociales et qu'il n'était pas à l'aise dans un cadre informel. Durant la semaine, il passait le plus clair de son temps à étudier à la maison et de manière générale, il se présentait uniquement à la réunion des responsables le jeudi et au culte du dimanche. Les responsables ont appris à se débrouiller sans lui et les aspirants au ministère se sont sentis abandonnés. En public, il semblait être la quintessence du pasteur qualifié et expérimenté, mais sa personnalité publique et sa vie privée étaient de plus en plus discordantes. Pourtant, personne ne semblait s'en apercevoir.

À la fin de la première année, il a annoncé que sa femme partait chez ses parents pour passer du temps avec eux. Il disait qu'il était encore trop tôt pour qu'il prenne des vacances et que, par conséquent, il serait « célibataire » pendant deux semaines, alors que sa femme et les enfants seraient en voyage. Personne n'a accordé beaucoup d'importance à cette situation, et les membres de l'Église lui ont préparé des repas pour qu'il ne meure pas de faim en l'absence de sa femme. On a commencé à trouver étrange que les deux semaines prévues se prolongent durant quatre semaines, mais on en parlait peu. Peu après le retour de sa femme, le pasteur a demandé à l'Église de prier pour sa famille en raison des tensions « normales » qu'elle vivait et auxquelles doivent faire face tous les pasteurs. Entretemps, sa femme ne semblait pas s'adapter davantage à sa nouvelle maison ni se rapprocher des gens de l'Église.

L'isolement du pasteur, la distance entre lui et les dirigeants de l'Église et le malaise que ressentait sa femme envers sa nouvelle communauté d'Église étaient devenus la norme. Tout le monde a semblé s'y faire et avoir oublié la situation qu'ils avaient connue auparavant. Les responsables ont appris à concentrer tous leurs échanges avec leur pasteur le jeudi, les assistants ont appris à agir seuls et la congrégation semblait se contenter de réunions publiques fonctionnelles. On s'était accommodé jusqu'à ce point d'une situation « moins qu'idéale », mais la philosophie générale était désormais : « Nous pouvons nous arranger ». C'est souvent ce qui arrive.

Je suis convaincu que la grande crise que traverse l'Église de Jésus-Christ provient non pas de notre tendance à être trop exigeants, mais plutôt de notre tendance à nous satisfaire de trop peu. Nous sommes trop souvent disposés à nous accommoder de manière perverse de situations dysfonctionnelles et inacceptables. Nous apprenons à nous adapter à des conditions que nous devrions changer et à des réalités auxquelles nous devrions nous opposer. Nous évitons des situations auxquelles nous devrions pourtant faire face. Nous acceptons le compromis alors que nous devrions demander des comptes. Nous nous bernons nous-mêmes, et croyons que les choses sont mieux qu'elles le sont en réalité et ce faisant, nous mettons en péril l'appel et les standards du Dieu que nous affirmons aimer et servir. Comme des malades qui ont peur du médecin, nous rassemblons les preuves qui indiquent que nous sommes en bonne santé alors qu'au fond de notre cœur, nous savons très bien que nous sommes malades. Ainsi, nous nous satisfaisons d'un être humain de second ordre alors que Dieu, dans sa grâce, nous offre beaucoup plus.

Quatre années ont passé. L'évidence s'imposait de plus en plus et devenait indéniable : quelque chose n'allait vraiment pas dans le cœur et la vie de cet homme et de sa famille. Le pasteur avait souvent l'air abattu et distrait. Il était devenu impatient et irritable à l'endroit de ceux qui travaillaient avec lui. Sa femme semblait souvent être au bord des larmes. Il a demandé discrètement aux diacres s'il existait un fonds pour l'aider à entreprendre une thérapie avec sa femme et ils lui ont accordé de bon cœur. Les membres les plus engagés de l'Église ont été encouragés d'apprendre que le couple cherchait de l'aide et après quelques mois, tous étaient soulagés de constater qu'ils avaient évité une crise. Ce n'était pourtant pas le cas.

Par un glacial après-midi d'hiver, le responsable du conseil des anciens a reçu l'appel qu'aucun ancien ne veut recevoir. Le pasteur lui demandait s'il était possible de lui trouver un remplaçant pour le lendemain (deux sermons le matin et un dîner-causerie au sujet des missions). L'ancien a d'abord pensé que son pasteur était malade physiquement. Cependant, quand le pasteur lui a annoncé qu'il s'agissait d'une urgence familiale, son moral s'est effondré. Il ne pouvait prévoir ce qui allait se produire dans les jours qui suivraient.

Le lundi, le pasteur a convoqué une réunion d'urgence du comité exécutif du conseil pour leur expliquer ce qui se passait. Le samedi, sa femme lui avait donné un ultimatum : « C'est moi ou ton ministère. Tu vas devoir choisir l'un ou l'autre, parce que tu ne peux pas avoir les deux. » Elle a enchaîné en disant qu'elle ne pouvait plus continuer. Elle en avait assez de l'énorme incohérence entre leur vie publique et leur vie privée. Elle était exaspérée de prétendre que tout allait bien alors que tout allait si mal. Elle était fatiguée d'entendre son mari exhorter les autres à faire ce qu'il ne faisait pas lui-même. Elle détestait la nouvelle ville où ils vivaient et elle lui a rappelé amèrement qu'elle l'avait supplié de ne pas les déraciner, elle et les enfants. Après s'être déchargée de la sorte, elle lui a dit qu'elle ne serait pas à l'église le lendemain, ni aucun autre dimanche à l'avenir. C'était « fini, terminé » et il devrait faire d'elle et des enfants sa priorité « pour la première fois depuis des années ».

« Elle a raison, dit-il, la tête baissée. Ça dure depuis trop longtemps. Je ne sais pas s'il s'agit de ma démission, d'une absence prolongée ou juste d'un appel à l'aide, mais nous ne pouvons plus continuer ainsi. Ma femme est à la maison, en train de faire ses bagages. Elle s'en va chez sa mère avec les enfants et je compte aussi partir aussitôt que cette réunion sera terminée et après avoir réglé certains détails du ministère. » Les membres du comité exécutif étaient abasourdis, et pourtant, ils n'auraient pas dû l'être. Ils auraient dû savoir. Ils auraient dû guider, conseiller et protéger. Ils auraient dû avertir, encourager, servir leur pasteur et lui porter secours. Or, ils avaient engagé un homme qu'ils ne connaissaient pas : ils ignoraient tout de cette relation de couple tendue entre leur pasteur et sa femme. Cette dernière était plus troublée qu'ils ne le pensaient. Ils s'étaient laissé impressionner par un bagage de connaissances, d'aptitudes et d'expériences du ministère. Ils s'étaient appuyés sur des présupposés qu'ils auraient dû examiner davantage. Ils n'ont pas posé les questions qu'ils auraient dû poser. Ils connaissaient le parcours professionnel de cet homme, mais pas son cœur. S'ils avaient su, ils ne l'auraient jamais appelé : ils auraient alors été en mesure de prévoir ce qu'ils ont expérimenté par la suite.

Ils ignoraient tout des querelles nocturnes entre leur éventuel pasteur et sa femme avant qu'il décide finalement d'accepter l'appel. L'isolement qu'avaient vécu les responsables de l'Église était le même que vivaient tous les membres de sa famille. Sa relation avec sa femme s'envenimait peu à peu et elle avait commencé à chavirer émotion-nellement : c'est la raison qui l'avait poussé à rechercher un nouveau poste. La femme du pasteur avait été anéantie après qu'il eut accepté leur offre. Il était toutefois convaincu que c'était la seule manière de sauver son couple et sa famille. Les responsables ignoraient tout de cette situation. Voilà ce qui explique la crise vécue par cette Église locale et par tant d'autres.

QU'EST-CE QUI DÉTERMINE LE SUCCÈS D'UN PASTEUR?

Je suis convaincu que le problème dans de telles situations découle principalement d'une définition non biblique de ce qui constitue la réussite dans le ministère. Bien sûr, l'offre d'emploi précisait : « marche dynamique avec le Seigneur », mais ces mots ont perdu de leur importance dans le processus. On avait posé très peu de questions à ce sujet et on tenait beaucoup trop de faits pour acquis. Les responsables s'étaient surtout assurés de la connaissance (bonne théologie), des aptitudes (bon prédicateur) et de l'expérience (il n'était pas un novice et n'utiliserait pas le ministère de l'Église pour faire ses premières armes). Dans le cadre de mon ministère, j'ai souvent entendu des dirigeants d'Églises déclarer au cours d'une crise pastorale : « Nous ne connaissions pas l'homme que nous avons engagé. »

Qu'entendons-nous par connaître l'homme? Cela consiste à connaître le véritable état de son cœur (dans la mesure du possible, bien sûr). Qu'aime-t-il vraiment? Qu'est-ce qui lui inspire vraiment du mépris? Quels sont ses espoirs, ses rêves et ses craintes? Quelles sont les aspirations profondes qui alimentent et façonnent son ministère? Quelles sont les angoisses qui pourraient éventuellement l'égarer ou le paralyser? Sa vision de lui-même est-elle juste? Est-il ouvert à la remise en question, à la critique et à l'encouragement de la part des autres? Fait-il preuve de sérieux dans sa sanctification personnelle? Est-il honnête concernant ses propres tentations, ses faiblesses et ses manquements? Est-il prêt à écouter et à respecter la sagesse des autres? Perçoit-il le ministère pastoral comme un projet communautaire? Possède-t-il un cœur tendre et paternel? Est-il chaleureux et hospitalier, un berger et un soutien pour ceux qui souffrent? Par quels traits de caractère le décriraient sa femme et ses enfants? Applique-t-il sa prédication à sa propre vie? Se regarde-t-il dans le miroir de la Parole, le cœur brisé et la conscience souvent attristée? À quel point sa relation personnelle avec Dieu est-elle solide, constante, joyeuse et vivante? Son ministère auprès des autres reflète-t-il l'intensité de sa communion personnelle avec Dieu? S'en tient-il à des standards élevés ou se complaît-il dans la médiocrité? Est-il sensible aux expériences et aux besoins de ceux qui l'assistent dans le ministère? Incarne-t-il l'amour et la grâce du Sauveur? Passe-t-il par-dessus les offenses de moindre importance? Est-il disposé à pardonner? Est-il prompt à critiquer et à juger? Le pasteur public est-il une personne différente du mari et du père en privé? Prend-il soin de lui physiquement? Se laisse-t-il abrutir par les médias sociaux et la télévision? S'il n'avait qu'un seul souhait, quel serait-il? Quel succès a-t-il obtenu en tant que pasteur de sa propre famille?

Il est absolument essentiel de se souvenir que le ministère d'un pasteur ne se limite pas à la connaissance, à l'expérience et aux aptitudes. Il est toujours accompagné de la véritable condition de son cœur. À vrai dire, si son cœur est en mauvais état, toute sa connaissance et ses aptitudes peuvent le rendre nuisible. Revenons à la situation que je vous ai dépeinte.

Le véritable problème n'était pas la femme du pasteur (elle devait toutefois examiner son cœur et régler ses propres problèmes). Ce n'était pas non plus leur relation de couple constamment tendue, ni l'écart que le pasteur maintenait entre lui, ses collègues et le corps de Christ. Toutes ces circonstances constituaient les symptômes d'un problème plus profond et plus fondamental. Son problème était un problème de cœur qui avait forcément un effet négatif sur son ministère. Son problème était vertical. Il était lié à la nature et à la qualité de sa relation avec Dieu.

Le problème était l'absence d'une communion vivante, humble, dépendante, victorieuse, adoratrice et méditative avec Christ. Jésus ne semblait plus faire partie de l'équation. Le pasteur possédait toutes sortes de connaissances et d'aptitudes pour le ministère, mais elles paraissaient dissociées d'une communion avec un Christ vivant et toujours présent. Toute cette connaissance et cette activité semblaient être motivées par autre chose qu'un amour pour Christ et une gratitude profonde et durable pour l'amour de Christ envers lui. À vrai dire, son ministère était extrêmement impersonnel. Il se résumait à un contenu théologique, à l'exactitude exégétique, aux activités ecclésiales et à l'avancée institutionnelle. Il comportait tout au plus la préparation du prochain sermon, l'organisation de la prochaine réunion et les postes à combler au sein de la direction. Tout était question de budgets, de planification et de partenariat dans le ministère. Aucune de ces intentions n'est mauvaise en soi. Plusieurs d'entre elles sont même essentielles. Toutefois, il ne faut pas les considérer comme des fins en soi. Elles ne doivent jamais être le moteur qui propulse le véhicule. Elles doivent toutes être l'expression d'une réalité plus profonde, et cette réalité doit résider dans le cœur du pasteur. Elle doit enflammer et alimenter son ministère sur tous les plans, et ce qui alimente son ministère doit aussi stimuler l'ensemble de sa vie personnelle.

Le pasteur doit être charmé, émerveillé et amoureux de son Sauveur. Tout ce qu'il pense, désire, choisit, décide, dit et fait doit être motivé par son amour pour Christ et par l'assurance qu'il est aimé de Christ. L'amour de Christ doit constamment l'humilier, le rassurer et lui donner du repos. Sa communion avec Christ doit jour après jour attendrir son cœur de sorte qu'il devienne un leader serviteur tendre, attentionné, patient, prompt à pardonner, encourageant et généreux. La vision de la réussite de son ministère ne doit pas assombrir sa vision de Christ : incluant sa présence, ses promesses et sa provision.

Seul son amour envers Christ peut défendre le cœur du pasteur contre toutes les autres formes d'amour qui risquent d'entraver son ministère. Seule l'adoration de Christ est assez puissante pour le protéger de toutes les idoles séductrices qui lui murmurent à l'oreille. Seule la gloire du Christ ressuscité le gardera de la tentation de chercher sa gloire personnelle que connaissent tous ceux qui s'engagent dans le ministère et qui détruit le travail de tant de pasteurs. Seul Christ peut transformer un diplômé du séminaire arrogant et « prêt à affronter le monde » pour en faire un agent de la grâce plein d'humilité et de patience. Seule une profonde reconnaissance envers un Sauveur qui a souffert peut inciter un homme à souffrir pour le ministère. Seul un cœur satisfait en Christ peut s'épanouir spirituellement au travers des difficultés du ministère. Seule la tristesse de la repentance nous permet d'accorder la grâce à ces congénères rebelles que Dieu a confiés à notre ministère. C'est seulement lorsque notre identité est fermement enracinée en Christ que nous sommes délivrés : nous cessons alors de la chercher dans notre ministère.

Nous devons être prudents dans notre façon de définir l'aptitude au ministère et la maturité spirituelle. Il est dangereux de penser que le diplômé du séminaire une fois muni d'une solide éducation et d'une bonne formation est apte au ministère. Il est également imprudent de croire que la connaissance, l'effort et les aptitudes démontrés dans le ministère sont synonymes de maturité spirituelle. La maturité se trouve dans une communion à la verticale et entraîne un vaste éventail de répercussions dans nos relations sur le plan horizontal. La maturité concerne la relation avec Dieu d'où découle une vie empreinte de sagesse et d'humilité. La maturité de l'amour qu'on éprouve envers Jésus-Christ s'exprime dans l'amour envers les autres. La reconnaissance pour l'amour de Christ envers nous s'exprime dans la grâce accordée auxautres. La gratitude pour la patience et le pardon de Christ engendre la patience et le pardon envers les autres. L'expérience quotidienne du secours de l'Évangile fait naître un désir passionné de voir les autres expérimenter le même secours.

Puisque toutes ces choses sont vraies, elles doivent être au premier plan dans l'examen de la candidature de tout pasteur. Nous n'appelons pas au ministère des aptitudes, des connaissances et de l'expérience. Nous appelons des hommes entiers qui suivent l'élan de leur cœur et dont le ministère sera toujours façonné et gouverné par une forme ou une autre d'adoration. Nous appelons des hommes engagés dans le processus de leur sanctification personnelle : ils luttent encore avec la puissance séductrice et trompeuse du péché. Nous appelons des personnes qui font face aux pièges quotidiens d'un monde rebelle au dessein de Dieu. Des personnes que Dieu appellera à la souffrance pour le perfectionnement de leur salut et pour sa propre gloire. Des personnes qui sont en relation quotidienne étroite avec d'autres pécheurs. Des individus qui risquent de s'égarer, de se tromper eux-mêmes et qui seront tentés par l'autosuffisance et l'arrogance. Des individus qui transposeront leurs opinions au sujet du ministère et leur interprétation d'une expérience antérieure à ce nouveau contexte. Des individus qui ont désespérément besoin de la grâce qui pardonne, transforme, ravive et libère, et ce, au même titre que ceux qui sont confiés à leur ministère. Nous appelons des personnes, de vrais individus qui ne sont pas encore des experts en matière de grâce.

Il nous faut donc connaître, et connaître vraiment, les personnes à qui nous confions la direction spirituelle et le soin du peuple de Dieu.

QUELQUES EXEMPLES BIBLIQUES

Il est évident lorsque nous étudions les Écritures que le succès ou l'échec spirituel se limite rarement à la connaissance, à la stratégie, aux aptitudes et à l'expérience. Considérez ce que dit Romains 4 au sujet d'Abraham. Dieu l'a choisi pour recevoir les promesses de son alliance. Il lui a promis que sa postérité serait comme le sable au bord de la mer. Pourtant, sa femme était très vieille, ayant depuis longtemps dépassé l'âge de porter des enfants, et Abraham n'avait pas encore donné naissance au fils qui préserverait sa lignée. Le quatrième chapitre de Romains dénote une qualité particulière du cœur d'Abraham. Il serait profitable de méditer quelques instants sur son histoire. Lorsque Dieu nous appelle à attendre pendant une période prolongée, comme il l'avait demandé à Abraham, cette attente devient souvent la chronique d'une foi défaillante. Plus nous disposons de temps pour réfléchir à cet appel, plus nous avons le temps de considérer à quel point nous en sommes indignes. Plus cette période de réflexion s'étire, plus notre foi risque de faiblir. Mais le cas d'Abraham est différent. Cette période d'attente prolongée a fortifié sa foi et ce passage en explique la raison. Au lieu de songer à l'impossibilité de la situation, Abraham a considéré la puissance et le caractère de celui qui avait fait la promesse. Plus Abraham laissait son cœur se délecter de la gloire de Dieu, plus il était convaincu qu'il était entre bonnes mains. Au lieu d'être un cycle de découragement et de désespoir, l'histoire d'Abraham présente un cycle de courage et d'espoir. Pourquoi? Parce qu'il se concentrait sur les réalités spirituelles.

Que pouvons dire de Joseph, que Dieu a choisi comme instrument pour préserver Israël de la famine et de l'extinction? Quand la femme du dirigeant égyptien Potiphar a voulu le séduire, il n'a pas cédé. Pourquoi? Ce n'était ni à cause de la peur des conséquences, ni à cause de ce qu'il avait appris au cours des expériences passées, ni en raison de son aptitude à gérer les relations complexes du palais. Ce qui a motivé Joseph à ce moment de décision cruciale est dépeint de manière explicite dans Genèse 39 : c'est le profond attachement de son cœur envers son Seigneur qui lui a permis de résister. Son cœur n'était pas régi par les plaisirs terrestres, mais par l'adoration. Il ne pouvait s'imaginer commettre un tel tort contre Dieu. Une gloire plus grande que toutes les gloires temporelles de ce monde créé s'était emparée de son cœur. C'est pourquoi il a pu refuser catégoriquement, sans hésitation et du fond du cœur.

Songez également à Moïse devant ce buisson ardent. Dieu avait choisi Moïse pour être son instrument de rédemption, pour mener Israël hors de la captivité et dans la terre promise. Toutefois, Moïse n'en éprouvait aucune envie et n'entretenait aucun espoir à ce sujet. La négociation qui s'est alors déroulée entre Moïse et Dieu est rapportée dans Exode 3 et 4. Selon sa propre évaluation, Moïse en était tout à fait incapable : il n'était pas préparé et il ne possédait aucune compétence pour répondre à l'appel de Dieu. La réponse de Dieu a été simple : « J'irai avec toi. » La conclusion de Moïse a aussi été simple : « Je t'en supplie, Seigneur… envoie quelqu'un d'autre! » [4.13, Bible en français courant]. Moïse a fait cette déclaration juste après que Dieu lui ait donné une démonstration directe de la puissance à sa disposition en tant qu'instrument choisi de Dieu. Comment interpréter ce texte? Moïse ne pouvait se dissimuler derrière toute son éducation égyptienne pour se protéger. Sa riche connaissance de la culture égyptienne ne pouvait lui servir de motivation. Sa compréhension personnelle de la politique du palais ne pouvait l'encourager. Aucun de ces avantages ne parvenait à soutenir Moïse à cet instant, car la crainte de son propre cœur le trahissait. C'est la colère de Dieu qui l'a enfin poussé à accepter d'aller vers Pharaon.

Considérez aussi l'armée d'Israël dans la vallée d'Éla, équipée pour le combat, mais trop effrayée pour se battre. L'armée choisie du Dieu Très-Haut, le Seigneur des armées, se tenait là, effrayée à l'idée d'affronter le héros philistin. Ce peuple souffrait d'une tragique amnésie identitaire. Il avait oublié qui il était, de même que les promesses qu'il avait reçues : il a donc interprété de manière erronée sa situation du moment. En réalité, ce n'était pas de minables petits soldats qui affrontaient cet immense géant, mais un minable géant qui osait s'élever contre le Tout-Puissant. Selon 1 Samuel 17, c'est précisément à cet instant que David entre en scène. Ce berger, venu livrer des provisions à ses frères, était un homme de foi qui avait expérimenté la puissance libératrice de Dieu. Par conséquent, il ne comprenait pas pourquoi l'armée n'était pas engagée dans la bataille. Dans un acte de courage que seul l'enfant de Dieu qui s'appuie sur son identité et sur les promesses qu'il a reçues peut accomplir, David descend dans cette vallée pour affronter Goliath, armé d'une simple fronde de berger. Il reconnaît qu'il s'agit bel et bien d'une guerre spirituelle et sait que Dieu livrera entre ses mains le héros philistin et son armée. Il sait qu'il n'a pas à se battre à l'ombre de la gloire de Goliath, mais à la lumière de la gloire de Dieu. C'est le courage de la foi qui le motive à s'engager dans cette vallée.

Souvenez-vous aussi d'Élie qui, après sa victoire éclatante contre les prophètes de Baal sur le mont Carmel, se trouve si seul et si découragé qu'il souhaite mourir. Le premier livre des Rois nous offre au chapitre 19 une description de ce prophète pathétique qui a perdu tous ses moyens et qui est convaincu que c'est la fin. Il n'envisage aucune issue, car il est persuadé qu'il est le dernier homme juste. De son point de vue, il semble que le mal est sur le point de l'emporter. Dieu doit venir au secours d'Élie pour le ramener à la raison. Il n'est pas seul puisque Dieu n'a pas terminé son œuvre. Ultimement, le mal ne l'emportera pas. Il reste encore sept mille justes pour poursuivre l'œuvre de Dieu.

Ce que Paul écrit au sujet de son opposition contre Pierre est éloquent. Ce dernier s'exposait à un compromis sur un principe fondamental de l'Évangile par crainte de l'opinion et de la réaction d'un certain groupe. Il s'apprêtait à agir d'une façon directement opposée au message qu'il était appelé à représenter. Il ne manquait pourtant pas de connaissance, d'expérience ou d'aptitudes, mais à cet instant, son cœur était gouverné davantage par une crainte de ses semblables que par la foi en Dieu.

Pour tous ces dirigeants appelés à prendre des décisions cruciales, c'est la condition de leur cœur qui a fait la différence. Le cœur est le facteur déterminant dans le ministère. Il est concevable, en plaçant côte à côte deux hommes possédant la même formation, la même expérience et les mêmes aptitudes, de conclure qu'ils réagiront de façon similaire aux hauts et aux bas liés au ministère dans l'Église locale. Il serait facile, mais cependant néfaste de tirer une telle conclusion. Le comporte-

ment de ces deux pasteurs risque d'être aussi complexe et aussi diver-
gent que la liste d'éléments qui peuvent dominer leur cœur. Il serait
naïf de croire que le ministère pastoral est toujours motivé par l'amour
pour Christ et son Évangile. Imaginer que les personnes engagées dans
le ministère éprouvent un amour naturel et constant pour les autres est
une conclusion bien simpliste. Il est dangereux de prétendre que tous
ceux qui sont engagés dans le ministère travaillent à l'avancement du
grand royaume. Il faut reconnaître que beaucoup d'individus dans le
ministère sont séduits par la recherche de leur gloire personnelle et
ont perdu de vue la gloire de Dieu. Ils ne sont pas tous motivés par
l'humble conviction de leur propre besoin. Des individus engagés dans
le ministère font fausse route parce qu'ils estiment avoir atteint le plus
haut niveau. Ils ne font pas eux-mêmes ce qu'ils exhortent les autres à
faire pour se garder du mal. Il serait naïf de croire que les pasteurs sont
exempts des tentations sexuelles, de la crainte des hommes, de l'envie,
de l'avarice, de la colère, du doute, de l'amertume et de l'idolâtrie. Il
importe de se rappeler que chaque pasteur est en train d'être renouvelé
par la grâce de Dieu.

Il est donc essentiel de connaître le cœur de l'homme qui se cache
derrière la connaissance, les aptitudes, l'expérience et la vision du ministère avant de l'appeler à paître le troupeau de Dieu. Tout comme les
hommes choisis par Dieu autrefois, il devra assurément faire face à des
moments cruciaux de décisions personnelles et ministérielles. Durant
ces moments importants, c'est son cœur qui lui assurera la réussite et
déterminera le cours de ses actions. C'est vrai pour tout homme : ce
qui domine son cœur dirigera forcément sa vie et son ministère. Il est
indispensable d'aller plus loin, beaucoup plus loin que l'information
qui émerge du parcours professionnel du candidat.

CHAPITRE CINQ

JOINTURES ET LIGAMENTS

Pasteur, avez-vous déjà réfléchi à la personne que vous êtes et à votre besoin spirituel réel? Membre d'Église, vous êtes-vous déjà demandé qui était votre pasteur? Savez-vous ce qui est nécessaire à sa bonne santé spirituelle et à sa croissance dans la grâce? Vous semble-t-il normal et juste que dans de nombreuses Églises, le pasteur soit la personne qui bénéficie le moins du ministère du corps de Christ? Selon vous, est-il souhaitable qu'on permette à la plupart des pasteurs de se tenir à l'écart de la vie du corps de Christ? Si tout pasteur chemine ici et maintenant dans sa propre sanctification, ne devrait-il pas profiter aussi du ministère essentiel du corps de Christ au même titre que tous les autres croyants? N'est-ce pas ce que Dieu a prévu pour tous les membres de l'Église? Le Nouveau Testament enseigne-t-il que le pasteur est exempté de se soumettre aux règles que Dieu a instaurées pour le bien-être et la croissance de son peuple? La relation entre le pasteur et l'Église est-elle réciproque et bénéfique? Les attentes que nous entretenons envers nos pasteurs sont-elles réalistes? Est-il biblique de dire aux pasteurs qu'ils ne pourront pas avoir d'amis, qu'ils devront vivre dans un isolement que nous qualifierions de malsain pour qui que ce soit d'autre?

L'AVEUGLE CONDUCTEUR D'AVEUGLES

Il suffit de prendre au sérieux ce que dit la Bible sur la présence et la puissance du péché pour constater que quiconque vit à l'écart du ministère essentiel du corps de Christ s'expose à un grand danger. À plus forte raison si cette personne a la charge de diriger, de guider et de protéger ce corps en tant que représentant de Christ. Christ est la tête du corps : tous les autres membres font partie du corps. Par conséquent, le pasteur ou le responsable du ministère fait partie intégrante de ce corps. Il a donc les mêmes besoins que les autres membres. Le Nouveau Testament ne prévoit aucune exception pour le pasteur en ce qui concerne le ministère réciproque et indispensable du corps de Christ. Ce qui est vrai pour les membres du corps qui semblent les plus humbles s'applique également au pasteur. Une culture qui cherche intentionnellement à isoler le pasteur en le tenant à l'écart n'est ni biblique ni saine sur le plan spirituel.

Le passage suivant appuie cette idée de façon énergique : « Prenez donc garde, frères, que personne parmi vous n'ait un cœur méchant et incrédule, au point de se détourner du Dieu vivant. Mais exhortez-vous chaque jour, aussi longtemps qu'on peut dire : Aujourd'hui! afin qu'aucun de vous ne s'endurcisse par la séduction du péché » (Hébreux 3.12-13). Voilà un *avertissement crucial* et un *appel essentiel* : ils soulignent à la fois la présence et la puissance du péché qui subsiste en nous, et la nécessité du ministère quotidien du corps de Christ dans la vie de chaque membre de ce corps (y compris le pasteur).

Considérons cet *avertissement crucial*. Avez-vous remarqué que l'avertissement contenu dans ce passage est progressif? Il dépeint les étapes successives de l'endurcissement du cœur d'un croyant. (La salutation « frères » nous indique que ce passage est écrit pour les croyants.) L'avertissement est énoncé comme suit : « Prenez garde que personne parmi vous n'ait un cœur méchant et incrédule… qui se détourne… qui s'endurcit. » Voilà de quelle manière la Bible décrit le péché qui n'est pas détecté, exposé et abandonné. Révisons ces étapes.

Tout commence quand je permets au péché de s'immiscer dans ma vie. J'y laisse entrer certaines choses que Dieu qualifie de « mauvaises » et qui excèdent les limites qu'il m'a fixées selon l'appel que j'ai reçu. Puisque je suis chrétien, mon cœur de pierre a été remplacé par un cœur de chair : ma conscience est troublée quand je pèche. Voilà en quoi consiste le merveilleux ministère de conviction du Saint-Esprit. Ma conscience, une fois actionnée et troublée, me place devant une alternative. Le choix le meilleur consiste à confesser mon action mauvaise et à réclamer de nouveau la miséricorde de Christ pour recevoir son pardon. Autrement, je cherche à expier moi-même ma faute : ce stratagème vise essentiellement à défendre le bien-fondé de mes actions. Je m'accorde ainsi le droit de me sentir tout à fait justifié devant une situation que Dieu qualifie d'injuste. Je contribue à mon propre aveuglement spirituel. Toute personne qui persiste à vivre dans son péché intérieur est un escroc très doué qui s'abuse lui-même. Nous agissons de la sorte plus souvent que nous le pensons.

Ainsi, le pasteur qui vient tout juste de se mettre en colère au cours d'une réunion d'anciens se dira qu'il n'était pas vraiment en colère, mais plutôt qu'il a parlé comme un prophète de Dieu : « Ainsi parle l'Éternel! » Le couple qui, en route vers la maison, parle avec malveillance d'une personne de leur petit groupe affirmera qu'il ne s'agissait pas de médisance, mais plutôt d'une requête de prière très longue et très détaillée. L'homme d'affaires avare qui a du mal à partager ses biens prétendra qu'il est simplement un sage intendant des ressources que Dieu lui a confiées. Nous possédons tous cette aptitude perverse qui nous autorise à apaiser notre conscience par rapport à ce qui est mauvais.

C'est précisément ce qui constitue la prochaine étape de l'endurcissement. « L'incrédulité » nous amène à couvrir notre péché et à défendre notre justice. Alors qu'il nous suffit de croire et de nous appuyer sur le juste diagnostic de la Parole de Dieu et sur la grâce suffisante de Christ, nous travaillons plutôt à nous convaincre nous-mêmes. Nous nous persuadons que dans ce cas particulier, ce que nous avons fait n'était pas réellement mauvais. Par conséquent, nous ne sommes pas de ces pécheurs qui ont besoin de la miséricorde qui sauve. Les arguments que nous employons pour faire notre propre expiation constituent des actes d'orgueil, de rébellion et d'incrédulité.

La troisième partie de cette triste progression, soit le « détournement », résume bien cette réalité. La rébellion, l'incrédulité et l'orgueil manifestes ouvrent inévitablement la porte toute grande à l'œuvre hideuse du péché. L'absence de confession et de repentance nous rend plus vulnérables. Or, ce sont elles qui nous permettent d'accéder à la grâce si nécessaire au pardon, à la transformation, à la vie et à la délivrance. Seules une ferme acceptation du verdict des Écritures et une confiance inébranlable en la grâce de Christ nous procurent l'ancre dont nous avons besoin au milieu des tempêtes de la tentation. Si nous coupons le câble de cette ancre, nous partirons à la dérive et le courant nous entraînera toujours de plus en plus loin.

À la fin, le cœur « s'endurcit ». À ce stade, ce qui nous troublait auparavant ne nous cause plus aucun malaise. Ce qui attisait notre conscience n'a plus d'effet sur nous. Nos limites se sont élargies au-delà de celles que Dieu a fixées. Pourtant, cela ne semble pas nous incommoder le moins du monde. L'éventualité même de se trouver dans un tel état est terrifiante! Le cœur endurci est un cœur de pierre : il est rigide et résiste au changement. Il a cessé d'être malléable, tendre et il ne réagit plus à la pression de la main de l'Esprit. Le mal réside dans son cœur et dans les œuvres de ses mains, mais il le tolère fort bien. Rien n'est plus dangereux pour le croyant!

À vrai dire, je me suis retrouvé dans une telle situation en tant que pasteur. Dans mon amertume, j'avais dressé la liste des torts que m'avaient causés des membres de l'Église et je m'y accrochais. Je parlais sans aucune gêne dans le dos de certaines personnes alors que j'étais censé prendre soin d'elles. J'enviais le ministère des autres sans que cela m'attriste. Parfois, je prêchais pour gagner le respect d'une personne de ma congrégation sans y percevoir l'idolâtrie. Et, parce que je ne voyais pas le mal que représentaient ces choses, je ne ressentais pas le besoin de changer.

Or, le lecteur devrait à présent se poser la question suivante : comment ces étapes effrayantes d'endurcissement parviennent-elles à s'introduire dans la vie d'un croyant? Vous devez vous rappeler la théologie du péché telle que la décrit l'auteur de l'Épître aux Hébreux et le fait que le péché est foncièrement trompeur. Vous ne comprendrez jamais l'avertissement de ce passage et l'appel dont il est suivi avant d'avoir compris la théologie de l'aveuglement qui constitue l'épicentre à la fois de l'avertissement et de l'appel.

Le péché est trompeur, certes, mais voyons qui il trompe d'abord. Je n'ai aucun mal à reconnaître le péché de ceux qui m'entourent, mais il m'arrive d'être plutôt étonné quand le mien est mis en évidence. Le péché trompe tout le monde. Or, il ne suffit pas de l'affirmer : il faut aussi expliquer cette notion plus en détail. Il faut savoir que l'aveuglement physique diffère de l'aveuglement spirituel. La personne physiquement aveugle sait qu'elle est aveugle et met en place des moyens pour pallier cette importante déficience physique. Par contre, ceux qui sont spirituellement aveugles sont aveuglés quant à leur propre aveuglement. Ils sont aveugles, mais pensent qu'ils voient. Ainsi, l'individu spirituellement aveugle se balade avec l'illusion que personne n'a une vision plus juste que lui-même en ce qui le concerne. Cependant, il est totalement inconscient de la force et de l'importance des enjeux qui se trament dans son cœur, puisqu'il ne les voit tout simplement pas.

C'est ici qu'entre en jeu *l'appel essentiel* de ce passage qui consiste à nous encourager (exhorter) les uns les autres tous les jours. Il est fondamental : « afin qu'aucun de vous ne s'endurcisse par la séduction du péché ». Le péché est si puissant, si persuasif et si aveuglant que vous et moi avons littéralement besoin d'une dose quotidienne d'encouragement. Par cet avertissement et cet appel, l'auteur de l'Épître aux Hébreux rejette la légitimité d'un christianisme isolé et individualisé, du type « Jésus et moi ». Il défend la nécessité du ministère des autres dans la vie de tout croyant. De toute évidence, le pasteur ne fait pas exception. Aucun d'entre nous n'est appelé à vivre seul la vie chrétienne. Personne n'est en sécurité s'il se comporte comme un étranger et demeure à l'écart. Que nous soyons pasteurs ou membres d'une Église, nous avons tous besoin des yeux des autres pour avoir de nous-mêmes une perception claire et juste. Comment donc ce ministère quotidien d'encouragement nous protège-t-il ? Chacun doit considérer avec sérieux la réponse à cette question. À vrai dire, le ministère perspicace des autres vient interrompre le cours de notre monologue intérieur et nous empêche d'être aveuglés spirituellement au point d'endurcir notre cœur. Ce ministère est une véritable grâce. L'auteur soutient que cette perception spirituelle est le fruit de la communion. Il est très difficile de l'acquérir seul. Chaque pasteur doit reconnaître humblement qu'en raison de la puissance aveuglante du péché, l'examen de soi constitue un exercice collectif. Tout pasteur a besoin d'être entouré de personnes afin de se voir avec une acuité biblique.

En effet, les pasteurs qui se convainquent qu'ils peuvent vivre à l'écart du réseau d'aide et de protection prévu par Dieu risquent de devenir de plus en plus aveugles et d'endurcir leur cœur. Dans ces conditions, ils en viennent à croire qu'ils sont plus justes qu'ils ne le sont en réalité et par conséquent, ils résistent au changement. Ils n'éprouveront donc pas ce vif désir d'accueillir l'exhortation et la réprimande des autres. Ils réagiront vivement lorsqu'on leur rappellera leur constant besoin de changement. Ils auront du mal à travailler avec les autres puisqu'ils auront tendance à croire qu'ils ont toujours raison. De toute évidence, s'ils le croient, ils n'écouteront pas et ne travailleront pas aussi bien que celui qui est persuadé que sa marche avec Dieu est un exercice collectif.

Ils auront également du mal à faire preuve de bienveillance envers ceux qui commettent des erreurs ou qui s'égarent. Les individus suffisants ont tendance à manquer de patience et de compréhension par rapport à l'échec des autres. Après tout, personne n'accorde la grâce avec autant de générosité que celui qui reconnaît son besoin permanent de cette même grâce. Cet aveuglement empreint de suffisance implique également que ces pasteurs accepteront difficilement l'opposition et l'accusation. Ils ne percevront pas ces situations inconfortables comme des instruments de la grâce du Dieu qui poursuit sans relâche son œuvre en eux. Puisqu'ils sont satisfaits d'eux-mêmes, ils se demanderont pourquoi Dieu les a destinés à vivre de telles difficultés, et à certains moments, ils douteront même de sa bonté et de sa sagesse.

J'ai discuté avec de nombreux pasteurs qui vivaient des luttes. Non pas celles qu'occasionnent les épreuves du ministère, le manque d'estime et d'engagement de la part des chrétiens ou les différends avec d'autres dirigeants. À vrai dire, ils luttaient contre Dieu, et il est très difficile de l'admettre pour un pasteur. Leur ministère était devenu un fardeau lourd à porter à cause de la déception et de la colère qu'ils éprouvaient envers Dieu. Il n'est pas facile d'être le représentant d'une personne dont nous doutons! Il est également difficile d'encourager les autres à faire entièrement confiance à une personne en qui nous n'avons pas tout à fait confiance nous-mêmes. Dans le ministère, il est pratiquement impossible de donner aux autres ce que nous n'avons pas.

Aucun passage ne pose un diagnostic plus précis, un appel et un avertissement plus salutaires pour tout pasteur. Quelle que soit son expérience. Où qu'il vive. Où qu'il serve.

VIVRE DANS LA ZONE DANGEREUSE

Joe et Judy se sont engagés dans le ministère tous deux remplis d'enthousiasme concernant leur appel. Ils étaient époustouflés à l'idée d'avoir été appelés à un tel privilège : exercer le ministère comme profession à plein temps! Ils aimaient l'Église qu'ils fréquentaient depuis des années, l'endroit où l'on avait reconnu leurs dons et leur appel. Ils s'étaient épanouis dans leur tâche de stagiaires, puis au sein du groupe de responsables de l'Église. Ils se sentaient maintenant honorés d'être choisis comme dirigeants de la nouvelle Église-fille. Tout cela semblait un rêve devenu réalité. Ils avaient vécu au sein d'une communauté dynamique où l'on s'exhortait mutuellement. Presque tous les jours, quelqu'un les encourageait avec franchise sur un aspect ou un autre de leur vie. Leur perception d'eux-mêmes était constamment évaluée et remise en question au besoin. On ne s'attendait pas à ce qu'ils grandissent à l'écart du groupe. On concevait également qu'ils puissent se tromper ou s'égarer par moments. Ils étaient entourés d'un amour protecteur et attentionné. Joe et Judy s'étaient habitués à ce ministère de sagesse qui avait favorisé leur croissance. Lorsqu'ils sont partis implanter la nouvelle Église, ils ont sous-estimé l'importance de ce qu'ils laissaient derrière eux. Ils n'avaient pas la moindre idée de ce qui les attendait. Ils s'engageaient dans la zone dangereuse où aucun chrétien, encore moins un pasteur, ne devrait tenter de vivre.

Presque aussitôt, ce jeune pasteur d'un noyau engagé et rempli de zèle pour partager l'Évangile dans sa communauté a commencé à expérimenter des changements intérieurs. Certains problèmes non résolus de son cœur ont alors refait surface. Cependant, puisqu'il ne les voyait pas, ils ne lui occasionnaient aucun souci. Il en ignorait l'importance. De toute évidence, il n'imaginait pas que ces soucis le mèneraient tout droit dans la zone dangereuse et entraîneraient pratiquement l'effondrement de son ministère. La première fois que j'ai rencontré Joe et Judy, ils étaient sur le point de jeter l'éponge. « Je veux simplement être libre de vivre avec un homme qui n'est pas dans le ministère, m'a dit Judy. Je ne supporte plus de voir ce que le ministère a fait de mon mari et de notre famille. C'est assez! Je n'en peux plus! Franchement, je ne crois pas que Joe soit en état de diriger une Église. »

Comment Joe et Judy en sont-ils venus à un point de désespoir aussi profond? Le passage de l'enthousiasme initial au danger personnel et au découragement relativement au ministère correspond aux changements survenus dans le cœur de Joe. Ces changements ne vous sembleront peut-être pas très significatifs ou nuisibles, mais ils ont pratiquement mené cet homme doué à la ruine. Dès l'instant où ils ont entamé le processus d'implantation de l'Église, Joe a éprouvé des fardeaux qu'il n'avait jamais ressentis auparavant. Il n'avait jamais partagé ces fardeaux à qui que ce soit, pas même à Judy. Il dirigeait un noyau de personnes courageuses qui avaient quitté une Église vivante pour se consacrer à un nouveau ministère et il se sentait opprimé par la peur de faire quoi que ce soit qui puisse décevoir les autres. Plus que jamais, il vivait sous la contrainte : il devait toujours dire et faire la bonne chose. Il ne voulait pas que les autres s'inquiètent lorsqu'il se sentait faible, surchargé, inapte à la tâche ou effrayé. Il ne voulait surtout pas que Judy le voie ainsi parce que, plus que quiconque, elle avait renoncé à beaucoup d'avantages et consenti à risquer gros pour le suivre dans cette nouvelle responsabilité. Il éprouvait le besoin de *feindre* l'optimisme, l'espoir et l'assurance, même quand il ne les ressentait pas. Ce faisant, il s'est habitué à vivre une déconnexion entre le personnage qui exerce un ministère et les réalités de son cœur et de sa vie.

Il jugeait qu'il était important de cacher ses sentiments : il ne voulait pas que les autres remettent en question leur engagement s'ils venaient à douter de sa capacité à diriger. Sans s'en rendre compte, Joe commençait à se distancier des autres. Il est devenu de plus en plus doué dans l'art de donner des réponses vagues à des questions personnelles et de prodiguer des platitudes bibliques et théologiques au lieu de parler de ce qu'il pensait et ressentait vraiment. Bien sûr, un pasteur doit faire preuve de sagesse dans ce qu'il dit et à qui il le dit. Par contre, il ne doit pas se dissocier complètement du corps de Christ et prétexter que c'est le prix à payer pour s'acquitter du ministère auquel il est appelé. Pourtant, c'est exactement ce que Joe a fait et ce que font un grand nombre de pasteurs partout dans le monde. Non seulement vivent-ils dans l'isolement, mais ils croient fermement qu'ils sont appelés à agir ainsi. Ils ne considèrent pas leur isolement comme un danger, mais comme un choix judicieux et mature. Beaucoup de jeunes pasteurs me disent que les pasteurs plus âgés, qui sont leurs mentors, leur conseillent de vivre dans l'isolement.

Joe craignait que la révélation de ses luttes mine l'espérance des autres en la puissance de l'Évangile. Il ne voulait pas qu'ils doutent de l'Évangile sous prétexte que cet Évangile n'avait pas d'effet sur la vie de leur pasteur. Il se demandait comment ils pourraient encore croire en l'aide de Dieu si tout indiquait que Dieu n'aidait pas leur pasteur. Ainsi, sans qu'il s'en rende compte, Joe s'est soustrait aux regards des autres. C'était selon lui le coût inévitable rattaché à son appel. Bien sûr, il employait des affirmations théologiques pour parler de son propre besoin de la grâce, mais jamais d'une façon suffisamment claire pour permettre aux autres d'imaginer que leur pasteur avait lui aussi des besoins spirituels.

Toutefois, le travail qui consistait à paraître plus juste qu'il ne l'était réellement, afin de devenir l'homme qu'il croyait devoir être s'avérait une tâche éprouvante et lourde à porter. Même au cours de rencontres informelles, Joe n'arrivait pas à se détendre. Il n'aimait donc pas ces rencontres et cherchait constamment à les éviter. Il avait attendu ce moment de liberté et de joie où il serait en mesure d'utiliser et d'exprimer ses dons en tant que pasteur principal. Cependant, il ne se sentait pas libre et n'éprouvait pas la joie qu'il avait anticipée. Tout comme Joe, plusieurs pasteurs m'ont fait part d'une conviction qu'ils se sont forgée au fil des ans. Plusieurs d'entre eux se sont persuadés eux-mêmes que tout le monde dans le corps de Christ peut confesser un péché, mais que le pasteur ne doit jamais se le permettre.

La solitude de Joe, en plus d'ajouter au fardeau du ministère pastoral, comportait un autre dangereux encore plus subtil : elle l'a livré à son propre aveuglement, à ses raisonnements erronés, à ses excuses, à ses mécanismes de défense et à son autojustification. Je ne me montre pas plus dur envers lui qu'envers quiconque : ce sont là les tendances de tous pécheurs, puisqu'un des éléments les plus puissants de l'aveuglement spirituel est le fait de se tromper soi-même. Personne n'est en mesure de nous arnaquer autant que nous le faisons nous-mêmes. Nous nous portons volontiers à notre propre défense, plus que nous ne le ferions pour qui que ce soit d'autre. De la même manière que toute personne aveuglée spirituellement, Joe était aveugle à son propre aveuglement. En fait, son aveuglement était plus difficile à déceler puisque ses dons, ses aptitudes et sa discipline dans le ministère donnaient l'impression que tout allait bien. Mais ce n'était pas le cas.

Certains traits du comportement de Joe devenaient de plus en plus inacceptables : plaisanterie blessante, médisance à l'égard d'un autre dirigeant, soupir d'exaspération au cours d'une réunion, conversation conclue dans la colère, amertume cultivée envers certains membres de l'Église, inconstance dans son temps d'adoration et de culte personnel, de même que des signes d'impatience, d'irritation, et de repli sur soi à la maison. Judy commençait à remarquer ce qu'elle décrirait maintenant comme un Joe différent. Toutefois, ces changements sont survenus graduellement, au cours d'un processus qui l'a conduit à faire et à dire ce qu'il n'aurait jamais osé faire ou dire auparavant. Or, son comportement ne semblait même plus le déranger et c'est surtout ce qui inquiétait Judy. Lorsque Joe succombait à de telles tentations dans le passé, il avait le réflexe de les confesser et de corriger immédiatement ce qui devait l'être.

Judy ne s'inquiétait pas seulement du fait que Joe ne confessait plus ses péchés, mais aussi du fait qu'il se mettait rapidement en colère lorsqu'elle essayait de lui faire prendre conscience du problème. Il lui répondait qu'il passait la plus grande partie de son ministère à être observé à la loupe et critiqué et qu'il ne souhaitait pas subir le même traitement quand il rentrait à la maison. Judy remarquait aussi que son mari s'éloignait de sa famille. Il passait beaucoup trop de temps sur Facebook et un nombre d'heures alarmant à s'abrutir devant le téléviseur. Judy cherchait désespérément un moyen de lui parler, mais en vain. Et si par malheur les enfants le dérangeaient, sa réaction manquait franchement de patience et de grâce parentale.

Judy ne pouvait plus supporter la dissociation entre le personnage public et la vie privée. Elle réalisait peu à peu que le ministère détruisait Joe et sa famille. Elle espérait et priait secrètement qu'il atteigne enfin le fond du baril et qu'il souhaite se retirer du ministère. Dans son isolement pastoral, Joe se maintenait en mode survie. Il s'acquittait de ses responsabilités, mais sans ressentir de joie. Quand Judy le regardait s'échiner à travers une autre dure semaine, il lui semblait vraiment que Jésus ne faisait plus partie de l'équation. Elle n'en pouvait plus. Elle aimait trop Joe pour le voir vivre de cette manière. Elle croyait que son appel était trop saint à ses propres yeux. C'est pourquoi elle lui a lancé cet ultimatum : « C'est moi ou le ministère. »

L'histoire de Joe n'a malheureusement rien d'extraordinaire. Les détails diffèrent d'un témoignage à l'autre, bien sûr, mais j'en ai maintes et maintes fois entendu les grandes lignes. Le problème excède largement le péché d'un seul pasteur. La culture pastorale actuelle a besoin de changements. Comment pouvons-nous croire qu'une personne engagée dans un processus de sanctification se portera bien spirituellement si elle vit coupée d'une des sources les plus fondamentales de discernement et de croissance prévues par Dieu? Pouvons-nous demander aux pasteurs de confesser ce qu'ils ne voient pas à cause de leur isolement? De confesser leurs péchés alors qu'ils sont convaincus que la confession sincère leur coûtera non seulement le respect des autres, mais aussi leur emploi? Pouvons-nous nous attendre à ce qu'ils se repentent et se détournent des péchés qu'ils n'ont pas confessés? Comment celui qui est appelé à diriger le corps de Christ peut-il se maintenir spirituellement alors que dans de nombreuses situations, il est aussi celui qui bénéficie le moins du ministère du corps de Christ? Qu'y a-t-il d'étonnant au fait que des pasteurs luttent avec le péché? Quelle raison nous porte à croire que les pasteurs n'ont pas besoin d'être réprimandés avec amour? Pourquoi serions-nous étonnés d'apprendre que les pasteurs succombent eux aussi à l'amnésie identitaire et en viennent à chercher ailleurs ce qu'ils ont déjà reçu en Christ? Pouvons-nous supposer que les pasteurs sont immunisés contre une attitude présomptueuse et défensive simplement parce qu'ils sont dans le ministère à temps plein? Pouvons-nous prétendre que des pasteurs qui n'ont pas été instruits dans les voies de la grâce soient en mesure de s'appuyer sur la justice de Christ seule sans chercher à défendre et à étaler leur propre justice?

Pouvez-vous supposer sans trop risquer de vous tromper que votre pasteur aime sa femme, ses enfants et sa famille élargie? Pensez-vous qu'il fait bon usage de son argent et de son temps? Croyez-vous que ce qu'il fait durant ses moments les plus intimes honore Dieu? Pouvez-vous supposer qu'il s'investit autant qu'il le devrait dans les diverses possibilités et responsabilités reliées à son appel? Croyez-vous qu'il travaille à assurer une cohérence entre ce qu'il affirme publiquement et sa vie privée? Tout membre du corps de Christ, y compris le pasteur, a besoin du ministère du corps de Christ.

UNE FAÇON MEILLEURE ET PLUS SAINE

Voici quelques suggestions pour aider les pasteurs à sortir de leur isolement et ainsi les mettre plus souvent en contact avec les autres ministères essentiels du corps de Christ.

1) INVITEZ VOTRE PASTEUR À SE JOINDRE À UN PETIT GROUPE DIRIGÉ PAR UN AUTRE ANIMATEUR.

C'est un moyen simple et très efficace de permettre à un petit groupe de gens d'apprendre à connaître leur pasteur, de le voir dans un cadre plus naturel et de constater les domaines de sa vie où il a besoin d'exhortation et de prière. Les pasteurs qui le font ont tous témoigné de l'avantage spirituel qu'ils en retirent.

2) PASTEUR, RECHERCHEZ EN TOUT TEMPS UN MENTOR PLUS MATURE QUE VOUS.

Assurez-vous d'être suivi en même temps que vous suivez les autres. Recherchez un homme mature et fiable à qui vous pourrez ouvrir votre cœur. Efforcez-vous de construire un lien solide de confiance avec cette personne. Engagez-vous à rechercher un tel soutien dans votre entourage. Rencontrez cette personne aussi souvent que possible. Partagez-lui vos luttes et ayez l'humilité d'écouter lorsqu'on vous parle de façon pastorale.

3) ORGANISEZ DES RENCONTRES POUR LES FEMMES DE PASTEURS.

À l'Église Tenth Presbyterian, où j'ai exercé mon ministère ces quelques dernières années, une réunion mensuelle est organisée pour les femmes de tous les pasteurs. Le mot d'ordre lors de ces réunions est le suivant : « Ce qui est dit ici reste ici. » Cette réunion est principalement consacrée aux échanges entre ces femmes, suivi d'un temps appréciable de prière pour chacune. En plus d'être une aide et une protection fantastiques pour chacune d'elles, ces réunions leur procurent encouragement et direction pour exhorter leur mari avec plus de hardiesse et de sagesse. Ce petit groupe est sans doute le plus efficace de notre l'Église. Si votre Église est petite et n'a qu'un seul pasteur, essayez d'organiser quelque chose de similaire en regroupant les femmes de plusieurs Églises.

4) PASTEUR, ENGAGEZ-VOUS À FAIRE PREUVE D'UNE OUVERTURE APPROPRIÉE DANS VOTRE PRÉDICATION.

Il y a bien sûr des luttes que vous ne devriez pas partager dans un contexte public de ministère, mais il y en a plusieurs que vous pouvez partager. Ces illustrations sont non seulement les plus efficaces concernant l'importance et le caractère pratique des vérités que vous exposez, mais elle rappelle également aux gens que, comme eux, vous avez besoin de la grâce qui délivre, pardonne et fortifie. Bien sûr, les gens ne vous regarderont plus en affirmant : « J'aimerais être comme mon pasteur. » Cependant, vous leur offrez plutôt une vision de la gloire d'un Christ toujours présent, qu'ils peuvent observer dans votre vie. Vous cesserez d'être une toile qu'ils admirent et deviendrez une fenêtre qui donne sur Celui qui est votre espoir et le leur. Je suis impressionné chaque fois du nombre de personnes qui affirment avoir prié pour moi après m'avoir entendu partager un détail personnel dans ma prédication.

5) ASSUREZ-VOUS QUE VOTRE PASTEUR ET SA FAMILLE SONT SOUVENT INVITÉS CHEZ D'AUTRES FAMILLES DE L'ÉGLISE.

Ne laissez pas votre pasteur et sa famille vivre dans l'isolement. Encouragez les membres de l'Église à les inviter à un barbecue ou à se baigner dans leur piscine. Invitez-les à regarder un match de séries ou à goûter à un met qui constitue une tradition culinaire dans votre famille depuis des générations. Invitez le pasteur et sa femme au restaurant. Invitez-le au golf ou à la pêche avec un groupe d'hommes qui pratique régulièrement ces sports. Sortez le pasteur et sa famille de leur cachette et invitez-les à prendre part à des événements où ils peuvent relaxer et être aussi ordinaires que possible.

6) ASSUREZ-VOUS QUE LA FEMME DE VOTRE PASTEUR A DES CONTACTS FRÉQUENTS AVEC UNE MENTORE.

Toute femme de pasteur a besoin d'une personne mature et digne de confiance qu'elle peut appeler spontanément pour recevoir de l'aide. Une telle femme doit être discrète concernant les sujets délicats qui lui peuvent lui être confiés. Elle doit se rendre disponible en tout temps, dans la mesure du possible.

7) ASSUREZ-VOUS QUE VOTRE PASTEUR ET SA FEMME SONT EN MESURE DE S'OFFRIR DES SORTIES ET DES WEEK-ENDS EN TÊTE-À-TÊTE.

Veillez à ce que l'affairement lié à la vie familiale et aux exigences interminables du ministère n'empêchent pas votre pasteur et sa femme d'accorder l'attention nécessaire à leur vie de couple. Faites tout ce que vous pouvez pour offrir à votre pasteur et à sa femme l'aide, le temps et les ressources dont ils ont besoin pour sortir de la maison régulièrement ou pour partir ensemble une fin de semaine, aussi souvent que possible. Ne permettez pas à votre pasteur et à sa femme d'imaginer que les disparités entre la vie de famille et le ministère sont acceptables et inévitables. Assurez-vous de toujours mettre à leur disposition l'aide nécessaire pour qu'ils accordent à leur relation tout le soin et l'investissement qu'elle requiert.

8) ASSUREZ-VOUS QUE LE PASTEUR, SA FEMME ET SA FAMILLE DISPOSENT TOUJOURS D'UNE AIDE EN COUNSELING.

Dès le départ, assurez à votre pasteur qu'il y aura toujours des ressources à sa portée quand il en aura besoin. Pasteur, soyez honnête concernant l'état de votre cœur et recherchez rapidement et volontairement de l'aide en cas de besoin. Vous vous dites peut-être qu'il est normal de vivre dans l'isolement, que c'est le devoir rattaché à votre appel. Qui vous connaît suffisamment pour vous parler franchement lorsque vous en avez besoin? Qui veille à vous protéger contre vous-mêmes? Le corps de Christ vous voit-il tel que vous êtes réellement? Si oui, à quel point? La culture de votre Église vous permet-elle de confesser librement vos péchés? Craignez-vous l'ouverture dans le cadre du ministère public? Votre femme expérimente-t-elle la tristesse de constater des incohérences entre l'homme public et l'homme privé?

▲   ▲   ▲

Je souhaite que parmi les hommes qui sont appelés à nous diriger, il y en ait de moins en moins qui vivent dans l'isolement et à l'écart du corps de Christ. Qu'un nombre toujours plus grand de pasteurs soit prêt à être des modèles de tendresse et d'humilité, à la fois dans leur vie privée et publique : autant par leur besoin d'être transformé que par la puissance transformatrice de la grâce du Seigneur Jésus-Christ.

CHAPITRE SIX

LA COMMUNAUTÉ ABSENTE

J'ai grandi dans un milieu où l'on pratiquait un christianisme individualisé du type « Jésus et moi », au cours des années 1960 et 1970. Dans notre Église, les rares visites pastorales et les réunions de prière du mercredi étaient ce qui se rapprochait le plus du ministère pratique du corps de Christ. Personne ne connaissait vraiment mes parents : on ignorait presque tout à leur sujet et au sujet de notre situation familiale. Personne n'a aidé mon père à se sortir de l'aveuglement spirituel qui l'incitait à mener une vie de tromperie et de duplicité. Personne n'avait conscience du trouble intérieur que vivait ma mère malgré sa connaissance encyclopédique des Écritures. Personne n'en avait la moindre idée. Notre famille était chrétienne et par conséquent, nous prenions une part active à la vie d'une Église dynamique. Or, il manquait à cette communauté certains ingrédients essentiels au christianisme néotestamentaire : la formation, la mobilisation et le bon fonctionnement du corps de Christ. Cette forme de christianisme négligeait les principes mentionnés dans Éphésiens 4, 1 Corinthiens 12 et Hébreux 3.12-13.

Ce n'est qu'après plusieurs années de vie chrétienne, voire quelques années de ministère, que j'ai compris que ma marche avec Dieu constituait un projet collectif. J'ignorais que le christianisme du Nouveau Testament était purement relationnel à tous les égards. Je ne discernais aucun des dangers auxquels s'expose celui qui choisit de vivre sa foi à l'écart, ni la puissance aveuglante du péché dont nous avons discuté au chapitre précédent. J'ignorais que je vivais en marge des ressources de sagesse, d'encouragement, de conviction, d'affermissement et de croissance que Dieu avait mises à ma disposition. J'ignorais jusqu'alors que le corps de Christ comptait un si grand nombre de consommateurs et si peu de personnes réellement engagées. Je ne connaissais pas l'importance du ministère personnel de la Parole pour la bonne santé du croyant. Je ne percevais aucune de ces réalités.

Je comprends maintenant mon besoin des autres, mon besoin de m'engager dans une *communauté intentionnellement envahissante, centrée sur Christ, rédemptrice et motivée par la grâce*. Je sais maintenant que je dois rechercher une telle communauté. Je dois inviter les gens à interrompre mon monologue intérieur et à me dire ce que je n'arrive pas à me dire à moi-même. Je me suis rendu compte à quel point j'ai besoin d'avertissement, d'encouragement, de réprimande, de correction, de protection, de grâce et d'amour. Je vois maintenant que je suis connecté aux autres, non parce que je l'ai choisi, mais à cause du sage dessein de celui qui est la tête du corps : le Seigneur Jésus-Christ. Je ne vais tout de même pas m'imaginer que je suis plus intelligent que lui! Je ne peux m'autoriser à croire que je suis plus fort que je le suis réellement. Je ne peux m'attribuer un degré de maturité que je ne possède pas, ni prétendre que j'y parviendrai sans les ressources normalement prévues pour la croissance spirituelle. Je ne veux pas que mon expérience, ma réussite dans le ministère ou ma connaissance théologique définissent ma condition spirituelle. Je ne peux me laisser bercer par les félicitations qu'on m'adresse à l'occasion des retraites de ministère. Ces personnes veulent sans doute bien faire, mais elles ne me connaissent pas vraiment. Je ne peux m'illusionner et croire que ma vie conjugale se portera bien si je vis complètement à l'écart du corps de Christ.

Puisque je lutte encore avec le péché, il est juste d'affirmer que le plus grand danger de ma vie provient de l'intérieur et non de l'extérieur. Comment pourrais-je être naïf et arrogant au point de croire que je peux m'en tirer seul? Bien sûr, je ne veux en aucun cas oublier ou négliger le ministère de conviction du Saint-Esprit. Cependant, je crois également que l'Esprit utilise des instruments (sa Parole transformatrice partagée fidèlement par son peuple et renforcée par sa grâce toujours présente).

Néanmoins, je constate avec tristesse que le christianisme individualisé et exclusif existe encore. Il se perpétue malheureusement dans la vie de plusieurs pasteurs qui se forgent une existence et un ministère à l'écart ou au-dessus du corps de Christ. Il faut admettre qu'à l'occasion, on a permis à un grand nombre de pasteurs de se fabriquer une telle existence. Déjà lorsqu'ils quittent leur Église locale pour aller étudier au séminaire dans une autre ville, leur vie spirituelle se dissocie de celle de la communauté. Le séminaire devient alors pour plusieurs la principale communauté spirituelle. Or, cette communauté n'est ni personnelle ni pastorale dans l'usage qu'elle fait des Écritures et dans les relations qu'elle entretient avec les étudiants. Ces derniers passent au moins trois ans dans un milieu où ils ne bénéficient d'aucun soin pastoral et n'établissent qu'une relation superficielle avec une assemblée locale. Après l'obtention de leur diplôme, on les appelle à servir dans une Église où ils sont de parfaits inconnus. Cette réalité se complique encore : on ne les pas invités à se joindre à l'Église, mais plutôt à la diriger. Par conséquent, ils ne s'engagent pas dans une situation où il est naturel de cultiver des relations réciproques dans le ministère. Ils ne sont pas soumis aux mêmes attentes que les autres et ne bénéficient pas de la protection accordée à tout autre membre qui se joint à l'Église. Cette culture est pour ainsi dire malsaine et non biblique : elle ne protège ni le pasteur ni son ministère des dangers auxquels ils sont exposés.

Pasteur, vous prouvez chaque jour de manière personnelle et concrète que vous n'êtes pas encore parfait. Tous les jours, vos pensées, vos paroles et vos actions révèlent l'existence du péché qui subsiste dans votre cœur. Par conséquent, nous devons tous vivre dans la soumission et nous prévaloir des ressources que Dieu a mises à notre disposition pour nous protéger et nous faire grandir dans une constante sanctification.

UNE THÉOLOGIE DE NÉCESSITÉ

Considérons ensemble trois passages des Écritures qui nous sont familiers. Leur pertinence en ce qui a trait à une saine culture pastorale justifie qu'on les examine de plus près. Mais d'abord, voyons une vue d'ensemble du ministère de la Parole dans la vie de l'Église locale. La Bible décrit deux ministères essentiels, interdépendants et complémentaires. D'abord, le ministère public de la Parole concerne la prédication et l'enseignement publics et réguliers à l'intention d'un groupe réuni en Église. Ce ministère constitue la *discipline formative* de l'Église. Tous les membres reçoivent leur formation le dimanche selon le même ensemble de vérités fondamentales qui renouvelle les perspectives et transforme les vies. Tout le peuple de Dieu se trouve ainsi sur la même voie et se dirige dans la même direction. Parce que ce ministère s'adresse à un groupe de personnes, les auditeurs et l'application sont considérés de façon globale. Dieu accorde des dons et met certaines personnes à part pour ce ministère formatif important.

Il est également important d'appliquer la Parole de Dieu de façon concrète à la vie des croyants. Par conséquent, Dieu a prévu un deuxième ministère complémentaire et personnel de la Parole, pour que ces derniers aient une vision claire de leur marche avec Christ au sein de leurs relations et de leurs situations respectives. C'est ce qui constitue la *discipline corrective* de l'Église. Le contenu de ce ministère ne diffère pas du premier. Au contraire, il prend les vérités globales que tout le monde a entendues et les applique à la réalité de chaque croyant afin qu'il comprenne concrètement la vie chrétienne à la lumière de ce qu'on lui enseigne. Dieu lui-même a conçu cette culture radicale de la Parole dans l'Église. Elle appelle tous les croyants à être formés pour prendre part à ce second ministère de la Parole de manière volontaire et engagée. D'une part, le ministère personnel dépend du ministère public de la Parole pour offrir aux croyants leur fondement formatif. D'autre part, il l'appuie et lui fournit les outils nécessaires pour conseiller les gens et les aider à comprendre les implications pratiques de l'enseignement public. Ces ministères sont tous deux essentiels. Ils jouent un rôle capital dans la stratégie bilatérale et centrée sur la Parole de l'Église locale.

Appliquons maintenant ce modèle à la vie et au ministère du pasteur. Le premier passage est Éphésiens 4.11-16 :

> C'est lui qui a donné les uns comme apôtres, les autres comme prophètes, les autres comme évangélistes, les autres comme pasteurs et docteurs, pour le perfectionnement des saints. Cela en

vue de l'œuvre du service et de l'édification du corps du Christ, jusqu'à ce que nous soyons tous parvenus à l'unité de la foi et de la connaissance du Fils de Dieu, à l'état d'homme fait, à la mesure de la stature parfaite du Christ. Ainsi nous ne serons plus des enfants, flottants et entraînés à tout vent de doctrine, joués par les hommes avec leur fourberie et leurs manœuvres séductrices, mais en disant la vérité avec amour, nous croîtrons à tous égards en celui qui est le chef, Christ. De lui, le corps tout entier bien ordonné et cohérent, grâce à toutes les jointures qui le soutiennent fortement, tire son accroissement dans la mesure qui convient à chaque partie, et s'édifie lui-même dans l'amour.

À mesure que j'exposerai ces passages, vous, pasteur, qui les lirez avec moi, devrez résister à l'orgueil spirituel qui vous incite à vous dissocier de ces discussions sous prétexte que le message ne s'applique pas à vous. Le quatrième chapitre d'Éphésiens possède la structure très évidente du paradigme du « déjà, mais pas encore ». Chacun de nous a déjà reçu la grâce rédemptrice. Chacun de nous a reçu le Saint-Esprit. Nous avons tous reçu la bénédiction qui nous permet de lire la Bible de façon éclairée. Pourtant, nous ne comprenons pas encore pleinement et parfaitement notre foi. Nous n'avons pas encore fini de croître en maturité à la ressemblance de Christ. La guerre trompeuse qui s'en prend à nos cœurs n'est pas encore terminée. Notre vie et notre ministère se situent quelque part à mi-chemin entre ces deux réalités et, à cet endroit précis, Dieu a préparé des outils essentiels pour notre protection et notre croissance.

Quels sont les buts du ministère que Paul dépeint dans ce passage et qui s'adresse à toute personne de toute époque ? Il s'agit de l'unité de la foi, de la connaissance du Fils du Dieu et de la maturité en tous points en Christ. Ces buts nous incitent à confesser humblement qu'aucun d'entre nous n'y parvient (pas même les pasteurs). Aucun d'entre nous ne vit dans une communauté de foi parfaitement unie. Nul ne connaît Christ aussi pleinement qu'il peut être connu et n'est parvenu à la ressemblance parfaite de Jésus. Que suggère donc cette humble confession ? Elle laisse entendre que chacun d'entre nous (même les pasteurs) doit se soumettre avec joie aux ressources que Dieu donne pour accomplir ces buts dans nos cœurs et nos vies.

Quels dangers nous guettent lorsque nous nous persuadons qu'il est possible de vivre sans les instruments de croissance et de santé spirituelle préparés par Dieu? Ils sont également évidents dans ce passage. Nous nous rendons vulnérables quand nos actions vont à l'encontre de notre appel. Nous nous exposons ainsi à l'erreur ou à la confusion doctrinale dans des domaines précis de nos vies. Nous pouvons tous citer des exemples de pasteurs dans notre cercle d'amis qui se sont exposés inutilement à de tels dangers. J'ai conseillé des pasteurs qui avaient causé des dommages importants dans leur Église à cause de leur manque de maturité. J'ai vu des Églises anéanties par des pasteurs qui s'étaient laissé emporter par le dernier vent de doctrine. Je me suis moi-même trompé, croyant qu'à titre de pasteur je parvenais mieux à me connaître et à juger de l'état de mon cœur que le reflétait la réalité. Ces avertissements s'adressent au chrétien ordinaire, et cela va sans dire, à tous les membres du corps de Christ. Ils enjoignent à tous ceux qui exercent le ministère d'admettre humblement qu'au milieu du « déjà, mais pas encore », une guerre constante fait rage pour la domination de notre cœur. À cause de cette guerre, nous avons tous besoin des avertissements, de la protection, de l'encouragement, et des exhortations qui favorisent la croissance au sein du corps de Christ.

Quelle est donc la méthodologie que Dieu a choisi de mettre en œuvre pour nous protéger et pour nous faire grandir? Il s'agit du ministère à la fois personnel et public de la Parole. Ce passage souligne particulièrement la nécessité du ministère personnel et réciproque des membres du corps. Ici encore, les termes sont précis et clairs : « … En disant la vérité avec amour… le corps tout entier, bien ordonné et cohérent, grâce à toutes les jointures qui le soutiennent fortement, tire son accroissement dans la mesure qui convient à chaque partie, et s'édifie lui-même dans l'amour. » Rien dans ce passage ne donne à entendre qu'un membre du corps puisse se soustraire au ministère essentiel du corps de Christ. Pourtant, il me semble que c'est exactement sur ce point que nous pouvons être tentés de tirer des conclusions erronées. Puisqu'il incombe au pasteur de former les membres du corps pour qu'ils exercent leur ministère réciproque, nous en avons malencontreusement déduit que les besoins du pasteur diffèrent de ceux de l'Église. Ce n'est pas du tout ce qu'enseigne ce passage. En fait, il énonce plutôt l'opposé. Le pasteur se trouve dans une position unique : non seulement doit-il former les membres pour qu'ils prennent soin les uns des autres, mais il a lui-même besoin de ce ministère réciproque. Rappelez-vous ces mots : « toutes les jointures » et « chaque partie ». Ils n'admettent aucune exception. J'affirme de nouveau que si Christ est la tête du corps, tout le reste des membres, y compris le pasteur, font donc partie du corps. Par conséquent, le pasteur a besoin du ministère que le corps est appelé à exercer.

Dans 1 Corinthiens 12.14-25, cette même idée est appuyée encore davantage :

> Ainsi le corps n'est pas formé d'un seul membre, mais de plusieurs. Si le pied disait : Parce que je ne suis pas une main, je ne suis pas du corps, — il n'en est pas moins du corps pour autant. Et si l'oreille disait : Parce que je ne suis pas un œil, je ne suis pas du corps, — elle n'en est pas moins du corps pour autant. Si tout le corps était œil, où serait l'ouïe? S'il était tout ouïe, où serait l'odorat? En fait, Dieu a placé chacun des membres dans le corps comme il a voulu. Si tous étaient un seul membre, où serait le corps? Maintenant donc il y a plusieurs membres et un seul corps. L'œil ne peut pas dire à la main : Je n'ai pas besoin de toi; ni la tête dire aux pieds : Je n'ai pas besoin de vous. Mais bien plutôt, les membres du corps qui paraissent être les plus faibles sont nécessaires; et ceux que nous estimons être les moins honorables du corps, nous les entourons d'un plus grand honneur. Ainsi nos membres les moins décents sont traités avec le plus de décence, tandis que ceux qui sont décents n'en ont pas besoin. Dieu a disposé le corps de manière à donner plus d'honneur à ce qui en manquait, afin qu'il n'y ait pas de division dans le corps, mais que les membres aient également soin les uns des autres.

Le corps de Christ est représenté dans ce passage comme un organisme fonctionnel de membres interdépendants et solidaires qui s'aident mutuellement. L'interrelation de ces membres est si essentielle à la santé, au bon fonctionnement et à la croissance du corps, qu'il est impensable, selon Paul, qu'un membre dise à l'autre : « Je n'ai tout simplement pas besoin de toi » ou « Merci, mais je suis parfaitement capable de fonctionner tout seul » ou « J'ai tellement grandi que je n'ai plus besoin de ton aide ». Il faudrait pouvoir nier des réalités incontestables pour faire de telles déclarations, surtout en considération de l'image du corps humain en santé tel que le décrit Paul. Cette réalité s'applique à l'ensemble du corps de Christ. La santé spirituelle du pasteur et la vitalité de son ministère dépendent également de ce soin réciproque, puisqu'il est lui aussi un membre du corps de Christ. En conséquence, il doit bénéficier également du ministère de l'Église qu'il est appelé à former et à diriger. Voilà donc l'image d'un homme qui a besoin d'aide et qui forme et prépare d'autres personnes qui lui accorderont cette aide. Il est tout simplement impossible d'échapper à la vérité qu'enseignent ces passages.

Darrel s'est approché de moi lors d'une pause, au cours d'une grande conférence. Il pleurait et était à ce point désespéré qu'il se souciait peu qu'on le voie dans cet état ou qu'on entende ses propos. Il avait l'apparence d'un homme complètement abattu et brisé. Il était pourtant pasteur et avait reçu un don et un appel de la part de Dieu. Quel était donc son problème ? N'allez pas croire qu'il était engagé dans un conflit orgueilleux avec les autres responsables de l'Église. Il n'avait pas commis l'adultère et n'avait aucune dépendance à la pornographie ou à certaines substances nocives. Il était simplement en colère, découragé, amer et depuis peu désespéré. La voix étranglée par ses larmes, il m'a dit : « Paul, je ne vois tout simplement pas comment je peux rentrer chez moi. Personne ne me connaît là-bas. Tout le monde ignore ce qui se passe dans ma famille, ce que je vis intérieurement. Personne ne se soucie du fait que je m'échine à produire des sermons semaine après semaine et que j'ai horreur de toutes ces réunions que je dois diriger. Personne ne sait que ma femme et moi passons tout notre temps à nous quereller et que mes enfants commencent à détester l'Évangile à cause de moi. Tout le monde ignore que je gaspille des heures précieuses à m'abrutir devant la télé. Je n'ai personne à qui parler, je n'ai pas la moindre relation profonde avec un seul membre de mon Église. Ma famille vit complètement isolée, mais je crois que personne ne s'en rend compte. Ma femme a quelques amies, mais elle surveille chacune de ses paroles. Si j'osais interrompre une réunion simplement pour confesser ce que je vis en ce moment, je crois que les responsables de l'Église seraient totalement perdus. Paul, si je m'ouvre aux autres, si je les laisse me voir comme je suis, c'est fini pour moi. Comment vais-je rentrer chez moi pour faire face à la réalité. »

La situation de Darrel vous paraît-elle extrême? Elle ne l'est pas pour moi. J'ai entendu ce cri du cœur maintes et maintes fois. Il est vrai que tous n'atteignent pas un tel degré de désespoir, mais un trop grand nombre de pasteurs ont perdu leur joie et peinent à se sortir d'une telle impasse. Beaucoup trop d'individus dans le ministère sont amers ou en colère et conservent pour se protéger la liste des torts qu'ils ont subis. Un trop grand nombre vivent dans l'isolement et se trouvent au bord du gouffre sans le savoir. Beaucoup trop d'Églises et de conseils d'Églises entretiennent une image déformée, irréaliste et idéalisée de leur pasteur. Un trop grand nombre de familles dans le ministère sont vulnérables parce qu'elles ne reçoivent pas le soutien pastoral dont elles devraient bénéficier. Beaucoup trop de pasteurs sont en mode survie. Beaucoup trop de femmes de pasteurs rêvent de ce que serait la vie en dehors du ministère. Beaucoup trop d'enfants subissent quotidiennement l'amertume et la colère d'un père engagé dans l'œuvre du ministère. Un trop grand nombre de responsables dans nos Églises vit dans l'anonymat.

Le troisième passage définit la nature du ministère personnel et essentiel de la Parole auquel le corps de Christ est appelé. À ce sujet, Colossiens 3.15-17 s'avère très utile :

> Que la paix du Christ, à laquelle vous avez été appelés pour former un seul corps, règne dans vos cœurs. Soyez reconnaissants. Que la parole du Christ habite en vous avec sa richesse, instruisez-vous et avertissez-vous réciproquement, en toute sagesse, par des psaumes, des hymnes, des cantiques spirituels; sous (l'inspiration de) la grâce, chantez à Dieu de tout votre cœur. Quoi que vous fassiez, en parole ou en œuvre, faites tout au nom du Seigneur Jésus, en rendant grâces par lui à Dieu le Père.

Paul décrit le corps de Christ instruit avec soin, dont le cœur est rempli de la Parole et qui est prêt à accomplir son rôle. Et quel est ce rôle? L'instruction de Paul est une fois de plus très précise : elle consiste à *enseigner* et à *avertir*. À vrai dire, cette instruction semblerait plutôt radicale, sans doute même déroutante, dans la plupart des contextes. Paul affirme en fait que tout croyant a un rôle d'enseignant à jouer dans la vie de tous les autres croyants. Ce paradigme universel et intemporel s'applique à l'ensemble du peuple de Dieu. Par conséquent, il est très malsain pour une Église et son pasteur de confier à ce dernier la charge complète de l'enseignement dans l'Église. Ainsi, tout enseignant, peu importe le rôle que Dieu lui a départi dans le corps, doit à la fois enseigner et recevoir de l'enseignement.

Remarquez les deux termes descriptifs que Paul emploie : *instruire* et *avertir*. Pour simplifier leur définition, disons que l'*instruction* nous permet de voir la vie selon la volonté de Dieu. Elle intègre l'histoire de la vie dans l'histoire plus vaste de la rédemption. *L'avertissement* nous aide à nous voir tel que Dieu nous voit. Il permet de se tenir devant le miroir parfait de Dieu afin de voir en face la personne que nous sommes réellement. Les membres du corps de Christ ont tous besoin de recevoir quotidiennement de l'enseignement ou de l'aide pour déceler dans leur cœur les vestiges d'une vision du monde dénuée de l'Évangile. Tous les jours, nous avons besoin d'être avertis. Autrement, nous continuerons à nous mirer dans les miroirs déformants du monde et à entretenir des opinions tordues sur nous-mêmes.

Pasteur, vous avez également besoin d'être entouré d'enseignants qui ont reçu une formation solide et de personnes fidèles et aimantes pour vous avertir. Vous vous exposez à de graves dangers si vous cherchez à préserver l'anonymat au point d'être vous-même le seul enseignant que vous entendez de façon régulière. Vous ne pouvez pas vivre à l'extérieur du cercle protecteur des personnes motivées par la grâce qui cherchent à vous avertir.

LE CYCLE DU DANGER

1) DES PRÉSUPPOSITIONS NUISIBLES

Le cycle d'isolement qui menace la santé spirituelle du pasteur est souvent déclenché par les présuppositions erronées et nuisibles que l'Église entretient à propos de l'individu qu'elle appelle. Dans bien des cas, l'homme appelé a vécu loin d'une communauté protectrice et rédemptrice depuis un certain nombre d'années. Il a quitté l'Église locale où l'on avait reconnu ses dons et pris soin de son âme. Il s'est joint à un milieu où la foi est une matière scolaire cloisonnée et enseignée par des professeurs qui n'entendent pas assumer le rôle de pasteur auprès de leurs étudiants. Il arrive souvent que l'étudiant travaille en même temps qu'il s'engage dans les rigueurs de l'éducation théologique : par conséquent, il dispose de peu de temps et maintient une relation superficielle avec une Église locale. Cela veut sans doute dire qu'il est également un mari distrait et un père relativement absent. Durant tout ce temps, sa propre relation avec les Écritures est plus souvent associée aux travaux scolaires à exécuter qu'à l'engagement sacré qui consiste à nourrir son âme.

Néanmoins, l'Église a la fâcheuse tendance à supposer que les dons et le degré de maturité qu'elle a reconnus lors de l'appel indiquent que leur nouveau pasteur se porte bien spirituellement. Puisqu'il est maintenant un expert des Écritures formé pour le pastorat, il est sans doute en mesure de vivre sans se prévaloir de la protection et des encouragements indispensables à tout autre croyant. Ainsi, au moment de la première entrevue, une culture de présuppositions malencontreuses qui conduit à l'isolement du pasteur est souvent déjà établie.

2) DES ATTENTES IRRÉALISTES

Il est évident que ces présomptions nuisibles établies dès l'arrivée du pasteur découlent d'un ensemble d'attentes irréalistes de la part de l'Église. La plus importante est sans doute le fait que plusieurs Églises ne conçoivent pas que leur pasteur puisse lutter avec le péché. Or, le pasteur n'est pas sans péché! Il chemine dans sa propre sanctification et son péché, bien qu'il soit progressivement éradiqué, est tout de même présent. Certaines Églises n'envisagent pas que leur pasteur puisse se décourager au beau milieu de la guerre à livrer pour l'avancement de l'Évangile. Elles ne s'attendent pas à ce qu'il soit tenté par l'amertume ou l'envie. Elles exigent qu'il soit un mari et un père exemplaire. Elles ne conçoivent pas qu'il puisse être paresseux ou se satisfaire de la médiocrité et qu'il puisse être tenté de se retirer ou au contraire de vouloir tout régenter parce qu'il cherche à se protéger. Elles s'attendent à ce qu'il accepte avec joie une description de tâches irréaliste que tout autre être humain trouverait accablante et qu'il se contente d'un salaire considérablement inférieur à celui que gagnent la majorité des gens qui possèdent le même niveau d'éducation. Elles prévoient que sa femme sera si dévouée au ministère que l'arrivée de ce pasteur représentera une véritable aubaine : « deux ouvriers pour le prix d'un seul ». Elles ne conçoivent pas qu'il puisse être tenté par moments de douter de la bonté de Dieu et que dans l'exercice de son ministère, la crainte de l'homme puisse l'empêcher d'accomplir fidèlement ce que Dieu l'appelle à faire ou à dire. L'homme que l'Église engage est imparfait et a désespérément besoin de la même grâce qu'il est appelé à présenter aux autres et à interpréter pour eux.

3) UNE RÉTICENCE À PARLER EN TOUTE FRANCHISE

Dans la plupart des situations, la culture pastorale locale (la nature de la relation entre un pasteur, les responsables et les membres de l'Église locale) s'établit au cours des premiers jours du ministère. Par conséquent, les responsables qui l'ont appelé doivent chercher à connaître l'homme qui se trouve derrière les dons, l'expérience et les aptitudes. De même, ils doivent l'avertir qu'il se joint à une communauté rédemptrice, centrée sur Christ et motivée par la grâce : les croyants se montreront « indiscrets », et ce, de manière intentionnelle. Le pasteur doit donc prendre part au ministère du corps de Christ et s'attendre à ce que certaines personnes cherchent à établir une relation avec lui dans le but d'examiner sa vie. Non seulement il y prendra part, mais il en bénéficiera également. Dans le processus de l'appel, il est nécessaire de sonder le cœur de l'éventuel pasteur. L'encadrement du pasteur consiste non seulement à l'amener à rendre des comptes, mais aussi à prendre soin de son âme par le ministère de l'Évangile de Jésus-Christ. Si l'Église n'a pas exprimé dès les premiers jours sa ferme intention d'encadrer le pasteur, il exercera probablement la plus grande partie de son ministère dans la solitude et maintiendra un vaste réseau de relations superficielles. Le corps tout entier, y compris les dirigeants, craindront alors de lui parler avec une franchise biblique tempérée d'amour et ce pasteur hésitera à se confier à des gens qui n'ont pas cultivé une telle relation avec lui. On parlera sans doute plus de lui qu'on parlera avec lui et il se taira probablement plus qu'il se confessera. Nous nous éloignons, en l'occurrence, du rôle que Dieu a conféré à cette communauté de grâce appelée « l'Église ».

4) L'ABSENCE D'UNE INTERVENTION BIEN DOSÉE

Le commandement qui consiste à nous exhorter « chaque jour », dans Hébreux 3.13, précise que la séduction du péché nous amène à nous tromper nous-mêmes. Ainsi, nous avons besoin d'une intervention régulière, voire quotidienne. Jusqu'à l'anéantissement du péché, nous aurons tous besoin de ce ministère d'intervention où une personne se permet d'interrompre notre monologue intérieur pour nous aider à nous voir avec une plus grande acuité biblique. Toutefois, si l'Église locale entretient des présuppositions erronées au sujet de son pasteur, si elle ne l'invite pas à se joindre à une culture empreinte d'une honnêteté aimante et tolère qu'il vive pratiquement séparé du corps de Christ, elle le prive de l'intervention christocentrique et libératrice dont tout pasteur a besoin.

5) LA PERTE DU RESPECT À LA SUITE DE CONFIDENCES PERSONNELLES

Le pasteur aura alors tendance à vivre dans un état continuel de fuite et une dissociation croissante entre sa vie publique et sa vie privée. Il se confessera aux autres dirigeants et peut-être au reste du corps seulement lorsque ses luttes auront progressé au point où il ne pourra plus les dissimuler. Non pas qu'il participe à une grande mascarade spirituelle, mais plutôt parce que c'est ainsi qu'opère cette culture de présuppositions, de silence et de séparation. Lorsque le pasteur en vient à se confesser, il dégringole du piédestal irréaliste et non biblique sur lequel on l'avait maintenu. La communauté est alors sous le choc et perd tout respect à son égard. L'Église est donc incapable d'exercer envers lui le ministère de la grâce de l'Évangile dont il a tant besoin, comme lui-même l'exerçait envers elle.

6) DES MÉTHODES DYSFONCTIONNELLES DE RESTAURATION

Aux prises avec son étonnement et son mépris, l'Église locale est alors tentée de se distancier de cet homme et de le remplacer par un autre qu'elle est prête à respecter et à suivre. L'Église se tire ainsi d'embarras et évite la crise au sein de sa direction, mais le pasteur et sa famille deviennent les victimes d'un tel procédé. Les problèmes du cœur de cet homme n'ont pas été gérés bibliquement. Il n'a pas eu l'occasion d'élargir sa perception spirituelle personnelle et n'a pas reçu la grâce transformatrice de l'Évangile. Il est alors tenté de jouer les victimes et de se livrer à l'amertume. Pour leur part, les responsables qu'il laisse derrière risquent de devenir un peu plus cyniques et les faiblesses de leur direction passent ainsi inaperçues. Cette image est-elle trop pessimiste? J'aimerais pouvoir l'affirmer, mais j'ai été personnellement témoin de cette triste progression.

7) L'ABSENCE PERCEPTIBLE DE REPENTANCE ET DE CROISSANCE CHEZ LE PASTEUR

Nous devrions prier et faire tout en notre pouvoir pour contribuer à la croissance spirituelle constante et progressive de nos pasteurs, et ce, en démontrant un intérêt réel pour eux. Nous ne devons pas supposer que cette croissance se produira naturellement. Intégrons-les à une communauté imprégnée de l'Évangile qui prend au sérieux ce type de croissance, qui favorise des relations aimantes et honnêtes et invite le pasteur à y prendre part. Il est vraiment triste de voir qu'un pasteur puisse passer d'un endroit à l'autre dans l'exercice de son ministère sans avoir grandi à la lumière de ce que le Dieu de grâce lui a révélé. Si un jour vous êtes témoin du péché, de la faiblesse ou de l'échec de votre pasteur, ne percevez pas une telle situation comme une embûche ou une interruption. C'est toujours un moment de grâce. Dieu aime cet homme et vous présente ses besoins afin que vous deveniez un instrument entre ses mains et que vous participiez au changement et à la croissance qu'il veut opérer en lui.

8) LES PROBLÈMES QUI SUIVENT LE PASTEUR PARTOUT OÙ IL VA

Au même titre que le divorce interrompt la croissance d'un homme ou d'une femme, la rupture de la relation entre un pasteur et son Église, au moment où il la quitte pour exercer son ministère ailleurs, entrave ou étouffe souvent sa croissance. L'incompréhension, les accusations et les blessures qui accompagnent cette séparation de part et d'autre font en sorte qu'il est très difficile pour le pasteur de se voir avec l'objectivité et la justesse indispensables au discernement, à la conviction et à la repentance. À vrai dire, la réalité est souvent pire. Il arrive que le pasteur se retire, convaincu du fait que le véritable problème n'était pas sa lutte contre certains péchés, mais plutôt la naïveté qui l'a incité à les confesser. Par conséquent, il décide qu'on ne l'y reprendra plus. Il m'est arrivé d'être réprimandé par un pasteur de longue date alors que j'enseignais sur ce sujet. Il était convaincu que la seule façon de survivre en tant que pasteur consiste à vivre dans le silence et à garder ses distances.

9) UNE HONTE POUR LE NOM DE CHRIST

Ce triste processus dénigre la puissance transformatrice de l'Évangile, dévalue les dons que Dieu accorde à son Église, affaiblit la prédication de l'Évangile, amoindrit le ministère de l'Église et finit par déshonorer le nom de Christ.

▲   ▲   ▲

Nous devons travailler à construire au sein de l'Église locale un environnement qui favorise l'encouragement des pasteurs. Nous devons promouvoir une culture d'Église qui exigera de ses pasteurs qu'ils soient des modèles de la puissance transformatrice de l'Évangile de Jésus-Christ et qui les aidera en ce sens. Nous devons reconnaître la présence et la puissance du péché dans le cœur de chaque pasteur. Par conséquent, le pasteur s'expose à un grand danger lorsqu'il vit en marge du ministère essentiel du corps de Christ : ce ministère existe pour le garder, le protéger, le reprendre, l'encourager, l'aider à grandir et, au besoin, le restaurer. Nous devons tous prendre du recul pour nous interroger et sonder nos cœurs. Si vous êtes pasteur, vivez-vous au-dessus ou en retrait du corps de Christ? Cherchez-vous le discernement que peuvent vous procurer les yeux et la sagesse des autres? Y a-t-il des personnes qui vous connaissent vraiment et qui savent ce qui se passe dans votre cœur? Pasteur, ressentez-vous le besoin de profiter du soin des autres? Membre d'Église, votre communauté fait-elle tout en son pouvoir pour aider son pasteur à tirer parti du ministère du corps de Christ? Vit-il au sein d'une culture qui favorise l'honnêteté et l'amour centré sur l'Évangile? Prenez-vous soin de votre pasteur?

CHAPITRE SEPT

ZONES DE GUERRE

Le ministère me réservait une foule de combats inattendus : j'étais sans doute absent le jour où on a abordé ce sujet au séminaire. Je savais bien sûr que la défense de l'Évangile m'occasionnerait certaines difficultés et que j'aurais à me battre pour préserver une philosophie biblique du ministère. Les conflits avec certains responsables et les parties de bras de fer entre ceux qui défendaient des intérêts divergents étaient pratiquement inévitables. L'exercice du ministère entraînerait forcément des hauts et des bas : certaines périodes seraient éclatantes et d'autres sombres. Les gens n'ont pas toujours soif de l'Évangile de Jésus-Christ et ne sont pas aussi passionnés qu'ils le devraient pour sa cause. Les personnes dont j'étais appelé à prendre soin n'éprouveraient pas toutes de l'affection pour moi. Elles ne se sentiraient pas nécessairement d'affinités avec moi. On me comparerait sans doute à mon prédécesseur. De toute évidence, je serais appelé à certains moments à m'acquitter de ma tâche avec de maigres ressources financières et humaines à ma disposition. J'étais appelé à combattre pour que l'Évangile triomphe dans la vie de certaines personnes, au milieu de circonstances très difficiles. À l'occasion, des gens seraient en colère contre Dieu : ils ne m'accueilleraient donc pas toujours avec enthousiasme. Je savais tout cela, mais j'ignorais que le ministère engendre ou intensifie certains combats intérieurs.

C'est cette guerre intérieure que je veux présenter dans ce chapitre et qui servira de toile de fond au reste de ce livre. Pasteur, vous avez tout à gagner à vous préparer pour le combat de l'Évangile, mais aussi pour celui de votre âme. Dans votre propre intérêt, soyez déterminé à être honnête à propos des luttes qui font rage dans votre cœur. Soyez prêt à vous prêcher l'Évangile à vous-même. Armez-vous en vue du conflit intérieur que vivent tous ceux qui s'engagent dans le ministère. Cela vous sera profitable.

LE MINISTÈRE EST UNE GUERRE

Pourquoi tant de pasteurs affirment-ils être accablés de stress et de lourds fardeaux? Pourquoi vivent-ils cette tension persistante entre leur vie familiale et leur ministère? Pourquoi le ministère pastoral semble-t-il comporter plus d'épreuves que de joies? Pourquoi cette fréquente disparité chez le pasteur entre sa vie privée et sa vie publique? Pourquoi tant de relations dysfonctionnelles entre pasteurs et les autres responsables de l'Église? Enfin, pourquoi le ministère de tant de pasteurs s'avère-t-il si éphémère?

Nous oublions souvent que le ministère pastoral est une guerre. Par conséquent, nous ne devons pas envisager la vie pastorale de la même manière qu'une existence sereine vécue en temps de paix. Le combat du pasteur n'a pas pour principal enjeu les valeurs changeantes de la culture ambiante. Pas plus que les soucis que lui cause son travail auprès de personnes entêtées qui résistent à l'Évangile. Nous ne luttons pas avant tout pour assurer l'efficacité des ministères de l'Église, ni pour obtenir des ressources adéquates, ni pour mobiliser les gens à accomplir la mission. Non. Le combat du pasteur est profondément personnel et se livre sur le champ de bataille de son cœur. Cette guerre oppose des valeurs, des allégeances et des motivations. Elle a pour enjeux les désirs secrets et les rêves les plus profonds. Cette guerre constitue la plus grande menace à laquelle font face tous les pasteurs. Pourtant, il nous arrive de sous-estimer son importance, soit par naïveté, soit à cause de l'affairement associé au ministère de l'Église locale.

L'ENJEU DE CETTE GUERRE EST VOTRE CŒUR.

D'abord, notons que le ministère pastoral est toujours influencé par la guerre qui oppose le royaume personnel et le royaume de Dieu, et qui se livre sur le terrain de votre cœur. Cette guerre est extrêmement redoutable et sournoise puisqu'en exerçant votre ministère, vous bâtissez ces deux royaumes! Un certain arrière-plan théologique s'avère sans doute utile dans ce cas. Paul déclare dans 2 Corinthiens 5.15 que Jésus est venu afin que ceux qui vivent « ne vivent plus pour eux-mêmes ». Voilà une instruction que tout pasteur devrait garder en mémoire. Paul soutient que l'ADN du péché, c'est l'égoïsme. Le péché me place au centre de mon univers alors que cette position est réservée à Dieu seul. Mes désirs, mes besoins et mes sentiments deviennent alors mes uniques sujets de prédilection. Le péché fait tout converger vers moi.

L'inertie dans laquelle m'entraîne le péché éteindra en moi tout désir de rechercher la volonté de Dieu et sa gloire. À l'inverse, aussi longtemps que le péché subsistera dans mon cœur, je serai tenté de promouvoir mes intérêts personnels et de substituer ma propre gloire à celle de Dieu. De manière plus ou moins subtile, je me munirai peu à peu de l'attirail de la gloire humaine. L'estime, la réputation, la réussite, le pouvoir, le confort, la domination et le reste prendront alors une envergure démesurée. Ces aspirations auront une telle valeur à mes yeux qu'elles détermineront forcément ma perspective du ministère, ma manière de l'exercer et les avantages que je compte en retirer. Souvenez-vous que le ministère d'un pasteur n'est pas façonné simplement par sa connaissance, ses dons, ses aptitudes et son expérience, mais aussi par l'état de son cœur. Ainsi, tout porte à croire que le découragement que vivent tant de pasteurs est en grande partie suscité par les avantages qu'ils souhaitent retirer en s'acquittant de leur tâche. Hélas, l'attrait pour de telles prérogatives génère de nombreuses tensions. Tout pasteur devrait y renoncer.

L'ENJEU DE CETTE GUERRE EST L'ÉVANGILE.

Cela nous amène à discuter d'un deuxième champ de bataille où se livre la guerre du ministère pastoral. C'est celui du combat pour l'Évangile. Non seulement devons-nous combattre activement pour que l'Évangile demeure le paradigme fondamental de tous les ministères de l'Église, mais aussi pour qu'il demeure le refuge où notre cœur peut se reposer. Pasteur, personne ne vous parle autant que vous le faites vous-même. Par conséquent, personne n'a plus d'influence sur votre propre vie que vous-même. Ce que vous vous dites à propos de Dieu, de vous-même et des autres revêt donc une importance capitale. Votre engagement et la façon dont vous vous acquittez de votre ministère en dépendent. J'ai côtoyé des centaines de pasteurs. Hélas! J'ai pu observer que beaucoup d'entre eux sont atteints d'une *amnésie permanente* en ce qui a trait à l'Évangile. Ils oublient d'appliquer à leur propre cœur ce qu'ils prêchent ouvertement aux autres. Le ministère devient alors un fardeau lourd à porter.

Si vous oubliez l'Évangile, vous chercherez à retirer du ministère, de ses circonstances précises et de vos relations ce que vous avez déjà reçu en Christ. Vous vous tournerez vers le ministère pour définir votre identité, votre assurance, votre espoir, votre bien-être, votre raison d'être et votre objectif. Or, seule une relation à dimension verticale peut donner un tel sens à votre vie. Toutes ces choses vous appartiennent déjà en Christ. Par conséquent, vous devez combattre pour que l'Évangile triomphe dans votre cœur. Dès lors que vous vivez de la grâce de l'Évangile, vous cessez d'avoir peur de l'échec, de dissimuler vos luttes et vos péchés par crainte qu'on découvre qui vous êtes. L'Évangile déclare que tout ce qu'on pourrait apprendre à votre sujet a déjà été couvert par la grâce de Jésus. Seul l'Évangile peut libérer un pasteur de la culpabilité et de la honte. Il peut désormais renoncer à jouer l'invincible qui s'impose de ne jamais laisser paraître le moindre signe de faiblesse. Il n'a pas à chercher dans le ministère ce que l'œuvre de Christ lui a déjà procuré.

Alors, êtes-vous un vaillant soldat dans la guerre du ministère pastoral? N'oubliez pas que le Saint-Esprit habite en vous et qu'il combat pour vous, même lorsque vous n'en êtes pas conscient. Souvenez-vous aussi qu'en Christ vous avez déjà tout reçu pour être et accomplir ce que vous êtes appelé être et accomplir, à l'endroit précis où Dieu vous a placé. Enfin, puisqu'Emmanuel est avec nous, souvenons-nous que nous ne sommes jamais seuls dans la guerre de tous les instants que constitue le ministère pastoral.

DEUX ROYAUMES S'OPPOSENT

Dieu s'est servi des épreuves du ministère pastoral pour me permettre de comprendre une vérité incontournable : tout ce que j'accomplis au sein du ministère est régi par mon allégeance à un royaume. Cette loyauté déterminera quels intérêts je chercherai à promouvoir : ceux de mon royaume personnel ou ceux du royaume de Dieu. La meilleure explication de cette vérité se trouve dans Matthieu 6.19-34. (Veuillez prendre votre bible et lire ce passage.) Je suis convaincu que ces versets décrivent les pensées, les désirs et les actions qui prévalent dans le royaume personnel. Remarquez cependant le renversement de courant au verset 33. Jésus dit alors : « Cherchez premièrement son royaume et sa justice, et tout cela vous sera donné par-dessus. » Le mot « premièrement » marque un point de transition dans le passage. Tout ce qui précède explique les règles qui régissent un autre royaume : le royaume personnel. Ce passage fournit donc une perspective très utile sur la lutte entre ces deux royaumes, engagée dans le cœur de tout serviteur engagé dans le ministère.

De ce passage découlent quatre principes que nous examinerons dans ce chapitre. Ils concernent le trésor associé au ministère et sont utiles pour l'examen des motivations du cœur dans sa pratique.

1) VOTRE MINISTÈRE EST TOUJOURS ORIENTÉ VERS UN TRÉSOR.

Dieu a fait de nous des êtres axés sur les valeurs et en quête d'une raison d'être. Il nous a donné cette capacité parce que nous sommes créés pour l'adorer. Nos actions ou nos paroles dans la pratique du ministère seront donc toujours motivées par la quête d'un trésor. J'expliquerai plus loin que la plupart des choses que nous considérons comme des trésors ne comportent en réalité aucune valeur intrinsèque. La plupart des trésors possèdent la valeur que nous leur accordons. Dans notre compréhension limitée des réalités éternelles, nous avons tous tendance à donner une importance démesurée à certaines choses. Ces valeurs déterminent nos pensées, nos désirs, nos choix, nos paroles et nos actions. Quelle est donc la nature du combat qui a pour enjeu le trésor? Il consiste à reconnaître chaque jour l'importance de ce que Dieu considère comme important dans notre vie personnelle et notre ministère. *Pasteur, qu'est-ce qui importe le plus dans votre ministère?*

2) LES TRÉSORS DE VOTRE MINISTÈRE DÉTERMINENT L'ALLÉGEANCE DE VOTRE CŒUR.

Jésus affirme : « Car là où est ton trésor, là aussi sera ton cœur » (verset 21). Le cœur, terme qui désigne l'homme intérieur, peut être décrit comme le noyau central de notre être. Ces paroles de Jésus sont profondes. Elles évoquent une guerre qui oppose deux trésors au cœur même de nos pensées, de nos désirs et de nos actions. Dans l'exercice de votre ministère, vos paroles et vos actes représentent toujours votre tentative d'obtenir ce que vous considérez comme précieux. Que vous en soyez conscient ou non. *Pasteur, quels sont les désirs profonds qui façonnent vos paroles et vos actions quotidiennes?*

3) L'ALLÉGEANCE QUI RÉGIT VOTRE CŒUR DÉTERMINERA VOS ACTIONS ET VOS RÉACTIONS DANS LE MINISTÈRE.

Dieu nous a conçus pour être des adorateurs. L'adoration n'est pas avant tout une activité. Elle est d'abord notre identité : tout ce que nous faisons et disons est le produit de notre adoration. Ainsi, les trésors (ou réalités qui possèdent un certain degré d'importance) gouvernent les pensées et les désirs de notre cœur et dicteront par conséquent notre conduite. La guerre que se livrent ces deux royaumes au sein même du ministère n'est pas d'abord axée sur les comportements. Cette guerre revendique carrément la domination de notre cœur. Si cet enjeu profond nous échappe, nous ne remporterons jamais la victoire sur nos pensées et nos actions. *Pasteur, que révèlent vos paroles et vos actions sur ce qui importe vraiment pour vous?*

4) VOS VÉRITABLES TRÉSORS SONT RELIÉS SOIT AU ROYAUME PERSONNEL, SOIT AU ROYAUME DE DIEU.

En réalité, Christ nous demande de choisir ce qui définira notre identité, notre raison d'être, notre objectif et notre sentiment de bien-être intérieur : les trésors terrestres du royaume personnel ou les trésors célestes du royaume de Dieu. Réfléchissez aux questions diagnostiques suivantes. Elles s'avèrent extrêmement utiles pour le ministère pastoral. Quelle bénédiction, si elle nous était retirée, nous inciterait à vouloir tout abandonner? Quelle quête suscite en nous un sentiment écrasant de défaite? Quelle peur fait de nous des êtres hésitants et timorés plutôt que courageux et optimistes? Quelle soif nous amène à brûler la chandelle par les deux bouts à tel point qu'il ne nous reste presque rien? Quel « besoin » nous éloigne de la joie et de la beauté du ministère? Quel désir intensifie les tensions entre le ministère et la famille?

▲   ▲   ▲

Est-il possible qu'une bonne part du stress que nous vivons provienne de nos exigences irréalistes par rapport au ministère? Croyons-nous que le ministère puisse accomplir pour nous ce que seul le Messie peut accomplir? Cherchons-nous à obtenir de notre ministère terrestre ce que nous avons déjà reçu en Christ? Le conflit opposant le royaume de Dieu et notre royaume personnel est-il provoqué et alimenté par notre propre amnésie en ce qui a trait à l'Évangile? Lorsque nous oublions les trésors que nous avons reçus en Christ, nous avons tendance à les rechercher dans les circonstances et les relations associées au ministère. *Pasteur, cherchez-vous à gagner par la pratique du ministère ce que vous avez déjà reçu en Christ?*

Pour contrer la tentation de se bâtir un royaume personnel, la meilleure protection n'est pas un ensemble de stratégies défensives qui visent à se réformer soi-même. Seul le cœur entièrement captivé par l'aspect présent et immédiat de la grâce glorieuse de Jésus-Christ jouit d'une telle protection. Ce cœur ne se laisse pas aisément séduire par les gloires inférieures et temporaires d'un royaume exigu où vit un seul individu. Quel que soit notre engagement dans l'œuvre du vaste royaume de Dieu, nous sommes toujours aux prises avec ce problème : nous oscillons d'un trésor à l'autre.

LE PROBLÈME : NOUS OSCILLONS ENTRE DEUX TRÉSORS

Commençons par décortiquer le concept du trésor que présente Christ. Le mot *trésor* est évocateur. Imaginez que je tienne devant vous un billet de vingt dollars. Pourquoi vaut-il vingt dollars? Après tout, le papier employé pour le fabriquer ne vaut pas vingt dollars. Une telle somme pourrait acheter des piles de papier. L'encre utilisée pour l'impression de ce billet n'a pas coûté vingt dollars. Une telle somme équivaut à tout un seau d'encre. À vrai dire, la valeur d'un billet de vingt dollars n'est pas intrinsèque, mais elle lui est attribuée. Le gouvernement a alloué à ce billet une valeur équivalente à deux mille pièces d'un cent. Il en va de même des choses que nous chérissons. Peu d'entre elles ont une valeur intrinsèque. Elles ont plutôt de la valeur parce que nous leur en accordons.

Nous passons notre temps à estimer la valeur des divers éléments qui constituent notre vie. En définitive, ce qui dégoûte l'un réjouit l'autre. Tous les jours, nous déterminons le degré d'importance des choses. Nous rattachons constamment notre satisfaction et nos espoirs à certaines d'entre elles, et lorsque nous le faisons, la valeur que nous leur accordons modèle notre vie.

Revenons à notre billet de vingt dollars. Voyons comment il transforme notre vie une fois que nous lui avons accordé de la valeur. Après avoir établi que ce billet vaut vingt dollars, le nombre de billets que vous m'offrirez m'incitera à accepter ou à refuser l'emploi proposé. Le nombre de billets que je possède déterminera la taille de ma maison, le quartier où je vivrai, le type de voiture que je conduirai, la qualité de mes vêtements, le type d'aliments que je mangerai, mon niveau de vie, les vacances que je m'offrirai, mes projets de retraite… Hélas! Il pourrait même déterminer le type de personnes que je fréquenterai. Mon trésor définit mes désirs et mon comportement.

Deux conclusions découlent donc de l'enseignement de Jésus au sujet du trésor. J'énoncerai chacune de ces conclusions dans le contexte du ministère pastoral. *D'abord, il est très difficile dans le ministère d'accorder fidèlement de l'importance à ce que Dieu considère comme important.* Il arrive à chacun d'entre nous d'attribuer trop de valeur à certaines choses qui finissent par nous dicter notre conduite et façonner nos désirs. *De plus, il est essentiel de comprendre que le trésor que nous chérissons sera soit le frein soit le moteur de notre ministère.* Lorsque nous nous passionnons pour les choses auxquelles Dieu accorde une réelle valeur, notre affection pour ce trésor protégera notre ministère et lui donnera de la valeur. Par contre, lorsque nous chérissons des trésors auxquels

Dieu n'attache aucune importance, nous devenons un obstacle plutôt qu'un participant à l'œuvre que Dieu accomplit par nous à ce moment. Tout pasteur serviteur peut s'identifier à l'exemple qui suit.

À la fin du culte, un dimanche matin, un individu m'a demandé s'il pouvait me rencontrer. Je croyais que mon sermon l'avait touché et qu'il cherchait de l'aide pour appliquer ces vérités à sa vie quotidienne. En réalité, il voulait me dire à quel point mes sermons étaient mauvais, « pénibles » est le mot exact qu'il a employé. Il m'a également dit qu'il parlait au nom d'autres personnes qui pensaient la même chose. Bien sûr, cela m'a blessé, mais j'ai continué à préparer le sermon suivant exactement comme je l'avais fait les semaines précédentes.

Le dimanche venu, lorsque je me suis avancé pour prêcher, j'ai regardé mes auditeurs. Tout le monde semblait avoir une tête de taille normale, sauf ce type! Sa tête paraissait énorme. Ses yeux de *Mona Lisa* semblaient me fixer de tous les angles. À cet instant, un changement subtil s'est produit concernant les motifs de mon cœur. Jusqu'alors, je n'en étais pas conscient. Bien sûr, je voulais être fidèle au texte et expliquer clairement l'Évangile, mais je souhaitais aussi autre chose. J'étais déterminé à gagner cet homme. J'étais déterminé à le voir s'approcher pour me dire : « Paul, j'avais tort. Tu es vraiment un enseignant génial! » J'avais cet homme en tête à la fois au cours de ma préparation et lorsque je communiquais le message.

Les incursions du royaume personnel dans la sphère du ministère s'expliquent en fait par un *transfert de trésor*. Je suis appelé à jouir des trésors célestes centrés sur Christ. Toutes mes paroles et toutes mes actions doivent être soumises à l'action de sa grâce. Toutefois, il peut arriver que mon ministère se conforme peu à peu à un amalgame de trésors terrestres. Des changements subtils, mais importants, surviennent alors. Un trésor différent gouverne mon cœur, influence mon ministère et me dicte par le fait même mes paroles et mes actes. Ces trésors de moindre valeur commencent à régir les pensées et les désirs de mon cœur et s'élèvent au-dessus de leur réelle importance. Ils changent la façon dont j'exerce mon ministère. De nombreux facteurs peuvent contribuer à détourner le cœur de tout pasteur du véritable trésor. Je n'en énumérerai que cinq.

1) IDENTITÉ : TROQUER SON IDENTITÉ EN CHRIST CONTRE UNE IDENTITÉ FONDÉE SUR LE MINISTÈRE.

Tout pasteur peut être tenté, dans la pratique de son ministère, de chercher sur la terre ce qu'il a déjà reçu en Christ. Il est possible d'éprouver une amnésie identitaire même en tant que pasteur. Lorsque j'en suis atteint, j'ai tout à coup besoin d'être valorisé par les gens et les programmes de mon Église. Je veux qu'ils me rassurent quant à ma raison d'être et à ma quête intérieure de sens et de bien-être. Mon ministère, au lieu d'être caractérisé par l'espoir et le courage que me confère mon identité en Christ, est assujetti à un ensemble d'affirmations horizontales temporaires concernant ma valeur. Ainsi dépouillé de son audace, mon ministère est centré sur les réactions de mon entourage.

2) MATURITÉ : DÉFINIR LA SANTÉ SPIRITUELLE SELON L'IMAGE QUE RENVOIE LE MINISTÈRE PLUTÔT QUE DANS LE MIROIR DE LA PAROLE.

Il ne faut pas confondre connaissance biblique et maturité chrétienne. L'exactitude homilétique ne constitue pas la piété. L'adresse théologique diffère grandement de la sainteté pratique. L'aptitude à bien diriger n'est pas forcément synonyme d'un cœur centré sur Christ. La croissance en influence ne doit pas être prise pour la croissance dans la grâce. En tant que pasteur, je peux être tenté d'évaluer ma maturité d'une manière différente. Alors que je devrais ressentir le profond besoin de l'action continuelle de la grâce dans mon cœur, mon expérience et la réussite de mon ministère me poussent plutôt à surestimer mon niveau de maturité. Ce sentiment de satisfaction m'empêche de croire à mes propres prédications. Mon cœur est dépourvu de la candeur, de la tendresse et de l'humilité qui m'amènent à rechercher les bienfaits du ministère réciproque au sein du corps de Christ. La préparation de mes sermons reflète beaucoup plus une attitude de jugement envers les autres qu'un esprit de recueillement.

3) RÉPUTATION : ÉCHANGER UN MINISTÈRE MARQUÉ PAR UN ZÈLE POUR LA RENOMMÉE DE CHRIST CONTRE UN MINISTÈRE ALIMENTÉ PAR LES ÉLOGES DES AUTRES.

La gloire de Christ et l'étendue croissante de sa renommée doivent constituer la motivation suprême de mon ministère : viser à ce que nous apprenions tous ensemble et de manière concrète la soumission à son autorité. Hélas! Mon cœur est séduit par le trésor que représente ma propre réputation. Il est régi par le sentiment enivrant que procure l'estime des autres. Le fait de se sentir utile, de ressortir du lot, de diriger et d'avoir raison confère une certaine forme de gloire et de pouvoir. Il devient alors plus difficile d'admettre mes torts, de me soumettre aux conseils des autres, de lâcher prise, de renoncer à jouer les héros ou à prouver que j'ai raison. Il devient difficile d'accepter la critique ou de partager les honneurs avec d'autres. L'idée de considérer le ministère comme un processus collaboratif de tout le corps de Christ me sourit alors beaucoup moins.

4) ESSENTIALITÉ : RENONCER AU REPOS DANS LA PRÉSENCE INDISPENSABLE DE JÉSUS LE MESSIE, POUR SE CONSIDÉRER SOI-MÊME COMME INDISPENSABLE À LA RÉALISATION DE LA VOLONTÉ DE DIEU.

Je me suis d'abord considéré comme l'un des nombreux instruments dans l'arsenal du royaume de Dieu. Toutefois, au fil du temps, je suis devenu trop imbu de mon importance : je me crois maintenant indispensable à l'œuvre que Dieu accomplit autour de moi. Au lieu de m'appuyer sur la personne et l'œuvre du Messie, je me charge du fardeau de la croissance individuelle et collective du peuple de Dieu. Par conséquent, je sous-estime l'importance des dons et du ministère des autres et je suis tenté d'accepter plus de responsabilités que je suis capable d'en assumer. J'essaie inconsciemment d'être le Messie plutôt que de trouver mon identité dans le fait d'être un instrument entre ses mains fidèles et puissantes.

5) CONFIANCE : PASSER D'UNE HUMBLE CONFIANCE EN LA GRÂCE TRANSFORMATRICE À UNE CONFIANCE DÉMESURÉE EN SA PROPRE EXPÉRIENCE ET SES DONS.

La longévité et le succès d'un ministère sont de bonnes choses, mais elles présentent aussi un danger pour le cœur du pasteur. Hélas! Nous sommes tous enclins à accorder trop d'importance à nos propres capacités! Plutôt que de me confier humblement en la puissance de la grâce qui sauve, pardonne, transforme et délivre, je m'appuie sur mes propres connaissances, mes aptitudes, mes dons et mes expériences. Ma vie est dénuée de contrition, de prière, de préparation, de confession, et d'écoute. Je m'attribue des aptitudes que je ne possède pas. Par conséquent, mon ministère n'est plus régi par mon propre besoin de la grâce de Christ et je ne cherche plus à aider les autres.

▲ ▲ ▲

Je dois veiller à soumettre chaque sphère de mon ministère à la grâce précieuse et fidèle de Jésus le rédempteur. Autrement, je pourrais être tenté de placer mon espoir dans les trésors qui, comme nous le rappelle Matthieu 6.19-34, sont de nature temporaire et ne peuvent satisfaire ceux qui les recherchent. Est-il possible que ces altérations subtiles qui nous incitent à chercher un autre trésor soient l'élément déclencheur de nombreux problèmes au sein de l'Église et de tant de conflits relationnels dans le ministère? Si le ministère est devenu un fardeau plutôt qu'une joie, se pourrait-il que ces substitutions en soient la cause? La voie que suit notre cœur dans cette guerre du royaume est d'autant plus complexe qu'elle est traversée par les difficultés et les tentations de ce monde déchu. Puisque ce dangereux carrefour constitue le cadre de notre ministère, il sera également le sujet central du reste de ce livre.

Si, en tant que pasteur, je perds de vue les glorieux privilèges que j'ai reçus en Christ, l'attrait séducteur des trésors de mon royaume personnel devient alors beaucoup plus puissant. Ainsi, je commence à croire que je suis pauvre, alors que la grâce m'a rendu riche et je cherche les richesses là où il est impossible de les trouver. Pourtant, nul besoin de fuir sous l'effet de la honte ou de me laisser emporter par la panique, car la grâce de la croix a aussi couvert cette lutte. Elle saura aujourd'hui encore me délivrer de moi-même.

RÉALITÉS À NE PAS OUBLIER

Sachant tout cela, quels sont les principes cruciaux dont nous devons nous souvenir? Voici comment nous aborderons cette question. Les experts disent qu'il n'y a que trois éléments à considérer lorsque nous achetons une propriété : l'endroit, l'endroit et l'endroit. Nous pouvons affirmer la même chose à propos de la vie. Sceptique? Permettez-moi de vous indiquer quatre aspects qui justifient l'importance de l'endroit.

1) VOUS VIVEZ DANS UN MONDE RADICALEMENT DÉCHU.

Vous devez être prêt, entretenir des attentes réalistes et cultiver une compréhension biblique du contexte dans lequel vous vivez et pratiquez votre ministère, sans quoi vous serez constamment déçu et pris au dépourvu. Vous et moi vivons dans un monde brisé et rempli de problèmes. Votre corps et votre esprit sont touchés par les conséquences de la chute et ne fonctionnent pas toujours aussi bien qu'ils le devraient. Votre vie familiale et vos amitiés subissent également ses effets. Les gouvernements en place ne remplissent pas toujours le mandat pour lequel ils ont été établis. L'Église où vous servez est remplie de personnes imparfaites qui ont désespérément besoin de la rédemption. L'environnement physique se détériore et souffre amèrement en raison de la chute. L'apôtre Paul l'énonce clairement dans Romains 8 : « La création tout entière soupire et souffre les douleurs de l'enfantement. Bien plus : nous aussi, qui avons les prémices de l'Esprit, nous aussi nous soupirons en nous-mêmes, en attendant l'adoption, la rédemption de notre corps » (versets 22-23).

Où que vous vous trouviez, vous rencontrerez inévitablement des ennuis de tous genres, et ce, tous les jours. La plupart de ces problèmes viendront de l'intérieur. Vous vivez et menez votre ministère dans un endroit où chaque jour la tentation croisera votre route d'une façon ou d'une autre. Lorsque vous aurez fait face à cette dure réalité, vous serez en mesure d'affronter les tracas qui se présenteront à vous.

2) LE PLUS GRAND COMBAT SE LIVRE DANS VOTRE CŒUR.

Le monde autour de vous est brisé par le péché. Vous le reconnaissez, mais vous refusez d'adopter la philosophie selon laquelle toutes vos luttes sont attribuables à votre milieu de vie. Évitons de répéter l'erreur des monastères médiévaux. Ces communautés entourées de murs se croyaient séparées d'un monde mauvais et comptaient cultiver un mode de vie juste. Au final, ces communautés avaient tendance à perpétuer tous les vices du monde environnant duquel elles pensaient s'être dissociées.

Les monastères ont échoué parce qu'ils ont négligé une vérité biblique très importante : le plus grand danger qui guette tout homme, même celui qui s'engage dans le ministère, se trouve à l'intérieur de lui. Le péché, sombre et perfide, se cache sournoisement dans le cœur de tout enfant de Dieu qui n'a pas encore été complètement glorifié. C'est toujours le péché tapi à l'intérieur de vous qui vous attire dans le piège du péché qui se trouve à l'extérieur. Chaque jour, une guerre fait rage pour la domination de votre cœur. Toutefois, votre Sauveur, jaloux et armé du zèle de son superbe amour rédempteur, ne partagera votre cœur avec personne. Il ne s'accordera aucun répit avant que votre cœur ne soit sous sa domination exclusive.

3) VOUS CHERCHEREZ TOUJOURS UN REFUGE QUELQUE PART.

Au milieu de vos problèmes, au plus fort du combat, vous courrez vous réfugier quelque part. Vous chercherez le repos, la consolation, la paix, l'encouragement, la sagesse, la guérison et la force. Un seul lieu nous procure véritablement la protection, le repos et la force. Dans la vie comme dans le ministère, vous et moi devons apprendre à faire du Seigneur notre refuge.

Dans l'adversité, vous courez peut-être vers d'autres personnes, dans l'espoir qu'elles vous tiennent lieu de messie personnel. Vous croyez peut-être que les divertissements ou certaines substances vous empêcheront de ressentir l'intensité de vos problèmes ou qu'ils étoufferont la douleur. Vous êtes peut-être tenté d'avoir recours à la nourriture et à la sexualité pour combattre la douleur par le plaisir. Puisqu'aucun de ces palliatifs ne peut offrir le refuge que vous recherchez, le fait d'y placer votre espoir ne fait généralement qu'ajouter la déception aux problèmes que vous vivez déjà.

Dieu est votre véritable refuge et votre force. Lui seul est maître. Il sait d'où viennent vos ennuis. Il régit même les relations qui vous causeront des déceptions. Lui seul possède la puissance pour vous sauver et vous délivrer, la grâce dont vous avez besoin pour affronter vos circonstances. Il détient seul la sagesse dont vous avez si désespérément besoin dans l'adversité. Il est le seul qui soit en vous, avec vous et pour vous en tout temps. Il est le refuge des refuges. Courez-vous vers lui?

4) LÀ OÙ VOUS ALLEZ, L'ADVERSITÉ NE SERA PLUS.

Il est possible de diviser le récit biblique en trois endroits. Le jardin de la Genèse, site de perfection et de beauté, est devenu un lieu de péché et de problèmes. Le mont du Calvaire fut à la fois la scène d'horribles souffrances et de grâce transformatrice. Et la Nouvelle Jérusalem, ce lieu de paix et de refuge illuminé par la lumière du Fils, sera pour toujours notre refuge ultime. Grâce à la croix de Jésus-Christ, la fin de votre histoire sera affranchie des soucis quotidiens et des secours temporaires. Au contraire, votre séjour final sera tout à fait différent de tout ce que vous avez connu, même lors de vos journées les meilleures et les plus brillantes dans le cours de votre ministère. Vous vous dirigez vers la Nouvelle Jérusalem, où toute larme sera essuyée et où les luttes cesseront.

▲   ▲   ▲

Aujourd'hui, dans votre vie et votre ministère, vous serez inévitablement confronté à divers problèmes. Aujourd'hui, vous chercherez refuge quelque part. Aujourd'hui, l'espoir et l'aide sont à votre portée. Que Dieu soit votre refuge! Et lorsque vous courrez vers lui, souvenez-vous qu'un jour les luttes prendront fin. Cependant, vous vivez entre le « déjà » et le « pas encore », et le combat fait toujours rage. Pasteur, êtes-vous un soldat vigilant, sage et équipé pour la bataille? Cherchez-vous constamment auprès du Capitaine de votre âme la grâce qui sauve, pardonne, transforme, vivifie et délivre?

PARTIE 2

LE DANGER DE PERDRE L'ÉMERVEILLEMENT

(OUBLIER LA PERSONNE DE DIEU)

CHAPITRE HUIT

LA LASSITUDE

Il a prononcé ces mots tout bonnement, sans doute sans en comprendre la portée. Pourtant, je ne parvenais pas à les oublier. Il était à la tête d'un ministère d'envergure nationale et nous discutions de partenariat au cours d'une réunion. Alors que je lui faisais part de l'enthousiasme qui m'animait en raison de ce qui se passait dans l'Église partout dans le monde, il déclara : « Je crois que plus rien ne peut exciter mon enthousiasme. » Il ne m'appartenait pas de répondre à ce qu'il avait dit, mais j'ai aussitôt pensé : « Tu devrais déborder d'enthousiasme. Tu diriges un ministère : si tu n'arrives pas à y trouver la joie, tu n'es peut-être pas à ta place. » Il avait perdu sa ferveur et devait assumer sans aucune joie un ministère rempli d'obligations quotidiennes et répétitives. Quel triste et dangereux sort!

C'est vraisemblablement au séminaire, où l'on examine de près chaque élément de la foi, que prend naissance ce phénomène. Après un certain temps, la gloire de Dieu n'apparaît plus tout à fait aussi majestueuse. Estce le fait de vivre au sein d'une communauté théologique qui émousse l'enthousiasme et dissipe l'étonnement? L'étudiant en vient-il à analyser la Bible comme un simple manuel de théologie qui lui dicte sa conduite? Dieu cesse-t-il tout à coup d'être le Seigneur de gloire? L'étude de la Personne de Dieu se résume-t-elle à un sujet théologique parmi tant d'autres qui cherche à comprendre un être divin quelconque?

Peut-être s'agit-il tout simplement de la dynamique de la lassitude. B. B. Warfield, grand professeur et théologien de Princeton, a écrit ceci à l'intention de ses étudiants :

On dit souvent que le grand danger qui guette *l'étudiant en théologie réside précisément dans le fait qu'il* est constamment en contact avec les réalités spirituelles. Elles peuvent finir par lui sembler ordinaires, parce qu'il s'y est accoutumé. Le commun des mortels respire l'air et jouit de la lumière du soleil sans même penser que c'est Dieu, dans sa bonté, qui fait lever le soleil pour lui, même s'il est méchant, et lui envoie la pluie, même s'il est injuste. Ainsi, chers étudiants, vous pourriez finir par vous trouver en présence même des meubles du sanctuaire, sans toutefois y voir autre chose que les matériaux terrestres dans lesquels ils ont *été* fabriqués. Les mots qui expriment la majesté terrible de Dieu ou proclament sa bonté glorieuse pourraient finir par être pour vous de simples termes grecs ou *hébreux* qui renvoient à *l'étymologie, à* la syntaxe et à des accords. Les raisonnements qui permettent de comprendre les mystères de son salut pourraient devenir pour vous de vulgaires paradigmes logiques : des prémisses et des conclusions soutenues avec soin et superbement convaincantes. Pourtant, leur exactitude logique et formelle constituerait à vos yeux leur seule valeur. Les interventions majestueuses de Dieu au cœur de son œuvre rédemptrice pourraient vous sembler une suite de faits historiques qui convergent vers la création de certaines conditions sociales et religieuses. Ces faits pointent vers le dénouement que nous connaissons, bien sûr, mais ils ressemblent à tant d'autres qui surviennent dans le temps et l'espace et que vous pourriez *également* conna*î*tre. C'est là le grand danger auquel vous êtes exposé. Mais il s'agit d'un grand danger *uniquement* parce que c'est un privilège inouï. Songez *à ce* privilège : la plus grande menace qui pèse sur vous est le risque de vous lasser des grandes choses de la religion! D'autres hommes, accablés par les difficultés de la vie quotidienne, sont aux prises avec la nécessité de gagner leur pain. Ces derniers sont pour le moins distraits par l'effroyable attrait du monde et par la course effrénée du travail en ce monde. Ils ont du mal à trouver ne serait-ce qu'un instant pour s'interroger sur l'existence de Dieu, la religion et le salut du péché qui les enveloppe et les tient en captivité. Ces choses de Dieu constituent l'essence même de votre vie. Vous les respirez à pleins poumons : elles vous entourent, vous enveloppent et vous imprègnent. Tout cela risque de devenir normal pour vous! Que Dieu vous pardonne, vous risquez de vous lasser de Dieu[*]!

Voici de puissantes paroles d'avertissements pour tous ceux qui s'engagent dans le ministère : « Le grand danger... réside précisément dans le fait qu'il est constamment en contact avec les réalités spirituelles. » Quel est ce danger? L'habitude des choses de Dieu peut altérer votre sentiment d'émerveillement. Après un certain temps, la sagesse insondable des Écritures et la glorieuse histoire de la rédemption n'ont plus le même attrait. Vous avez passé tant de temps à faire l'exégèse de l'expiation que la croix même vous inspire désormais peu de larmes et une joie plutôt éphémère. Tout ce temps à discipliner les autres, et la réalité d'être vous-même un disciple choisi par JésusChrist ne vous impressionne plus. Tout ce temps à examiner la théologie des Écritures, et vous oubliez son objectif : la sainteté personnelle. Tout ce temps à la planification stratégique du ministère de l'Église locale, et vous oubliez peut-être de vous émerveiller devant le planificateur souverain qui vous guide à chaque instant. Tout ce temps à conduire les autres dans l'adoration et à méditer sur ce privilège, et il vous reste sans doute peu d'éblouissement personnel. Tout est devenu si banal et habituel que plus rien ne vous émeut. Tristement, au milieu de votre horaire chargé, le miracle de la grâce ne parvient peut-être plus à attirer votre attention.

Les artistes nomment léthargie visuelle le fait de ne plus *remarquer* une chose à force de la voir. En vous rendant au travail pour la première fois, vous êtes attentif aux images et aux sons que vous voyez et entendez sur la route. Vous remarquez ce magnifique champ formé de vieux arbres et ce duplex moderne et branché au coin de la rue. Par contre, après avoir parcouru vingt fois ce même trajet, plus rien ne vous charme : vous souhaitez simplement que la circulation avance plus vite

---

[*] Warfield, B. B. *The Religious Life of Theological Students*, titre d'un discours prononcé à la conférence d'automne au Princeton Theological Seminary, le 4 octobre 1911.

pour pouvoir vous rendre au travail, bon sang! Il s'est passé un phénomène inévitable. Il demeure tout de même nuisible. Vous avez cessé
de voir et par le fait même, vous avez cessé de vous émouvoir et d'être
reconnaissant. La beauté qui autrefois vous captivait s'offre toujours à
vous. Toutefois, puisque vous ne la voyez plus, elle ne vous comble plus.
Celui qui conduit le troupeau risque de perdre son émerveillement :
Peut-on concevoir un danger plus grand dans le ministère?

Pour clarifier cette pensée, il est sans doute pertinent de lire
d'abord le Psaume 145, un des passages contemplatifs de la Bible.

Louange. de David.

Je t'exalterai, mon Dieu, mon roi!
    Et je bénirai ton nom à toujours et à perpétuité.
Chaque jour je te bénirai
    Et je louerai ton nom à toujours et à perpétuité.
L'Éternel est grand et très digne de louange,
    Sa grandeur est insondable.

Que chaque génération glorifie tes œuvres,
    Qu'elle raconte tes exploits,
La magnificence éclatante de ta gloire;
    Je méditerai le récit de tes merveilles.
On parlera de ta force redoutable,
    Et je redirai ta grandeur.
On évoquera le souvenir de ton immense bonté
    Et l'on acclamera ta justice.

L'Éternel fait grâce, il est compatissant,
    Lent à la colère et rempli de bienveillance.
L'Éternel est bon envers tous,
    Et ses compassions s'étendent sur toutes ses œuvres.

Toutes tes œuvres te célébreront, Éternel!
    Et tes fidèles te béniront.
Ils diront la gloire de ton règne,

Et parleront de ta puissance,
Pour faire connaître aux humains tes exploits
Et la gloire magnifique de ton règne.
Ton règne est un règne de tous les siècles,
Et ta domination subsiste dans toutes les générations.

L'Éternel soutient tous ceux qui tombent
Et redresse tous ceux qui sont courbés.
Tous, avec espoir tournent les yeux vers toi,
C'est toi qui leur donnes leur nourriture en son temps.
Tu ouvres ta main
Et tu rassasies à souhait tout ce qui a vie.
L'Éternel est juste dans toutes ses voies
Et bienveillant dans toutes ses œuvres.
L'Éternel est près de tous ceux qui l'invoquent,
De tous ceux qui l'invoquent avec vérité;
Il réalise les souhaits de ceux qui le craignent,
Il entend leur cri et les sauve.
L'Éternel garde tous ceux qui l'aiment
Et détruit tous les méchants.

Que ma bouche dise la louange de l'Éternel,
Et que toute chair bénisse son saint nom,
À toujours et à perpétuité!

De quelle vision du monde ce Psaume estil principalement imprégné? Celle selon laquelle chaque être humain a été conçu par Dieu pour le vénérer dans chaque aspect de sa vie. Notre source de motivation quotidienne la plus profonde, la plus transformatrice et la plus pratique doit donc être la vénération pour Dieu. C'est l'appel de chacun d'entre nous. C'est le parapluie qui sert à protéger tout individu. C'est la réalité qui doit définir et façonner toutes autres réalités dans la vie d'une personne. Qu'est-ce que cela signifie concrètement?

Cette vénération pour Dieu devrait guider mes actions et le choix de mes paroles. Elle devrait être le motif qui inspire toutes mes pensées et tous mes désirs. Elle devrait régir ma façon de traiter ma femme et d'éduquer mes enfants, de même que mon comportement au travail et la gestion de mes finances. Elle devrait modeler ma façon de concevoir les possessions et ma situation, de même que la position d'autorité que j'exerce. Elle devrait contribuer au développement de relations harmonieuses avec ma famille élargie et mes voisins. Cette vénération pour Dieu devrait régir ma façon de vivre comme citoyen de cette grande communauté humaine. Elle devrait façonner ma vision de moimême et mes attentes envers les autres. Cette vénération pour Dieu devrait m'aider à me relever dans les moments de découragement les plus sombres et être la source de mes célébrations les plus enthousiastes. Elle devrait me rendre plus conscient de mes propres péchés et faire en sorte que je sois davantage attristé de leur présence dans ma vie. En même temps, elle devrait me rendre plus indulgent à l'égard des faiblesses des autres. Elle devrait me donner le courage que je n'aurais pas eu autrement et de la sagesse pour connaître mes limites. La vénération pour Dieu est conçue pour régir tous les domaines de mon existence.

Mais ce n'est pas tout. Cette vénération pour Dieu doit gouverner mon ministère, puisque l'un des principaux dons missionnels de l'Évangile de JésusChrist consiste à redonner aux gens leur émerveillement spirituel. Une personne qui ne vénère pas Dieu dans sa vie de tous les jours est profondément désavantagée. Elle est désorientée et déploie de grands efforts inutiles sans même le savoir. Ainsi, le danger spirituel consiste à remplacer l'admiration pour Dieu par l'admiration centrée sur soi. Si vous ne vivez pas pour Dieu, vous vivez donc en définitive pour vousmême. Par conséquent, l'Église doit tout mettre en œuvre pour que Dieu l'utilise afin d'aider les gens à revenir à l'ultime raison pour laquelle ils ont été créés : vénérer Dieu d'une manière puissante, joyeuse et fidèle. Voilà le ministère fondamental du corps de Christ.

Ainsi, toute personne qui prépare un sermon doit faire preuve de vénération pour Dieu dans son étude. Chaque sermon doit être empreint d'admiration et avoir pour but d'inspirer l'émerveillement auprès des auditeurs. Les croyants qui travaillent auprès des enfants doivent chercher à susciter chez eux un émerveillement transformateur concernant Dieu. Ceux qui servent auprès des jeunes doivent viser plus que le divertissement : ils doivent faire tout ce qui est possible pour aider ces adolescents à voir la gloire de Dieu et à la définir comme leur raison de vivre. Le ministère auprès des femmes doit leur fournir plus qu'une plateforme pour la communion fraternelle et pour faire de l'artisanat. Les femmes ont besoin d'être délivrées d'elles-mêmes et de la myriade d'intérêts égoïstes qui assaillent leur cœur. La vénération pour Dieu engendre une telle délivrance. Pour exercer un ministère efficace auprès des hommes, on doit reconnaître la torpeur qui envahit le cœur de bon nombre d'entre eux par rapport aux réalités spirituelles. Il faut les conduire à prendre pleinement conscience de leur vraie identité. Ils ont été créés pour vivre et diriger humblement tout en étant animés d'un zèle pour la gloire de Dieu plutôt que pour leur propre gloire. La mission et l'évangélisation doivent être régies par l'émerveillement. Souvenezvous : Paul déclare que c'est la raison d'être de la croix. Il affirme que Jésus est venu pour que « les vivants ne vivent plus pour euxmêmes, mais pour celui qui est mort et ressuscité pour eux » (2 Corinthiens 5.15).

La vénération pour Dieu empêche l'Église de dévier de sa voie et de se laisser distraire par les nombreux projets qui peuvent détourner son attention. Elle redonne à la théologie la place qui lui revient : elle est bien sûr cruciale, mais toute théologie devient dangereuse si elle ne nous pousse pas à nous émerveiller au sujet de Dieu. Cette vénération pour Dieu nous empêche également de donner aux stratégies du ministère une attention démesurée. Certes, nos efforts visent à bien diriger l'Église. Toutefois, notre confiance ne repose pas sur nos stratégies, mais sur le Dieu de gloire qui est à la tête de l'Église. La vénération pour Dieu contribue à maintenir un juste équilibre dans l'importance accordée à l'expérience et aux dons dans le ministère. Ces derniers n'offrent aucun secours, aucune puissance transformatrice, s'ils ne sont pas prodigués par la grâce glorieuse du Dieu que nous servons. Il n'y a donc pas lieu de nous enorgueillir. La vénération pour Dieu nous aide à attribuer un rôle approprié à notre musique et à notre liturgie. En effet, nous devons aspirer à conduire le peuple de Dieu dans une adoration biblique et engageante. Or, sans la présence merveilleuse du Saint-Esprit, nous n'avons aucune puissance pour interpeller les cœurs. C'est lui qui motive les gens et qui permet la réalisation de tout ce que nous souhaitons accomplir. La vénération pour Dieu nous incite à attacher une importance raisonnable à nos propriétés et à nos immeubles. La manière de construire, d'entretenir et d'utiliser un bâtiment revêt une certaine importance, mais les bâtiments n'ont jamais appelé ou justifié quiconque. Dieu seul dans sa grâce souveraine et magnifique en est capable. La vénération pour Dieu redonne à l'histoire et aux traditions la place qui leur convient. Nous devons bien sûr être reconnaissants pour les actions de Dieu dans le passé et chercher à retenir les exemples qui expriment véritablement ce qu'il considère comme important. Cependant, ce n'est pas sur notre histoire que nous nous appuyons, mais sur le Dieu de gloire, qui demeure le même hier, aujourd'hui et à jamais!

Notre génération doit s'engager à faire tout ce qui est possible pour communiquer l'émerveillement pour l'œuvre et la gloire de Dieu à la prochaine génération, afin que cette dernière soit délivrée et inspirée par une gloire qui surpasse toutes celles dont elle se serait contentée autrement.

Or, il est très difficile de prêcher et d'exercer le ministère de cette façon si la lassitude a produit un aveuglement qui vous a dérobé tout émerveillement pour Dieu. Dans la pratique du ministère, il est très difficile de donner aux autres ce que nous n'avons pas nousmêmes (c'est là un thème central de ce livre). Votre ministère est toujours à l'image de ce qui domine concrètement votre cœur, et ce, beaucoup plus que vous l'imaginez. Si c'est d'abord l'expérience fascinante de l'estime et du respect des autres qui vous motive, vous exercerez inconsciemment votre ministère de façon à obtenir ce respect. Si votre cœur est gouverné par le sentiment de puissance que vous ressentez lorsque vous maîtrisez les gens et les situations, votre ministère sera teinté de ce but de dominer. Si votre cœur est régi davantage par la crainte des hommes que par la crainte de Dieu, vous élèverez des murs de protection autour de vous et de votre ministère et creuserez un fossé entre votre personnage public et votre vie privée. Si la justesse de votre théologie fait vibrer votre cœur plus que ne le fait la connaissance de Dieu, point de mire de toute cette théologie, vous veillerez avec ardeur sur la théologie, mais vous ne saurez veiller sur les âmes accablées de soucis. Si votre cœur est dominé par l'envie du ministère attrayant des autres, le vôtre sera empreint d'une insatisfaction débilitante quant aux circonstances de votre appel.

Ce ne sont pas uniquement vos dons, vos connaissances, vos aptitudes et votre expérience qui influencent votre façon d'exercer votre ministère. La véritable condition de votre cœur est aussi déterminante. C'est pourquoi il est important de reconnaître que le ministère de l'Église locale est une grande guerre de gloire. Toutes les circonstances et les relations associées à votre ministère sont le champ de bataille où se déroule une véritable guerre pour déterminer quelle gloire aura raison de votre cœur et façonnera votre ministère. Cette guerre oppose l'émerveillement que Dieu suscite en vous et toutes les choses passionnantes que Dieu a créées autour de vous. Votre vie et votre ministère seront captivés soit par l'émerveillement que Dieu inspire, soit par une sorte de fascination relativement à ce qu'il a créé. N'oubliez pas que tout élément glorieux de la création a reçu cette mesure de gloire de son créateur. Ainsi, ces choses créées, à la manière d'une boussole, vous orientent vers la seule gloire qui devrait dominer votre cœur : Dieu lui-même.

Bon nombre de pasteurs deviennent insensibles ou mal à l'aise en ce qui a trait à leur émerveillement. D'autres supportent carrément qu'on le leur vole. De nombreux pasteurs regardent la gloire, mais ne la discernent plus. Plusieurs travaillent d'arrachepied parce qu'ils ne savent que faire d'autre. Bon nombre d'entre eux prêchent un Évangile monotone et sans inspiration : on peut même s'étonner que si peu de gens s'endorment en les écoutant... Bon nombre de pasteurs ont plus de facilité à défendre des arguments pointus de doctrine qu'à inspirer un émerveillement spirituel. Plusieurs sont davantage motivés par leur nouvelle vision concernant le ministère ou par la nouvelle étape à franchir dans leur plan stratégique que par la gloire éblouissante du Dieu qui, dans sa grâce infinie, touche les cœurs brisés par le péché. Certaines vaines gloires exercent une plus grande influence sur leur façon d'accomplir le ministère que la réalité merveilleuse de la présence de Dieu. Ils tirent plus de satisfaction du fait d'avoir raison, du succès qu'ils connaissent, du pouvoir qu'ils détiennent, de l'estime qu'ils gagnent et de la sécurité qu'ils ressentent que de la souveraineté, la puissance et l'amour de Dieu. Bon nombre de pasteurs n'éprouvent plus d'admiration pour Dieu et, soit ils l'ignorent, soit ils ne savent pas comment parvenir à l'exciter de nouveau.

LE FRUIT CONCRET QUE PROCURE L'ÉMERVEILLEMENT POUR DIEU DANS LE MINISTÈRE

L'émerveillement pour Dieu peut produire dans le cœur du pasteur des répercussions essentielles à un ministère efficace et productif qui honore Dieu. Quelles sont-elles? En voici la liste.

1) L'HUMILITÉ

Pour nous remettre à notre place, corriger notre vision déformée de nous-mêmes, nous dépouiller de notre arrogance et de notre sentiment de supériorité, rien de tel que de s'approcher avec toute notre vulnérabilité devant la majesté glorieuse de Dieu.

Je me trouve nu devant sa gloire. Aucune autre gloire ne peut alors me couvrir ni couvrir quiconque. Aussi longtemps que je chercherai à me comparer aux autres, je trouverai toujours quelqu'un dont l'existence misérable semblera rehausser ma propre justice. Par contre, quand je compare les haillons souillés de ma justice à la robe éternellement pure et sans tache de la justice de Dieu, je cherche à m'enfuir pour cacher la honte qui me crève le cœur.

C'est exactement ce que rapporte Ésaïe. Devant le magnifique trône de Dieu, il s'écrie : « Malheur à moi! Je suis perdu, car je suis un homme dont les lèvres sont impures, j'habite au milieu d'un peuple dont les lèvres sont impures, et mes yeux ont vu le Roi, l'Éternel des armées » (Ésaïe 6.5). Le style d'Ésaïe est dépourvu d'emphases cérémonieuses. Il ne cherche pas à s'attirer les faveurs de Dieu en feignant l'humilité. Non. Seule la lumière de la gloire et de la sainteté éblouissantes de Dieu nous donne une vision juste de nous-mêmes et de la profondeur de notre besoin. Seule la grâce glorieuse de Dieu peut nous accorder une telle délivrance.

En cours de route, trop de pasteurs ont oublié leur identité. Ils ont une vision disproportionnée, déformée, et grandiose d'eux-mêmes qui les rend inaccessibles. Cette vision leur permet de justifier leurs pensées, leurs désirs, leurs paroles et leurs actions qui bibliquement sont inexcusables. Je me suis trouvé dans cette situation et j'y retombe parfois. J'ai alors besoin d'être sauvé de moi-même. Une trop grande fascination pour vous-même produit des résultats désastreux. Vous devenez un dictateur ecclésiastique imbu de lui-même, contrôlant, enclin au jugement et entêté. Vous êtes peut-être doué pour vous convaincre que tout ce que vous faites est accompli pour la gloire de Dieu. Cependant, en agissant ainsi, vous bâtissez inconsciemment un royaume sur lequel vous serez seul maître.

2) LA TENDRESSE

Seul l'émerveillement devant Dieu peut produire dans mon cœur l'humilité : une prise de conscience de mon péché et de mon besoin vital de la grâce. L'humilité engendre une tendresse pastorale pour les autres qui tout comme moi, manifestent par leur conduite leur besoin de cette grâce. Une personne profondément persuadée qu'elle a besoin de la grâce et qui la reçoit de Christ est aussi en mesure de l'accorder mieux que quiconque. Cette tendresse fait de moi un homme humble, patient, compréhensif, rempli de grâce et d'espoir en face du péché des autres. Et ce, sans jamais compromettre le saint appel que j'ai reçu de Dieu. La tendresse m'empêche d'émettre ce genre de remarques meurtrières : « Comment as-tu pu faire une chose pareille? C'est tout de même inouï! » « Je n'aurais jamais pu imaginer que... » Ces observations désobligeantes expriment le fait que je me crois différent des personnes dont je suis appelé à prendre soin. Il est difficile de présenter l'Évangile à des personnes que je regarde de haut ou envers qui je n'éprouve aucune estime, aucun respect. La tendresse qui émane de l'émerveillement m'empêche de devenir un accusateur en face du péché des autres et d'exiger de la loi ce que seule la grâce peut accomplir. La tendresse me motive à être un instrument de cette grâce.

3) LA PASSION

La vaste étendue de la gloire de Dieu me donne une raison de me lever le matin et d'exercer avec enthousiasme, courage et confiance les dons que j'ai reçus selon mon appel. Peu importe ce qui va ou ne va pas dans mon ministère, peu importe les difficultés ou les combats que je vis. La joie que j'éprouve n'est pas conditionnée par les circonstances ou les relations. Elles ne déterminent pas la direction qu'emprunte mon cœur. Je suis un fils élu et un serviteur recruté par le Roi des rois et le Seigneur des seigneurs. Voilà une raison de me réjouir! Ce grand Créateur souverain et victorieux règne à jamais : il est mon Père, mon Sauveur et mon patron. Il est toujours fidèle, toujours proche. Qu'importe l'accueil qu'on me réserve! Ma passion pour le ministère découle du fait que j'ai bel et bien été accueilli par lui. Mon enthousiasme ne provient pas de l'estime des autres, mais de l'opinion favorable de celui qui m'a envoyé. Mon ministère n'est sans doute pas aussi brillant que je l'aurais souhaité, mais c'est la gloire éternelle et immuable de Dieu qui constitue la source de mon vibrant amour. Par conséquent, je prêche, j'enseigne, je conseille, je dirige et je sers avec une passion pour l'Évangile qui inspire et motive de la même manière ceux qui m'entourent.

4) L'ASSURANCE

Il ne faut pas confondre l'assurance, ce sentiment intérieur de bien-être et d'aisance à exercer le ministère, et la confiance en soi. L'assurance me vient d'une connaissance de celui que je sers. C'est en lui que je trouve la confiance et l'aptitude. Il ne m'appellera jamais à accomplir une tâche sans m'en donner la capacité. Il éprouve plus de zèle pour le bien-être de son Église que je ne pourrai jamais en avoir. Personne ne souhaite plus vivement que j'emploie mes dons que celui qui me les a donnés. Personne n'a plus de zèle pour sa gloire qu'il en a lui-même. Il est toujours présent et bienveillant. Il est omnipotent et omniscient. Son amour est sans limites et sa grâce est glorieuse. Il ne change pas et il demeure toujours fidèle. Sa Parole ne cessera jamais d'être véritable. Sa puissance, qui le rend capable de sauver, ne s'épuisera jamais. Son règne ne prendra jamais fin. Personne n'est plus grand que lui, personne ne peut le vaincre. Je peux donc m'acquitter de ma tâche avec assurance : non pas à cause de qui je suis, mais parce qu'il est mon Père et qu'il est glorieux dans toutes ses voies.

5) LA DISCIPLINE

Tout ministère comporte des jours moins glorieux que d'autres. Les attentes naïves que vous entreteniez au sujet du ministère révèlent...

votre naïveté. La réussite du ministère et l'estime de votre entourage ne suffiront pas toujours à vous tirer du lit pour répondre à votre appel avec discipline. À certains moments, votre travail semblera porter peu de fruits : vous perdrez tout espoir de voir un changement se produire à court terme. Vous vous sentirez parfois trahi. Et seul. Il est donc essentiel que votre discipline soit fondée sur une perspective plus profonde que la simple vision horizontale des choses. Je suis de plus en plus persuadé dans ma propre vie que cette discipline personnelle solide, essentielle au ministère pastoral, est fondée sur l'adoration. La gloire admirable de l'existence, du caractère, du plan, de la présence, des promesses et de la grâce de Dieu me donnent une raison de persévérer. Je peux travailler sans relâche au milieu des saisons clémentes ou au cœur même de la tempête.

6) LE REPOS

Enfin, où mon cœur trouve-t-il du repos lorsque je fais face à ma faiblesse et à la condition désespérément humaine de l'Église locale? C'est la gloire qui lui donne du repos. J'ai l'assurance que rien n'est trop difficile pour le Dieu que je sers : tout est possible pour lui. Tout comme Abraham, je sais que celui qui a fait les promesses sur lesquelles s'appuie mon ministère est fidèle. Je m'inquiète chaque fois que j'observe ce qui se passe autour de moi. Or, je ne permettrai pas à mon cœur de céder à l'inquiétude ou à la peur. Le Dieu qui m'a envoyé et dont la gloire est inestimable a fait cette promesse : « Je serai avec vous. » Inutile de me raconter des histoires. Inutile de nier ou d'atténuer la réalité afin de me sentir bien dans ma peau : sa gloire remplit mon existence. Je peux donc me reposer, au milieu même de ma faiblesse, quelque part entre le « déjà » et le « pas encore ».

◮   ◮   ◮

COMMENT RETROUVER VOTRE ÉMERVEILLEMENT

Je n'ai aucun plan stratégique à vous proposer. Je vous conseille plutôt de courir dès maintenant et aussi vite que vous le pouvez vers votre Père. Goûtez à sa gloire merveilleuse. Confessez-lui l'offense de votre lassitude. Votre aveuglement vous a voilé sa gloire. Suppliez-le de vous ouvrir les yeux pour apercevoir tout autour de vous la manifestation constante de cette gloire. Soyez déterminé à réserver chaque jour un moment précis pour méditer sur sa gloire. Sollicitez l'aide des autres. Enfin, n'oubliez pas d'être reconnaissant envers Jésus. Il vous offre sa grâce, même dans ces moments où elle ne semble pas aussi précieuse qu'elle devrait l'être à vos yeux.

CHAPITRE NEUF

SECRETS BIEN GARDÉS

« C'est ma façon de me détendre », disait-il pour justifier ses agissements dépourvus de foi. Il se persuadait que son comportement ne nuisait pas à son appel. Il se considérait comme un bon travailleur et selon lui, tout allait bien. Pourtant, c'était loin d'être le cas. Ses nuits blanches s'additionnaient. Il avait pris quinze kilos au cours des dernières années. Chaque soir, il gaspillait des heures précieuses devant le téléviseur ou sur Internet, avide de divertissements populaires. Jamais il n'avait accumulé autant de dettes. Sa femme était témoin de son irritabilité croissante et de la distance qui s'installait entre eux. Il rentrait souvent chez lui accablé et semblait avoir perdu toute sa joie. Ses enfants auraient pu affirmer que même lorsqu'il était présent, il était « ailleurs ». Il appréhendait les réunions et parvenait difficilement à se concentrer pour préparer ses sermons. Il s'enfermait souvent dans son bureau et déléguait de plus en plus de tâches au pasteur associé.

Pourtant, les gens de sa congrégation ne se doutaient de rien. De leur point de vue, il semblait s'acquitter efficacement de ses fonctions. Il présidait aux réunions dont il avait la responsabilité et faisait de son mieux pour assurer le suivi du travail qui aboutissait sur son bureau. Toutefois, quelque chose n'allait pas. Une disparité grandissante s'installait entre sa vie publique et sa vie privée, entre les déclarations de foi qu'il faisait du haut de la chaire et les doutes qui l'envahissaient la plupart du temps. Il gardait au fond de lui ce secret commun à tant de pasteurs. Après tout, il est difficile pour un « homme de foi » d'admettre que c'est la peur et non la foi qui motive la plupart de ses actes.

Ce secret fait probablement partie des mieux gardés au sein du ministère pastoral. En effet, un pasteur peut difficilement avouer aux autres que la peur a pris la place d'une saine confiance dans les vérités de l'Évangile et dans la personne et l'œuvre du Seigneur Jésus-Christ. Il peut être tenté de porter sur ses épaules le bien-être spirituel de l'Église. Une foule de soucis lui dictent ses actions et minent sa joie et sa paix : « Qu'est-ce qui arrivera si jamais…? » De plus, des objectifs irréalistes nuisent à l'efficacité de son ministère et produisent inévitablement un sentiment d'échec avec son cortège d'appréhensions.

Combien de pasteurs n'arrivent plus à trouver le repos de la foi? Combien sommes-nous à nous laisser abattre par un sentiment d'insécurité? À nous demander secrètement où se trouve Dieu et ce qu'il peut bien faire? À nous barricader, déterminés à ne plus nous laisser prendre au piège? À avoir peur d'admettre nos échecs? À garder pour nous-mêmes les phases difficiles que nous traversons dans notre vie de foi? À éviter de prendre position par peur des conséquences? Combien sommes-nous à préférer la fuite aux vérités bien réelles de l'Évangile? À rêver d'un contexte de ministère plus favorable? À priver nos enfants d'un foyer heureux et caractérisé par la grâce parce que nous traînons nos fardeaux à la maison? Combien sommes-nous à exceller dans l'art de dissimuler nos véritables luttes, même à nos proches? À faire des compromis motivés par la crainte des hommes? À avoir permis à certaines personnes d'exercer trop d'influence sur nous? À avoir laissé la crainte nous rendre trop dogmatiques, trop autoritaires ou trop dominateurs? À nous être tus quand nous aurions dû parler ou à nous être empressés de remplir le vide alors que le silence était de mise? Combien sommes-nous à devoir confesser qu'à certains moments, nous sommes davantage gouvernés par la crainte tout court que par la crainte de Dieu? À tenter de trouver un peu de foi dans nos actes qui en sont pourtant dépourvus? Combien sommes-nous à préférer parfois l'approbation des autres et la validation de notre leadership à la direction que Dieu donne par sa Parole? Combien sommes-nous à capituler devant la peur du rejet? Combien sommes-nous à refuser de déléguer les ministères essentiels de l'Église par manque de confiance? Combien sommes-nous à être réticents à l'idée qu'on évalue le degré des peurs qui nous assaillent et nous motivent? Combien?

QUELQUES PENSÉES AU SUJET DE LA CRAINTE

1) DANS UN MONDE DÉCHU, LA CRAINTE EST LÉGITIME.

Par notre désobéissance, nous nous sommes détournés du plan initial de Dieu et notre monde subit maintenant les conséquences de la chute. Les mauvaises herbes qui envahissent notre jardin, la violence dont est imprégné le tissu urbain, la corruption d'un politicien ou la mort d'un être cher sont des rappels constants des effets dévastateurs du péché. Les endroits où nous vivons et pratiquons nos ministères sont des lieux dangereux où tout peut arriver. Notre salut et notre appel ne nous immunisent pas automatiquement contre la déchéance de ce monde. Notre vie et notre ministère seront d'une part affectés et d'autre part façonnés par elle. Nous serons confrontés à des situations difficiles : la conjoncture économique défavorable, l'adultère d'un ancien de l'Église, la maladie inattendue ou toute autre forme d'épreuves.

En conséquence, il serait absurde de vivre dans un tel contexte sans ressentir de la peur, du moins au sens responsable du terme. La foi biblique n'implique pas la négation de ces dures réalités. Certaines d'entre elles nous feront réfléchir, d'autres nous causeront du chagrin et d'autres encore exigeront une réponse rapide de notre part à cause des risques élevés qu'elles comportent. La crainte peut s'avérer une émotion saine et biblique. Par contre, nous devons veiller à ne pas nous laisser dominer par elle. L'instruction contenue dans le verset 8 du Psaume 37 est très utile à ce sujet : « Ne t'irrite pas, ce serait mal faire. » Si nous laissons l'incrédulité nous envahir, nous nous embourberons dans nos propres soucis : cela ne fera qu'aggraver la situation. Nous finissons par regretter les décisions que nous prenons sous l'effet de la panique.

2) DANS NOS RELATIONS AVEC DES PERSONNES IMPARFAITES, LA CRAINTE EST LÉGITIME.

Toute personne que nous aidons ou avec qui nous travaillons est un être humain faillible qui aura toujours besoin de la rédemption. Personne n'a un cœur entièrement pur et n'est complètement affranchi de pensées, de désirs ou de motifs impurs. Tout bien considéré, qui a en toutes occasions le sens de l'à-propos? Qui prend toujours des décisions judicieuses? Qui est constamment animé de nobles intentions? Qui est en tout temps dénué d'égoïsme ou d'orgueil dans ses actions? Qui est entièrement intègre? Qui demeurera toujours loyal? Pour toutes ces raisons, les relations au sein du corps de Christ sont complexes et imprévisibles. C'est le lieu où nous vivons les joies les plus gratifiantes, mais aussi les douleurs les plus déchirantes. La Bible nous rappelle la nécessité de cultiver une crainte saine et responsable relativement aux effets du péché en nous : luttes de pouvoir, partisanerie concernant certaines doctrines, attitudes critiques et paroles acerbes, manifestations égocentriques, trahison et ultimement, les divisions. Leurs conséquences nuisent considérablement au corps de Christ.

3) LA CRAINTE PEUT ÊTRE UNE ÉMOTION APPROPRIÉE ET VOULUE PAR DIEU.

La crainte que Dieu approuve est celle qui incite à la vigilance. Nous devons protéger les personnes dont nous sommes responsables contre les dangers réels du mal à la fois extérieur et intérieur. La meilleure façon de vivre dans un monde qui soupire dans l'attente de la rédemption est d'user de prudence, de revêtir les armes spirituelles du chrétien et de s'opposer farouchement au péché, sans oublier de s'approprier le repos de la grâce que Jésus nous offre en abondance.

4) LA CRAINTE PEUT ÊTRE SYNONYME DE DÉSOBÉISSANCE ET DE DANGER.

La crainte peut nous terrasser, fausser notre raisonnement et nous ravir nos désirs les plus nobles. Elle peut détourner notre attention de l'appel de Dieu pour notre vie et la centrer sur l'opinion des autres. La crainte conduit à court terme à prendre de mauvaises décisions et, à long terme, à ne jamais prendre les bonnes. La crainte peut nous faire oublier ce que nous savons et nous faire perdre de vue qui nous sommes. Elle donne l'illusion que nous maîtrisons parfaitement la situation : bien sûr, c'est une erreur de perception. Elle peut nous faire douter de personnes qui sont pourtant dignes de confiance. Elle nous rend exigeants plutôt que serviables. Elle nous incite à fuir alors que nous devrions rester, et vice versa. Dieu nous semble alors plus petit que nos circonstances. La crainte nous amène à rechercher auprès des autres ce que Dieu seul peut donner. Elle est le foyer qui alimente nos questionnements les plus profonds et nos plus grands doutes. Nous avons été créés pour la crainte juste, celle qui est dirigée vers Dieu. Si nous laissons nos peurs horizontales nous dominer, elles finiront par détruire notre vie et notre ministère.

5) SEULE LA CRAINTE JUSTE PEUT VAINCRE LES AUTRES CRAINTES.

La véritable solution réside dans notre vénération envers Dieu. Seule la crainte de Dieu libère la puissance spirituelle capable d'annihiler toutes les craintes terrestres qui assaillent notre cœur. Seule une crainte plus grande peut remettre à leur juste place nos craintes concernant les relations et les circonstances. N'est-ce pas, entre autres, ce que les Proverbes nous enseignent quand il est écrit que « le début de la sagesse, c'est la crainte de l'Éternel » (9.10)? Se laisser emporter par tout ce que la crainte suscite en nous produit un mode de vie insensé, instable et contre-productif. Une vie centrée sur l'apaisement de nos craintes ne mène jamais à une vie sans crainte. Cela ne peut que nous rendre plus captifs de la peur, plus attentifs à ses effets sur nous. Ultimement, nous deviendrons plus craintifs que jamais. Le remède consiste à prendre de plus en plus conscience de la dimension infinie de Dieu comparativement à celle de nos circonstances : c'est ainsi que nous serons affranchis de la peur et de son emprise sur nous. La crainte de Dieu nous permet de faire face aux réalités de la vie avec sagesse, stabilité et paix. Elle nous permet aussi d'évaluer ces défis à la lumière de la toute-puissance de Dieu. Ainsi, la seule crainte glorieuse, libératrice et inspirante qui soit est celle qui est dirigée vers le Dieu qui règne sur toutes choses (incluant celles que nous redoutons le plus). La véritable adoration de Dieu est l'antidote qui peut guérir le cœur dominé par la peur.

QUATRE CRAINTES DÉBILITANTES POUR LE PASTEUR

1) LA CRAINTE DE SOI

Peu de choses vous révéleront la profondeur de votre péché, de votre immaturité, de votre faiblesse et de votre incompétence avec autant d'acuité que peut le faire le ministère. Rien ne peut contribuer à vous humilier autant que l'exercice du ministère. Il exposera vos faiblesses.

On attendra beaucoup de vous et vous serez constamment observé à la loupe. Le ministère produira en vous de profonds sentiments d'inaptitude. Vous serez amené à douter de vous-même. Le ministère comporte une grande tentation : celle de vous laisser distraire par la crainte de vous-même. Cette dernière vous ferait beaucoup de mal.

Dieu trouve Gédéon en train de battre du froment dans un pressoir parce qu'il avait peur des Madianites. Il salue cet homme craintif avec l'une des salutations les plus ironiques de la Bible : « L'Éternel est avec toi vaillant héros! » (Juges 6.12). Gédéon répond à peu près ceci : « Eh bien, si tu es avec nous, pourquoi est-ce que toutes ces mauvaises choses nous arrivent? » Dieu dit : « Je t'ai choisi pour sauver Israël des Madianites. » Gédéon lui répond : « Tu t'es sans doute trompé d'adresse. Je suis du clan le plus faible d'Israël et je suis la personne la plus faible de la maison de mon père. Ce n'est sans doute pas à moi que l'appel s'adresse. » Enfin, Dieu lui dit : « Je suis avec toi. »

La réaction de Dieu devant la crainte de Gédéon est très encourageante. Il n'a pas cherché à lui donner plus d'aplomb, ni à lui donner l'illusion qu'il était en mesure d'accomplir la tâche. Non, Dieu n'a pas agi ainsi. Le problème de Gédéon n'était pas sa crainte de ne pas être à la hauteur : c'était d'abord un problème de vénération. Gédéon ne craignait pas Dieu au point de dire : « Dieu est avec moi et il est capable. » Gédéon était donc terrifié à l'idée de conduire Israël où que ce soit.

C'est au cours de mon ministère pastoral à Scranton, en Pennsylvanie, que toute l'étendue de mon immaturité et de ma faiblesse s'est manifestée : souvent en public et de manière embarrassante. Je croyais être si bien préparé. J'avais très bien réussi au séminaire et j'étais prêt à affronter le monde. Toutefois, Dieu m'a appelé à un endroit très difficile où les gens vivaient de profondes souffrances. Il a utilisé ces circonstances pour me délivrer de mon orgueil et de mon autosuffisance afin que je trouve mon espoir en lui seul. J'étais blessé, déçu, fatigué, dépassé, fâché et un peu amer. Je croyais que Dieu m'avait tendu un piège et que les gens ne me traitaient pas avec suffisamment d'égard. Je souhaitais tout simplement m'enfuir. Puisque j'avais un diplôme en éducation, j'ai songé à m'installer ailleurs pour diriger une école chrétienne. Loin de cette ville! J'ai exprimé au conseil mon intention de partir. Ils m'ont prié de rester, mais j'étais déterminé. Le dimanche suivant, j'ai donc annoncé mon départ à l'assemblée et j'ai ressenti temporairement un sentiment de soulagement. Toutefois, les gens de ma petite congrégation ne partageaient pas ce soulagement : après le culte j'ai eu plusieurs conversations avec bon nombre d'entre eux. Je me suis dirigé vers la sortie beaucoup plus tard que je le faisais d'habitude.

L'homme le plus âgé de l'Église m'y attendait : « Paul, m'a-t-il dit, nous savons que tu es un peu immature et que tu as besoin de grandir. Nous savons que tu as des faiblesses. Mais comment l'Église peut-elle grandir si les pasteurs immatures s'en vont? » J'étais sidéré. Comme si Dieu avait cloué mes chaussures au vestibule. Je savais qu'il avait raison et que je ne pouvais pas partir. Au cours des mois qui suivirent, j'ai commencé à apprendre comment exercer mon ministère dans la faiblesse, mais aussi avec une vénération pour Dieu qui rassure et encourage. J'apprends aujourd'hui encore comment vivre dans un tel état d'émerveillement. Par conséquent, ma peur de moi-même disparaît peu à peu.

2) LA CRAINTE DES AUTRES

La plupart des gens que vous servirez auront de l'estime pour vous et vous encourageront de leur mieux, mais pas tous. Certains vous « aimeront et auront un plan merveilleux pour votre vie »! D'autres se feront un devoir d'être les critiques de votre prédication ou de votre direction. Certains seront loyaux et vous appuieront alors que d'autres agiront de manière à saboter votre leadership pastoral. Certains se donneront tout entiers au ministère dans un esprit d'abnégation et de service, alors que d'autres se plaindront de la façon dont on les sert. Certains vous aborderont avec un amour sincère et d'autres succomberont à la tentation de médire de vous. Certains s'empresseront de s'engager dans l'Église alors que d'autres adopteront une mentalité de consommateurs. Certains établiront facilement des liens avec vous alors que les relations seront beaucoup plus difficiles avec d'autres.

Vous serez toujours entouré de personnes dans la pratique de votre ministère : vous prendrez soin d'elles et elles serviront à vos côtés. Il est donc essentiel que les personnes occupent la place appropriée dans votre cœur. D'une part, ne laissez pas la crainte vous priver du point de vue des autres ou vous empêcher de déléguer certaines responsabilités. D'autre part, ne permettez à personne de donner le ton au ministère auquel Dieu vous a appelé et de l'orienter dans la mauvaise direction. Vous ne pouvez exercer votre ministère à l'écart des autres. Pas plus que vous ne devez porter attention à l'opinion des autres au point de ne plus être en mesure de diriger.

Puisque les personnes dont vous prendrez soin et qui serviront à vos côtés luttent encore toutes avec le péché, les relations et le ministère comporteront certains problèmes. Les gens vous blesseront et nuiront à votre ministère. Ils se montreront trop exigeants envers vous. D'autres réagiront mal. En outre, une poignée d'individus, ceux qui ont de l'influence et qui savent se faire entendre, occuperont une place disproportionnée dans vos pensées et vos motifs. Ils exerceront une influence démesurée sur vous et sur la pratique de votre ministère. Au lieu de travailler pour la gloire de Dieu, vous serez tenté de travailler pour obtenir leur approbation. Ou alors vous emploierez votre temps à les désamorcer et à exposer leurs œuvres au grand jour. Dans les deux cas, votre ministère sera corrompu par une peur typiquement humaine : la crainte des hommes.

La crainte des hommes peut distraire ou ralentir le ministère. Elle est dépeinte de manière saisissante dans Galates 2.11-14. Non seulement Pierre avait-il opté pour un compromis, mais il avait aussi abandonné le ministère envers les païens auquel Dieu l'avait appelé (voir Actes 10), parce qu'il craignait « le parti de la circoncision ». Paul a reproché à Pierre son comportement qui n'était « pas droit selon la vérité de l'Évangile ». C'est pour cette raison qu'il l'a repris. Souvent, le ministère est déstabilisé par des actions, des réactions et des décisions qui sont enracinées non pas dans la crainte de Dieu, mais dans la crainte de l'homme. Cette dernière nuit considérablement à l'œuvre de l'Évangile et cause la chute de plusieurs. Combien de fois sommes-nous tentés d'agir de façon incohérente avec ce que nous affirmons croire ? À quel point la crainte des hommes définit-elle le programme de nos Églises? Nous devons toujours faire preuve d'humilité et d'ouverture en réfléchissant à ces questions.

J'aimerais pouvoir affirmer que je suis libéré de cette crainte, mais je ne le suis pas. Et vous? À certains moments, je me suis surpris à penser, alors que je préparais un sermon, que cet argument particulier l'emporterait finalement sur un de mes détracteurs. Dans de telles occasions, ma prédication n'était pas façonnée par un zèle pour la gloire de Dieu, mais par l'espoir qu'on verrait enfin ma gloire grâce à mes paroles. Je comprends qu'il s'agit d'une guerre continuelle dont l'enjeu est la domination de mon cœur et pour laquelle j'ai reçu une grâce puissante et constante.

3) LA CRAINTE DES CIRCONSTANCES

Vous n'êtes pas l'auteur de votre propre histoire. Par conséquent, le scénario de votre vie et de votre ministère comporte une bonne part de circonstances imprévisibles. Dans ce monde de l'inattendu, vous êtes sans cesse témoin d'une divergence apparente entre la nature et les promesses de Dieu, d'un côté, et les imprévus qui surviennent sur votre route, de l'autre. À l'intersection où se croisent les promesses et la réalité, vous devez veiller avec soin à protéger votre esprit. Vous devez être très discipliné quant aux méditations sur lesquelles vous choisissez de vous attarder.

Par exemple, Dieu avait dit à Abraham que ses descendants seraient comme le sable au bord de la mer et celui-ci a fondé sa vie sur cette promesse. Or, selon toutes probabilités, Sara, sa femme, aurait dû avoir plusieurs grossesses au cours de sa jeunesse. Mais cela ne s'est pas produit. Durant toutes les années où Sara aurait été en âge de porter des enfants, elle a été incapable de concevoir. Elle et Abraham étaient vieux désormais. Beaucoup trop vieux pour envisager sérieusement qu'ils recevraient la bénédiction du fils promis. Le vieil Abraham voyait l'écart se creuser entre la promesse de Dieu et la réalité de ses circonstances. Ce qui se passe dans votre esprit quand vous vous trouvez à l'intersection entre les promesses de Dieu et les détails de votre situation est primordial. À ce carrefour, Dieu ne vous demandera jamais de nier la réalité. Comme Paul l'exprime au chapitre 4 de Romains,

Abraham « pensa à (…) Sara, sa femme, qui était stérile » (verset 19, version Parole de vie). De toute évidence, Abraham n'a pas nié la réalité.

Toutefois, ce passage révèle autre chose : Abraham n'a pas perdu son temps à ressasser les divers aspects de ses circonstances. Il les a plutôt considérées à la lumière de sa méditation sur Dieu. Par conséquent, sa foi a été fortifiée. Ses circonstances n'avaient pourtant pas changé. L'attente devient souvent la chronique d'une foi qui faiblit chez bon nombre de personnes engagées dans le ministère. Le fait de méditer sur les circonstances produit tout simplement de la stupéfaction par rapport aux circonstances. Elles semblent prendre de l'ampleur alors que nous nous sentons de plus en plus petits. Notre vision de Dieu s'embrouille peu à peu. En revanche, si vous méditez sur le Seigneur, sa présence, sa puissance, sa fidélité et sa grâce vous émerveilleront. La situation semblera moins importante et votre assurance grandira, même si rien ne paraît changer. Les circonstances ont-elles encombré votre méditation? Votre foi a-t-elle faibli? Ou les yeux de votre cœur sont-ils plutôt rivés sur un Dieu qui est infiniment plus grand que tout ce que vous devez affronter?

4) LA CRAINTE DE L'AVENIR

L'épreuve qui consiste à ne pas savoir sera toujours présente votre vie et votre ministère : vous êtes appelé à croire que Dieu dirigera et pourvoira, et à lui obéir. Nous ignorons tous ce que l'instant qui suit nous réserve et encore plus ce qui se passera dans un mois ou dans un an. Notre sécurité ne dépend jamais de nos efforts à trouver des solutions ou à déceler le dessein secret de Dieu. La volonté cachée de Dieu est appelée « volonté cachée » précisément parce qu'elle est cachée! Cependant, parce que nous sommes des êtres humains rationnels, nous désirons tout savoir et tout gérer d'avance. Plus nous nous concentrons sur l'avenir, plus nous cédons à la crainte de l'avenir et plus nous sommes désorientés et découragés dans l'instant présent.

Il est difficile de ne pas savoir. Nous aimerions tant savoir si cet ancien succombera ou non à la tentation de causer des divisions. Si les finances de l'Église seront un jour renflouées. Si cette nouvelle série de prédications sera bien reçue. Si ces jeunes missionnaires parviendront à s'adapter à leur nouvel environnement. Si vous obtiendrez les permis nécessaires pour construire cette nouvelle salle de culte. La réalité, c'est que nous avons du mal à composer avec l'avenir parce que nous avons du mal à faire confiance à Dieu. Celui en qui nous affirmons croire connaît tout de l'avenir parce qu'il en gouverne tous les aspects. Notre crainte de l'avenir révèle notre difficulté à croire en lui et à nous appuyer sur sa direction et sur ses tendres soins devant l'inconnu. La vénération pour Dieu est le seul moyen d'être libéré de la crainte de l'avenir. Lorsque ma foi en Dieu est plus grande que la peur de l'inconnu, je suis en mesure de me reposer, même si j'ignore ce qui m'attend. Pasteur, portez-vous le fardeau de l'avenir sur vos épaules, avec tous les questionnements et les inquiétudes qu'il comporte? Ou vous concentrez-vous sur la tâche présente en confiant l'avenir entre les mains du Dieu tout-puissant? À quel point êtes-vous hanté par les pronostics? De quelle manière faites-vous face à l'inconnu : Vous semble-t-il invitant ou redoutable? La présence et les promesses de Dieu calment-elles vos questions demeurées sans réponses en ce qui a trait à l'avenir?

▲   ▲   ▲

QUE FAIRE MAINTENANT?

La crainte est un combat que tous sont appelés à livrer dans le ministère. Étant donné que nous avons tous tendance à souffrir d'amnésie spirituelle à certains moments, que nous vivons tous dans un monde déchu et que nous n'avons pas écrit notre propre histoire, le danger de céder à la crainte est bel et bien réel. Tout le monde risque d'y succomber un jour ou l'autre. Nous nous égarons tous à l'occasion. L'inquiétude et l'appréhension ont parfois plus d'influence sur le ministère que la foi. Nous vivons tous des moments où nos faiblesses nous accablent et où les circonstances nous paralysent. Nous expérimentons tous le désir de dominer quand nous sommes gouvernés par la crainte. À certains moments la crainte nous réduit au silence alors que nous devrions parler et nous fait ouvrir la bouche alors que nous devrions nous taire. Elle nous fait parfois faire des choses que nous ne devrions pas faire ou nous empêche de faire ce que nous avons à faire. Il est donc essentiel de réfléchir à notre réaction face à la crainte. Voici quatre suggestions :

1) RECONNAISSEZ HUMBLEMENT VOTRE CRAINTE.

Le déni ne parviendra jamais à vaincre la crainte. Je sais qu'il est difficile pour ceux qui sont appelés à vivre par la foi et à diriger les autres dans la foi d'admettre que leur réaction est parfois le résultat direct d'un manque de foi. Reconnaissez votre crainte et courez vers la seule personne capable de la vaincre. Admettez que vous oubliez parfois sa présence et sa gloire. Confessez ces domaines où vous abordez une situation comme si Dieu n'existait pas. Reconnaissez le fait que vous préférez parfois la commodité à sa gloire. Avouez qu'il y a des moments où les hommes vous impressionnent plus que lui. En même temps, appuyez-vous sur l'assurance qu'il vous accepte et vous pardonne. Il vous accorde puissance et délivrance : sa grâce atteste qu'un jour la crainte ne sera plus.

2) CONFESSEZ CES DOMAINES OÙ LA CRAINTE A ENGENDRÉ DE MAUVAISES DÉCISIONS ET DES RÉACTIONS INAPPROPRIÉES.

Admettez qu'à certains moments la crainte horizontale a remplacé la contemplation verticale, cédant la place à la duplicité, au favoritisme et au compromis. Confessez ces moments où vous n'avez pas vécu avec courage l'Évangile auquel vous affirmez croire. Confessez-vous aux personnes contre qui, par crainte, vous avez péché par le silence, la médisance, l'abus de pouvoir, la tromperie, l'idolâtrie, etc. Enfin, demandez à Dieu de vous donner des yeux pour voir les domaines où vous êtes enclins à céder à la crainte et où votre foi doit grandir.

3) VEILLEZ À VOUS CONCENTRER SUR LES BONNES CHOSES.

Le ministère de l'Église locale comporte tant de lourds fardeaux qui peuvent absorber votre attention. Tant d'inquiétudes qui peuvent vous préoccuper. Tant de relations complexes, de conversations inachevées, de péchés non confessés, de projets à terminer, de dénouements encore inconnus. La vie dans le ministère se déroule toujours intensément et concrètement quelque part entre le « déjà » et le « pas encore ».

Il est donc essentiel d'être en tout temps conscient de ce qui retient notre attention. Qu'est-ce qui occupe vos pensées en voiture ou dans vos moments de silence? Vivez-vous selon le modèle d'Abraham qui reconnaissait l'existence des problèmes sans toutefois les laisser envahir sa méditation? Dieu occupe-t-il une place si grande dans vos pensées que vous grandissez dans la foi, au milieu même des situations inattendues et difficiles?

4) SOUVENEZ-VOUS DE L'ÉVANGILE.

Il est très souvent impossible pour les autres de savoir à quoi vous pensez. Vous devez donc vous engager à vous prêcher l'Évangile à vous-mêmes durant ces moments où personne ne peut interrompre votre monologue intérieur. Votre Évangile ne doit pas se fonder sur votre intelligence et vos habiletés, mais sur le Dieu grand et glorieux dans toutes ses voies : sa grâce a inondé votre vie et votre ministère. Votre Évangile ne doit pas s'appuyer sur le fait que vous serez toujours vainqueur, mais sur la justice de Jésus-Christ. Votre Évangile ne doit pas puiser sa motivation dans la réussite, le respect et l'acclamation des hommes, mais dans la grâce abondante que vous n'auriez jamais pu mériter. Souvenez-vous constamment qu'il n'y a pas d'abîme dans la vie ou dans le ministère qui soit trop profond pour Jésus. Lorsqu'à l'insu de tous, ce genre de sermon personnel s'impose, vous devez vous exhorter au repos et à la foi.

▲   ▲   ▲

Que la grâce vous encourage à exercer un ministère qui soit façonné par une foi vivante, et non par la longue liste des craintes qui persisteront à nous assaillir tous d'ici à ce que nous soyons enfin arrivés à la maison.

CHAPITRE DIX

LA MÉDIOCRITÉ

Il est sorti à la hâte d'un dîner rencontre avec les responsables de son Église à la suite d'une conférence. Il était pressé, car il n'avait pas encore préparé son sermon pour le lendemain et il était déjà 14 h 30. Il a mentionné quelques courses à faire après quoi il rentrerait pour souper avec sa famille. Par la suite, il s'enfermerait dans son bureau au cours de la soirée pour essayer de préparer sa prédication pour le lendemain. Peu importe ce que le reste de la journée lui réservait, le temps qu'il allait parvenir à consacrer à la composition de son sermon, et la manière dont allait se dérouler sa préparation : il allait devoir prêcher le lendemain qu'il se sente prêt ou non à livrer son message.

Je me suis alors demandé combien de pasteurs se trouvaient dans cette même situation et avaient adopté les mêmes habitudes dans leur ministère. Combien d'entre eux s'y prennent à la dernière minute pour composer un sermon? Combien ne prennent pas le temps nécessaire pour s'assurer d'être bien outillés pour transmettre le message qui doit être communiqué? Combien d'Églises dans le monde sont tout simplement mal nourries par des pasteurs mal préparés? Combien de sermons ne sont en fait que des répétitions monotones de commentaires favoris, ou ne sont guère plus qu'un exposé médiocre de leçons théologiques impersonnelles?

Je connais déjà la réponse. J'ai donné des conférences dans des centaines d'Églises partout dans le monde et j'ai maintes et maintes fois été témoin de ce phénomène de la préparation des samedis après-midi. Cela me rend fort triste et me met en colère. Pas étonnant que les gens manquent d'enthousiasme en ce qui concerne l'Évangile. Pas étonnant que le dimanche matin ne présente aucun attrait particulier et qu'ils cessent de croire que la Bible s'adresse à eux et traite de leurs luttes quotidiennes. Pas étonnant qu'ils doutent que les pasteurs puissent sincèrement compatir à leur situation ou comprendre les questions qui les hantent. Les bancs de tant d'Églises sont occupés par des personnes à l'esprit errant et au cœur désormais indifférent. Pas étonnant qu'elles soient assises là le dimanche matin, et qu'elles aient du mal à chasser de leur esprit les problèmes rencontrés au cours de la semaine précédente ou les responsabilités du lendemain.

Cette tolérance de la médiocrité du dimanche matin m'inquiète beaucoup. Je suis persuadé qu'il ne s'agit pas d'un problème d'horaire ou de paresse : c'est plutôt un problème d'ordre théologique. À vrai dire, les standards que nous attribuons à notre vie et à notre ministère sont directement reliés à notre vision de Dieu. Nourrissons-nous notre âme de la grâce et de la gloire de Dieu tous les jours? Sommes-nous incités à l'adoration et à la contemplation devant sa sagesse et sa puissance? Sa fidélité et son amour suscitent-ils en nous un émerveillement spirituel? Sa présence et ses promesses nous motivent-elles au quotidien? Si tel est le cas, nous chercherons à tout mettre en œuvre pour connaître la gloire de Dieu et pour la proclamer à ceux que Dieu nous a confiés. Nous sommes appelés en tant que pasteurs à faire connaître la gloire de Dieu à la prochaine génération. Il est toutefois impossible de le faire sans être soi-même émerveillé devant la gloire de Dieu.

Or, il s'agit d'un enjeu important. On pourrait affirmer que tout culte d'adoration est en fin de compte une guerre de gloire. La grande question est celle-ci : quelle gloire aura raison du cœur de cette assemblée? Sera-ce la seule gloire véritablement glorieuse ou les vaines gloires de ce monde? En tant que pasteur, je veux faire tout mon possible pour être utilisé par Dieu afin de saisir le cœur de tous ces gens réunis. Je veux qu'ils puissent connaître la gloire de Dieu par sa grâce libératrice, sa sagesse révélatrice, son amour porteur d'espérance, la présence vivifiante de son esprit, sa souveraineté apaisante et le salut en son Fils. Mais je sais que c'est un combat. Je m'adresse à des personnes dont le cœur est inconstant et facilement distrait. Je sais que je parle à des personnes qui sont séduites par d'autres gloires. Je parle à des personnes qui sont exposées à la lumière de Dieu tous les jours, mais qui restent pourtant aveugles à sa splendeur.

Je sais que je m'adresse à la femme célibataire qui est tombée sous le charme d'un certain jeune homme qui saura, elle l'espère, lui procurer la joie dont elle a tant rêvé. Devant moi est assis l'adolescent qui ne peut concevoir d'autres moments de gloire que ceux qu'il expérimente sur Facebook, sur Twitter et dans son jeu vidéo Portal2. Dans l'assemblée se trouve un homme dans la cinquantaine dont le cœur est rongé par le désir de retrouver d'une certaine manière la gloire de sa jeunesse. Une femme mariée est assise là à se demander si elle connaîtra un jour la gloire de vivre le mariage de ses rêves, celui qu'elle envie tant chez les autres. Un homme parmi la foule sait qu'il nourrit presque quotidiennement son âme des gloires sombres et difformes de la pornographie et qu'il est passé maître dans l'art d'éviter tous sujets reliés aux choses spirituelles. Certains auditeurs sont plus enthousiasmés par l'acquisition de nouveaux vêtements, d'une nouvelle maison, d'une nouvelle voiture, d'un nouveau fusil, d'une nouvelle pelouse, par l'ouverture d'un nouveau restaurant, la découverte d'un nouveau site de vacances ou l'obtention d'une nouvelle promotion que par la bonne nouvelle de l'Évangile de Jésus-Christ.

Parmi ceux qui se sont réunis pour adorer, certains sont distraits par la tristesse, la colère, le découragement, la solitude, l'envie, la frustration ou le désespoir. Ils ont été déçus par les gloires qu'ils ont avidement recherchées pour trouver un sens à leur vie, pour parvenir à leur but et pour goûter au bonheur intérieur. Ces gloires se sont avérées plus éphémères qu'ils l'avaient imaginé. Elles sont plus illusoires qu'elles le semblaient. Elles leur ont glissé entre les doigts comme du vent. Et même si elles étaient fascinantes, elles n'ont pas réellement comblé leur cœur. L'engouement a été de courte durée et la satisfaction vaine. Par conséquent, ces personnes sont assises là, hantées par un sentiment de vide, blessées, en colère et perplexes.

Ainsi, ces gens viennent adorer au milieu d'une guerre qu'ils ne reconnaissent sans doute pas et dont l'enjeu est l'allégeance et l'adoration de leur cœur. D'une façon qui leur échappe sans doute, ils ont maintes et maintes fois tenté d'obtenir de la création ce que seul le Créateur peut accorder. Ils se sont obstinés à chercher horizontalement ce qui ne se trouve que verticalement. Ils ont demandé aux personnes, aux situations, aux expériences et aux endroits d'être ce qu'ils ne pourront jamais être : leur sauveur. Ils se sont tournés vers ces choses pour obtenir la vie, la sécurité, l'identité et l'espoir. Ils ont demandé à ces choses de guérir leur cœur brisé et de faire d'eux de meilleures personnes. Ainsi, une guerre fait rage et des soldats blessés sont assis devant vous. C'est une guerre de gloire, un combat pour déterminer quelle gloire dominera leur cœur et dictera leurs choix, leurs paroles et leurs comportements.

De plus, il existe bel et bien un ennemi qui emploie le mensonge, la séduction et la tromperie pour nous distraire. Il fera tout ce qu'il peut pour détourner notre cœur de la gloire pour laquelle nous avons été créés : la gloire de Dieu. Par conséquent, il est noble et saint cet appel qui consiste à regagner les cœurs errants de ces soldats meurtris et épuisés par la guerre.

Pour d'autres, la marche avec ce Dieu de gloire est loin d'avoir été glorieuse. Ils s'attendaient à vivre la joie et la bénédiction, mais n'ont connu que la douleur, la tristesse et les épreuves. Il leur semble de plus en plus difficile de croire que Dieu est proche, qu'il entend, qu'il prend soin de nous, qu'il utilise sa puissance pour le bien de ses enfants, qu'il est fidèle, sage, aimant, bienveillant, gracieux et patient. Ces gens se sentent abandonnés. Ils se sentent punis. Ils sont tentés de conclure qu'au fond, ce qu'ils ont appris était faux. Ils s'interrogent au sujet des souffrances qui leur sont imposées et que les autres ne semblent pas connaître. Ils se demandent pourquoi rien ne semble se produire lorsqu'ils prient. Ils ont cessé de lire la Bible puisqu'ils n'en retirent apparemment rien d'utile et ils trouvent que les chants du dimanche matin reflètent une réalité très différente de celle qu'ils vivent. Dans leur petit groupe, ils ne parlent plus des requêtes de prière qu'ils ont maintes fois répétées, car cette confession les amène à se sentir minables. Ils ont l'impression que la gloire qui leur a été présentée est inaccessible et ils ne savent pas comment y réagir. Par conséquent, sans s'en rendre compte, ils se sont mis à offrir leur cœur à d'autres gloires, dans l'espoir d'y trouver une certaine satisfaction.

Pasteur, vous avez été appelé à être l'ambassadeur de la gloire auprès de ces personnes désillusionnées et à délivrer de leur torpeur ceux qui ont perdu leur émerveillement. Vous êtes appelé à représenter le Dieu de gloire auprès de gens qui, à cause de la souffrance et du découragement, ont adopté une attitude cynique par rapport à la gloire. Vous êtes appelé à être la voix de Dieu qui les attirera à nouveau à lui. Dieu vous a placé sur leur chemin pour leur procurer la délivrance, la guérison et la restauration. Vous êtes appelé à dissiper la confusion qui règne dans leur esprit par la clarté et l'autorité de l'Évangile, à redonner de l'espoir à ceux qui ont perdu espoir. Vous êtes appelé à faire connaître des vérités libératrices à ceux qui ont été trompés. Vous êtes appelé à implorer les enfants rebelles de se réconcilier à nouveau avec leur Père céleste. Vous êtes appelé à stimuler une motivation glorieuse chez ceux qui ont abandonné. Vous avez été appelé à faire en sorte que la lumière de la gloire de Dieu inonde le cœur terni de ceux qui ont cherché la vie aux mauvais endroits. Vous êtes appelé à offrir les gloires bienfaisantes de la grâce à ceux qui ressentent le vide et la faim spirituelle. Vous êtes appelé à représenter un Roi glorieux, le seul qui soit capable de les sauver, de les soigner, de les transformer, de leur pardonner, de les délivrer et de les satisfaire. Vous avez été appelé.

LA GLOIRE DE DIEU, NOTRE EXCELLENCE

Si vous êtes rempli d'admiration devant la gloire de Dieu, il n'y aura pas de place dans votre cœur pour la médiocrité pastorale : celle qui tolère une préparation bâclée et la communication inefficace du message. À ce propos, je crois que nous devrions tous nous étonner du degré de médiocrité dont nous nous contentons dans la vie et le ministère de l'Église locale. Bien sûr, nous devons laisser de l'espace aux gens pour qu'ils puissent grandir sans être écrasés par la critique. Je parle plutôt de ces domaines où nous manquons de rigueur, domaines où nous pourrions et devrions faire beaucoup mieux. Je suis convaincu que si la vénération envers Dieu ne domine dans nos cœurs, cet émerveillement ne paraîtra pas dans notre préparation et dans la réalisation des choses que Dieu nous appelle à accomplir dans le ministère.

La médiocrité n'est pas un problème de temps, de ressources ou de lieu. La médiocrité est un problème du cœur. Nous avons abandonné notre engagement à atteindre les plus hauts niveaux d'excellence parce que nous avons perdu notre émerveillement. L'absence d'émerveillement ouvre la porte à la médiocrité. La vénération pour Dieu produit la crainte. Elle nous inspire, nous motive, nous convainc et nous pousse à nous engager encore davantage. Rien ne peut la remplacer dans la direction de l'Église de Jésus-Christ. Révérer Dieu nous protège de nous-mêmes et exige de notre part beaucoup plus que ce que nous attendons de nous-mêmes. La vénération pour Dieu nous rappelle que ce n'est pas de nous qu'il est question. C'est elle qui nous garde vigilants lorsqu'il semblerait si commode de se relâcher.

À vrai dire, le fait de révérer Dieu nous rappelle que Dieu est si glorieux qu'il est impossible, à titre d'ambassadeurs de Dieu, d'avoir des standards trop élevés dans le ministère. Il ne s'agit pas de bâtiments luxueux et bien meublés. Je parle plutôt d'un engagement ferme à faire tout en notre pouvoir pour répandre la gloire de sa présence et de sa grâce chaque fois que son peuple est réuni. Ainsi, nous serons émerveillés et comblés par sa grâce à un point tel que nous serons remplis de zèle pour la démontrer à ceux qui nous sont confiés. Or, ce zèle ne peut s'obtenir d'aucune autre façon. Le simple fait d'accomplir son devoir, de respecter ses engagements ou d'effectuer les choses machinalement et sans conviction pour faire bonne figure ne suffit pas. À titre d'ambassadeurs du Roi de toute gloire, nous expérimentons l'adoration dans tout ce que nous faisons, et ce, en tout temps. La crainte respectueuse de Dieu nous pousse à éviter de faire quoi que ce soit qui puisse ternir, diminuer ou profaner cette gloire. En tant que pasteur, vous avez été saisi par la gloire de Dieu et vous servez d'instrument pour saisir le cœur des autres.

Par conséquent, ce ne sont pas uniquement nos connaissances, nos aptitudes et notre expérience qui influencent notre façon d'exercer le ministère. De toute évidence, c'est beaucoup plus profond que cela. La condition véritable de notre cœur y est également pour quelque chose : celui qui révère le Dieu de gloire d'un cœur pur, transformé, enthousiaste et incliné vers Dieu connaîtra l'excellence dans le ministère. En effet, l'excellence est une relation. Un seul est réellement et parfaitement excellent. Lui seul exprime l'excellence dans sa plénitude et de lui seul dépend la vraie définition de l'excellence et de ce qu'elle accomplit. Celui qui incarne l'excellence est venu vers nous dans sa grâce, lorsque nous étions éloignés de l'excellence et, par sa grâce, il nous a offert la promesse de devenir participants de sa nature divine.

Dieu nous a alors associés à ses plans et à ses buts, qui sont bien plus élevés, plus grandioses et plus glorieux que tout ce que nous aurions pu souhaiter pour nous-mêmes. Par sa grâce, il renouvelle nos pensées et nos désirs. Il ouvre nos yeux à sa gloire. Il nous ouvre la porte de son royaume. En plus de nous pardonner et de nous accepter par sa grâce, il nous transforme radicalement. Ainsi, notre relation avec lui nourrit notre espérance d'être, un jour, excellents à ses yeux et de faire ce qui est excellent sous ses yeux, et c'est en lui que ces choses s'accomplissent. De plus, il nous appelle et nous aide à manifester son excellence et l'excellence de sa grâce. Seule cette excellence a la puissance de nous délivrer de la fausse excellence à laquelle aspire l'orgueil de l'homme et de la médiocrité qui survient lorsque nous sommes indifférents à notre condition actuelle et à celle du monde.

C'est uniquement par la grâce que j'ai été rattaché à ce qui est véritablement et pleinement excellent. Lorsque je contemple cette réalité, je souhaite devenir l'ambassadeur de cette excellence. Je souhaite également que les autres connaissent la grâce excellente qui me libère de moi-même et qui peut aussi les libérer. Par conséquent, je m'engage à tout mettre en œuvre pour que la gloire de cette excellence soit manifestée dans le cadre de mon ministère. C'est donc avec le plus grand sérieux que je répondrai à mon appel à être l'ambassadeur du Dieu de gloire et je serai émerveillé par mon appel à manifester sa grâce. Aussi, je me fixerai des standards élevés dans tous les aspects du ministère qui m'a été confié. Qu'il s'agisse de mon service auprès des enfants, des jeunes, des hommes ou des femmes. Qu'il soit exercé dans les petits groupes ou dans les équipes d'évangélisation. Qu'il évolue dans le cadre de la formation de leaders, des missions à court terme, des cultes d'adoration publique ou lors de la prédication. Je voudrai que chaque ministère de l'Église soit exercé dans l'excellence afin qu'ils expriment tous fidèlement l'excellence de Celui qui nous appelle des ténèbres vers son admirable lumière.

Ainsi, nous nous engagerons à nous soumettre aux disciplines qui libèrent le plus possible le ministère du chaos et de la médiocrité dans cette période du « déjà, mais pas encore ». C'est d'abord envers nous-mêmes que nous devons nous engager à adresser le message de l'Évangile, en nous rappelant notre besoin constant d'être sauvés de nous-mêmes et des standards minables auxquels le péché nous attire. Prenons garde de ne pas nous laisser tenter de préférer le compromis et la commodité à ce qui est excellent aux yeux de Dieu. Aussi, souvenons-nous constamment de l'abondance de la grâce que Dieu déverse sur nous pour affronter les luttes du présent.

En outre, nous ferons tout pour promouvoir l'unité fondée sur l'amour et la compréhension mutuelle. Nous savons que nous sommes pécheurs et que nous péchons les uns contre les autres. Il y aura des moments où nous serons déçus, blessés, incompris et jugés à tort. Nous serons égoïstes, dominateurs, présomptueux et capricieux. Nous exigerons parfois les uns des autres ce que nous avons déjà reçu en Christ seul. C'est donc avec humilité et amour que nous allons nous résoudre à être d'un abord facile et à avoir le courage d'être honnêtes les uns avec les autres. Nous nous engagerons à admettre nos torts et à être prompts à pardonner. Aussi, nous célébrerons ensemble la grâce à l'aide de laquelle les pécheurs parviennent à vivre et à œuvrer aux côtés d'autres pécheurs dans un contexte d'unité et d'amour.

De plus, nous nous engagerons à faire preuve de discipline et à nous préparer adéquatement afin d'être en mesure de bien exécuter ce que nous avons été appelés à faire. Il sera impossible d'exercer un ministère d'ambassadeur qui vise l'excellence si ces disciplines ne sont pas inculquées dans votre congrégation. Si vous oubliez qui vous êtes, votre ministère sera caractérisé par la vanité qui consiste à étaler avec complaisance vos propres qualités plutôt qu'à exalter la gloire du Sauveur. C'est au milieu de vos faiblesses que ce Sauveur continue à se révéler à vous. Si vous ne vous engagez pas à aimer la communauté évangélique, vous exercerez votre ministère dans la frustration et le découragement. Vous manifesterez la gloire de Dieu de façon purement platonique, sans en faire ressortir la force vitale et transformatrice. Aussi, si vous ne vous astreignez pas à la discipline nécessaire pour bien vous préparer, vous conduirez inadéquatement les gens de la congrégation qui ont une vision erronée de Dieu. Au lieu de leur faire découvrir les vrais attributs de Dieu et de les aider à placer leur espérance en lui, vous ne contribuerez qu'à les en détourner encore davantage.

LA PRÉDICATION ET LE DIEU QUI EST EXCELLENT

Examinons de plus près un domaine où la médiocrité est consternante dans l'Église : la prédication. Dans le cadre du ministère que Dieu m'a confié, je suis appelé à enseigner dans plusieurs Églises partout dans le monde. Souvent, je ne suis pas en mesure de rentrer à la maison le samedi. Par conséquent, environ quarante dimanches par année, j'assiste au culte d'adoration dans une Église différente quelque part dans le monde (lorsque je ne suis pas moi-même appelé à prêcher, bien sûr). Or, une situation m'afflige et m'exaspère. L'affirmation suivante m'attirera sans doute des ennuis, mais je suis convaincu qu'elle est nécessaire. J'en ai assez d'entendre des sermons monotones et mal préparés lus par des pasteurs sans inspiration qui, au nom de la prédication biblique, prêchent des sermons qui n'inspirent personne. En un sens, le processus n'a rien de biblique, ni d'une prédication! Rien d'étonnant à ce que les esprits vagabondent. Rien d'étonnant au fait que les gens aient du mal à rester attentifs et éveillés. Je suis plutôt surpris de constater que la plupart ne s'endorment pas! En effet, la personne qui enseigne se présente devant eux sans avoir revêtu les armes appropriées pour combattre avec et pour eux au cours de cette guerre spirituelle, car voilà bien ce qu'est la prédication.

La prédication, c'est plus que le rabâchage de votre commentaire d'exégèse préféré. C'est plus qu'une répétition de sermons prononcés par vos prédicateurs favoris. C'est plus qu'une révision des notes de l'un de vos cours préférés au séminaire. Prêcher la Parole, c'est communiquer les vérités transformatrices de l'Évangile à partir d'un passage biblique bien compris, mis en application de façon pertinente, et transmis avec la douceur et la passion viscérales d'une personne qui a été brisée et restaurée par ces mêmes vérités. Il est absolument impossible d'y parvenir sans une préparation, une méditation, une confession et une adoration adéquates.

N'attendez pas le samedi après-midi pour commencer à penser à un passage biblique pour votre sermon. Il serait alors tout à fait impossible d'y accorder le niveau d'attention nécessaire pour bien le comprendre. Comment ce passage pourrait-il vous transformer en si peu de temps de sorte que vous soyez prêt à l'enseigner aux autres d'une façon compréhensible et accessible qui contribuera également à leur transformation? En tant que pasteurs, nous devons combattre pour la sainteté de la prédication, sans quoi personne ne le fera. Dans nos descriptions de tâches, exigeons le temps qui est nécessaire à une préparation adéquate. Nous devons trouver du temps dans notre horaire pour faire tout ce qui est nécessaire, en fonction de nos dons et de notre maturité, pour être prêts à servir de porte-parole pour notre Sauveur et notre Roi. Évitons de devenir indifférents à des habitudes qui dénigrent la prédication et qui minent notre capacité à bien représenter le Dieu de gloire dont la grâce est également glorieuse. Gardons-nous d'être trop occupés et trop distraits. Rejetons les standards médiocres pour nous-mêmes et pour ceux que nous servons. Évitons de sombrer dans la complaisance et de devenir nonchalants, car la prédication nécessite une préparation soignée. Prenons la ferme décision de faire tout notre possible pour être suffisamment préparés avant chaque prédication. Ne perdons pas de vue Celui qui est excellent et la grâce excellente que nous sommes appelés à représenter. Évitons de ternir sa splendeur et sa grâce et de les présenter comme si elles étaient banales, simplement à cause d'un manque de préparation.

La culture et la discipline qui s'appliquent à notre prédication révèlent toujours la véritable nature de notre cœur. C'est précisément dans ce domaine que la confession et la repentance doivent s'exercer. Nous ne pouvons attribuer nos manquements à notre description de tâche, à nos diverses occupations, aux imprévus qui surgissent dans l'horaire de tout pasteur et aux exigences familiales. Nous devons confesser humblement que notre prédication est médiocre, qu'elle n'est pas à la hauteur des standards auxquels nous avons été appelés et par conséquent, que la faute nous revient. Le problème, c'est que nous avons perdu notre émerveillement et, ce faisant, nous nous sommes contentés de représenter l'excellence de Dieu d'une façon qui est loin d'être excellente. La médiocrité dans le ministère, quelle que soit sa forme, est toujours une question de cœur. Si vous vous reconnaissez dans cette description, courez vers votre Sauveur pour le confesser. Saisissez la grâce qui a la puissance de vous délivrer de vous-mêmes et par le fait même, de vous faire retrouver votre émerveillement.

Il est important de comprendre deux éléments essentiels de la prédication efficace : chacun d'eux exige une discipline associée à la préparation qui lui est propre. Le premier, c'est le contenu de la prédication. Prêcher consiste à faire l'exégèse des vérités de l'Évangile en suivant les règles de la juste interprétation, afin de bien comprendre ces vérités telles qu'elles sont présentées dans un passage particulier des Écritures. Cet aspect de la préparation ne peut être bâclé. On ne peut passer à la deuxième étape de l'organisation sans d'abord avoir compris le but et le contenu de l'Évangile présents dans le passage en question. De plus, il faut comprendre que si le prédicateur n'est pas en mesure d'appliquer de façon pratique les vérités du passage à sa propre vie et à celle de ceux à qui il les prêche, il n'a pas encore pleinement maîtrisé le passage. Le processus d'exégèse ne se limite pas à la compréhension. Il nécessite également une mise en application. Il ne s'agit pas simplement de dire : « Voilà ce que signifie ce passage. » Il faut également ajouter : « Voilà comment vivre à la lumière de ce que ces vérités signifient. »

Selon mon expérience, l'exégèse qui permet à un pasteur de mettre en application ce qu'il a appris d'un passage ne se fait pas en un instant : c'est un processus. Il faut vivre avec le passage, l'emporter partout avec soi et imbiber son âme de ses eaux nourrissantes et désaltérantes. Je ne peux parvenir à un tel résultat simplement après quelques heures. J'ai besoin de temps pour méditer sur le passage afin que l'Esprit travaille en moi et qu'à travers moi, il puisse toucher le cœur des autres. Certains se sentiront sans doute offusqués, mais je dirai tout de même ce que j'ai à dire. Si vous commencez à réfléchir au contenu de votre prédication tard le samedi soir, vous n'êtes pas en mesure de prêcher sur ce sujet le dimanche. Il est peu probable que vous ayez bien compris l'immense portée des gloires inhérentes à l'Évangile dans le passage et qu'elles aient eu le temps de toucher votre cœur. Je doute que vous soyez prêt à communiquer ces vérités de façon intéressante et pratique pour vos auditeurs.

À vrai dire, à cette heure tardive, vous vous contenterez d'un aperçu superficiel du passage et vous appellerez cela un sermon. Vous piraterez sans doute le travail d'autres personnes même si vous n'en êtes pas conscient et vous serez difficilement en mesure de transmettre adéquatement les exhortations et les encouragements mis en parallèle dans l'Évangile de Jésus-Christ. Puisque vous n'avez pas pris le temps nécessaire pour vous préparer, vous prêcherez des réflexions théologiques et des bribes impersonnelles de doctrine dissociées de l'Évangile de la grâce. Vous communiquerez des idées, mais vous ne prêcherez pas avec puissance le Christ qui est glorieux et manifestement présent dans tous les passages que vous serez appelés à prêcher. Vous consentirez à offrir aux gens un système de rédemption (de la théologie et des règles), mais vous ne les aiderez pas à trouver leur secours auprès du Rédempteur et à placer leur espoir en lui. Ainsi, ils penseront grandir en maturité parce qu'ils grandissent en compréhension théologique, mais votre prédication ne les interpellera pas et ne les mènera pas à la croix de Jésus-Christ. Rappelons-nous toujours que la théologie de la Parole de Dieu n'est pas une fin en soi. C'est un moyen pour parvenir à une fin qui consiste en une vie profondément transformée par la grâce de Dieu.

Or, la prédication comporte un deuxième aspect essentiel. Pour prêcher, il ne s'agit pas simplement d'avoir un contenu soigneusement élaboré. La prédication, c'est aussi une question de communication. Vous devez méditer, prier, lutter et travailler d'arrache-pied sur la façon de communiquer les vérités que vous êtes parvenu à comprendre. Je suis convaincu que nous avons négligé l'aspect de la communication dans la prédication puissante, efficace et transformatrice de l'Évangile. Il ne s'agit pas d'essayer d'être un John Piper ou un Tim Keller. Je parle plutôt de vous engager à faire de votre mieux pour expliquer et mettre en application de façon victorieuse et convaincante les vérités que vous avez découvertes lorsque vous vous êtes attardé au contenu. Vous n'aurez pas le temps de travailler à la communication du message, de songer à une tournure de phrase utile, à une illustration personnelle enrichissante ou à un point pratique de l'Évangile à mettre en application si vous entamez ce processus la veille. Vous serez seulement soulagé d'avoir pris des notes sur le sujet et d'être en mesure de dire quelque chose lorsque viendra le moment de vous lever pour prêcher la Parole. Toutefois, vous vous exprimerez mal, vous ne donnerez pas d'images instructives, vous n'aurez pas de ces doux moments d'ouverture de soi. Vous n'offrirez pas d'éléments clés à mettre en application, des éléments qui seraient particuliers à la culture des personnes présentes. Vous ne leur montrerez pas que chaque vérité révélée dans le passage est un doigt qui pointe vers Christ et vous n'exciterez pas leur soif d'en apprendre davantage. Vous vous êtes avancé à la chaire avec une bonne idée du contenu, mais vous ne l'avez pas encore façonné en sermon.

Je compare la relation entre ces deux aspects de la prédication à la cuisine. J'aime cuisiner. Ainsi, c'est moi qui prépare les repas pour l'Action de grâces et pour Noël. Or, si vous souhaitez offrir à votre famille un repas superbe et mémorable, vous devez commencer par réunir de bons ingrédients. Si vous ne prenez pas le temps de rechercher les meilleurs ingrédients mis à votre disposition, vous n'obtiendrez jamais ce succulent repas de vos rêves. La recherche des meilleurs ingrédients se compare au contenu de la prédication. Une bonne prédication commence par la recherche des ingrédients savoureux du passage qui s'offre à vous. Toutefois, à l'Action de grâces, ce ne sont pas des ingrédients que je sers sur la table. Les ingrédients sont la substance d'un repas, mais ils ne constituent pas le repas en soi. Ils doivent être élaborés en mets attrayants, savoureux, nourrissants et consommables qui ensemble forment le repas. Un morceau de beurre et une bouchée de farine suivie d'une cuillérée de semoule de maïs ne sont pas très appétissants ou digestibles, mais le pain de maïs est délicieux. Même la meilleure des dindes placée crue sur une table ne serait ni attrayante ni comestible. La préparation d'ingrédients de qualité qui composent un festin se compare à l'aspect de la communication dans la prédication.

Je crains que beaucoup de prédicateurs aient la fâcheuse habitude de ne mettre que des ingrédients sur la table. Ce sont peut-être de bons ingrédients, mais malheureusement, ils n'ont pas été préparés pour en faire un repas. Par conséquent, ils ne sont ni attrayants ni comestibles. Si toutes les personnes que je nourris étaient des chefs, je pourrais mettre les ingrédients sur la table pour qu'elles en fassent un repas, mais ce n'est pas le cas. Si tous ceux à qui vous prêchez la Parole sont des pasteurs ou des prédicateurs, vous pourriez mettre les ingrédients de l'Évangile sur la table pour qu'ils en fassent un repas, mais ce n'est pas le cas. Bien sûr, je ne néglige pas la capacité du Saint-Esprit à saisir, à convaincre et à changer les gens par sa Parole. Nous dépendons entièrement de lui tout au long de la prédication et nous ne sommes jamais appelés à faire son travail. Toutefois, le Saint-Esprit nous a confié la mission d'être ses instruments et notre travail consiste à faire tout ce que nous pouvons pour être des instruments efficaces entre ses mains rédemptrices.

En ce qui me concerne, il est impossible d'avoir une réflexion profonde sur les vérités que je souhaite transmettre sur une portion précise des Écritures au cours de la semaine qui précède le jour où je dois prêcher. Une semaine, c'est trop peu de temps pour préparer à la fois le contenu du message et la façon de le communiquer. Je rédige mes prédications à l'avance, peu importe l'endroit où je suis appelé à prêcher. Ainsi, lorsque je prépare le contenu d'un message, il s'agit normalement du message que je prêcherai dans trois ou quatre semaines. Par conséquent, ces vérités ont le temps de mariner dans mon cœur pour que je les comprenne de façon plus profonde et plus pratique. La semaine qui précède la prédication du sermon, je me le prêche à voix haute entre quinze et vingt fois. Ainsi, j'approfondis ma compréhension du passage et je parviens à mieux maîtriser les façons créatives de le communiquer.

À ce propos, je ne prétends pas que ce régime de préparation soit le meilleur pour vous. En revanche, on ne peut pas se satisfaire d'un enchevêtrement d'exégèse mal préparé et énoncé par un pasteur qui n'est pas conscient de sa propre médiocrité parce que son cœur a besoin d'être ressaisi pour redécouvrir avec émerveillement la gloire et la grâce de Dieu. La présence de Dieu dans notre prédication et sa grâce qui nous secourt dans notre faiblesse attestent que nous pouvons faire mieux.

Pasteur, souffrez-vous d'une amnésie de l'émerveillement qui vous entraîne à fixer des standards beaucoup trop médiocres pour celui qui veut prendre son appel d'ambassadeur au sérieux? L'amnésie de l'émerveillement vous a-t-elle mené à vous complaire dans la médiocrité, ce qui est en totale contradiction avec les gloires que vous célébrez? Si c'est le cas, ne vous laissez pas écraser inutilement sous le poids de la honte et de la culpabilité. Courez vers votre Rédempteur. Comptez sur sa grâce glorieuse. Recherchez le pardon et la puissance que lui seul peut donner. De plus, soumettez-vous, par sa grâce, aux disciplines de l'excellence. Ce n'est qu'au fur et à mesure que Dieu vous délivrera de vous-même et vous redonnera votre émerveillement que cela se réalisera.

CHAPITRE ONZE

DÉJÀ, MAIS PAS ENCORE

Comme la plupart des orgueilleux, je n'étais pas conscient de mon propre orgueil. J'estimais que j'étais parvenu au plus haut sommet. Je suis embarrassé de l'admettre aujourd'hui, mais je me voyais comme un diplômé de la grâce. Je n'exerçais pas le ministère parce que j'en éprouvais le besoin. J'avais très bien réussi au séminaire. J'avais implanté une Église dans un endroit très difficile. J'avais fondé une école chrétienne qui croissait rapidement. (En réalité, j'avais fondé cette Église et cette école en collaboration avec d'autres personnes, mais ce n'est pas ainsi que je voyais les choses alors.) On m'invitait à prêcher un peu partout. D'une façon qui me semble maintenant inconcevable, je croyais avoir atteint l'excellence spirituelle. L'aplomb dont je faisais preuve frôlait l'arrogance. Je manifestais souvent de la condescendance pour les personnes envers qui j'exerçais mon ministère et bien sûr, je supposais que j'étais tout à fait différent d'elles. Il est évident que je ne me moquais pas des autres et je ne passais pas non plus mon temps à me vanter de mes réalisations, mais mon ministère était empreint d'une attitude prétentieuse.

J'étais extrêmement impatient et même si je ne le montrais pas, j'étais souvent irrité. J'avais du mal à déléguer certaines tâches du ministère à d'autres. Je voulais tout diriger, même quand ce n'était pas nécessaire et même si cela risquait de nuire à la productivité. J'exprimais mon opinion sur tout. J'agissais comme si les ministères auxquels Dieu m'avait appelé m'appartenaient. Je souhaitais que les gens adhèrent rapidement à mes idées. Mes sermons étaient des leçons plutôt arrogantes : à vrai dire, je les prêchais comme l'ultime vérité au sujet d'un passage biblique. Une fois, j'ai prêché ce que je croyais être le paroxysme des sermons sur l'orgueil. En réalité, c'en était un exemple vivant! Ma prédication et mon enseignement étaient davantage fondés sur la loi que sur l'Évangile. Voilà une caractéristique typique d'une personne qui croit être un gardien de la Loi.

En tant que pasteur, je commettais une grave erreur d'autoévaluation. J'avais adopté une vision erronée et disproportionnée de ma propre maturité spirituelle. Cette vision est très attirante et offre un confort satisfaisant pour un individu qui exerce le ministère. Or, celui qui l'adopte s'expose à un amalgame de tentations. Au lieu de m'examiner dans le miroir fidèle de la Parole de Dieu (le seul endroit où trouver la véritable définition de la maturité spirituelle et une description fiable de notre état spirituel), je regardais ailleurs. Pour définir ma maturité, je me tournais vers mes excellentes notes et les prix que j'avais remportés quand j'étais étudiant. Cette méthode intellectuelle et fondée sur la connaissance est dangereuse lorsqu'elle sert à déterminer la condition spirituelle. Je me tournais vers mes aptitudes à exercer le ministère pour évaluer mon niveau de maturité spirituelle, et j'oubliais le fait que Dieu accorde des dons à qui il veut. Mon expérience et les années passées dans le ministère me donnaient l'impression d'être aguerri et mûr sur le plan spirituel.

Au lieu d'examiner humblement le véritable état des choses que présente le miroir de la Bible et de me voir tel que j'étais, je me regardais dans des miroirs déformants. Or, un miroir déformant vous montre le reflet de *vous-même*, mais de façon déformée. Votre cou ne fait pas vraiment 50 cm de long et votre torse 15 cm de large. En effet, c'est vous que vous voyez dans le miroir concave, mais ce dernier ne reflète pas la réalité. Le fait de chercher à évaluer la réussite de notre ministère comporte des risques. Entre autres, nous risquons de perdre de vue notre état de faiblesse et de dépendance envers Dieu, et de nous croire dans une catégorie différente des autres. Ce danger nous guette tous les jours parce qu'il y a tout autour des miroirs déformants qui peuvent nous renvoyer un portrait déformé de nous-mêmes. De plus, lorsque nous croyons avoir atteint notre apogée, que nous cessons de reconnaître notre propre faiblesse et nos défaites et d'être contrits au sujet de nos péchés, nos décisions ne sont plus guidées par la sagesse. Le fait de reconnaître et de confesser sa faiblesse spirituelle ne constitue aucune menace grave pour le ministère. Dieu a choisi de construire son Église à l'aide d'outils tordus et brisés. Ce sont nos illusions de grandeur qui représentent des obstacles. Elles nous poussent à mettre sur pied des ministères qui ne sont pas centrés sur Christ ni motivés par l'Évangile.

Lorsque j'entends un sermon fondamentalement axé sur la Loi, c'est-à-dire un sermon qui demande à la Loi d'accomplir ce que seule la grâce de Jésus-Christ peut accomplir, je m'inquiète toujours au sujet du prédicateur. Je me demande aussitôt quelle image il peut bien avoir de lui-même. S'il était un tant soit peu conscient de sa propre faiblesse et de son péché, il trouverait peu d'espoir et de réconfort pour lui-même et pour ses auditeurs dans ce type de sermon. À ce sujet, considérons l'exemple des pharisiens. Puisqu'ils se considéraient comme les représentants justes et parfaits de la Loi, ils n'hésitaient pas à écraser les autres en leur imposant des règles impossibles à respecter. Leur utilisation inappropriée de la Loi était non seulement enracinée dans une mauvaise théologie, mais également dans l'odieux orgueil humain. Ils se croyaient capables d'obéir à la Loi. Et puisqu'ils étaient persuadés qu'ils la respectaient, ils pensaient également que les autres n'avaient qu'à se retrousser les manches pour s'y soumettre aussi bien qu'eux. Ils étaient les dirigeants religieux de leur époque, mais ils étaient arrogants, insensibles et imprégnés d'un esprit de jugement. Ils ne jouaient aucun rôle déterminant dans l'œuvre que Dieu accomplissait à leur époque. Au contraire, ils s'y opposaient.

Je crains qu'il y ait beaucoup d'orgueil chez les prédicateurs de nos Églises. Ce même orgueil est présent au séminaire et dans le cœur des leaders d'Églises. L'orgueil est à la base de tous ces conflits relationnels qui déchirent le corps de Christ. D'ailleurs, nous sommes souvent de meilleurs gardiens théologiques que d'humbles et tendres porte-paroles de l'Évangile. L'orgueil est la raison pour laquelle tant de pasteurs semblent si souvent inaccessibles. C'est lui qui nous incite à nous mettre en colère durant nos réunions. Pour cette même raison, nous adoptons une attitude défensive dès que nous rencontrons une opinion divergente ou qu'on souligne l'une de nos fautes.

Nous sommes trop sûrs de nous-mêmes. Nous concluons trop rapidement que tout va bien dans nos vies. Trop souvent, nous nous considérons nous-mêmes comme des héros, ou voyons les autres comme tels. Ainsi, nous nous attribuons le mérite pour ce que la grâce souveraine a accompli. Trop souvent, nous prétendons ne pas avoir les mêmes besoins que les autres croyants. Nous parlons beaucoup et n'écoutons pas suffisamment. Nous devenons susceptibles et considérons toute réaction comme un affront personnel. Nous cessons trop vite d'apprendre et de reconnaître notre besoin fondamental. La communion méditative avec Christ occupe une place insignifiante dans notre emploi du temps. Nous nous assignons avec beaucoup d'assurance plus de travail que nous sommes en mesure d'en accomplir pour le ministère. Nous vivons dans l'isolement et c'est malsain sur le plan spirituel. Pasteur, tout tend à démontrer que vous et moi oublions facilement qui nous sommes et que nous nous laissons définir par des choses qui ne devraient pas nous définir.

Ainsi, même si vous êtes pasteur ou leader dans l'Église, vous êtes toujours sur la voie de la sanctification. Par conséquent, vous n'êtes pas encore entièrement affranchi du péché et des dangers qui s'y rattachent. Vos faiblesses morales vous rendent vulnérable : il peut vous arriver de perdre le nord et ainsi d'inviter le désastre. Vous êtes également capable de faire preuve d'une attitude impie et de sombres désirs. Vous n'êtes pas encore complètement libéré de l'orgueil, de l'avarice, de l'envie, de la colère et de l'amertume. Dans certains domaines, vous êtes idolâtre, puisque vous êtes davantage animé par l'intention de satisfaire vos intérêts personnels que par le désir d'adorer votre Créateur. Exercez-vous toujours votre ministère comme un ambassadeur ? Y a-t-il des moments où vous effectuez votre travail dans le ministère avec l'attitude d'un roi plutôt que celle d'une personne appelée à représenter le Roi ? Aimez-vous toujours Dieu plus que tout et votre prochain plus que vous-même ? Faites-vous toujours preuve de gentillesse et de compassion ? Êtes-vous pas toujours patient et indulgent ? Y a-t-il des moments où vous préférez votre petit royaume au royaume de Dieu, et le confort et le plaisir à la rédemption ? L'orgueil vous amène-t-il parfois à léser votre prochain et à devenir inaccessible ? Y a-t-il des moments où vous souhaitez devenir l'objet ultime de votre

ministère et où le troupeau même que vous êtes appelé à paître vous
irrite? Certaines de vos pensées vous occasionnent-elles de la honte?
Vous n'aimeriez sans doute pas que votre congrégation entende tout ce
que vous dites. Vous faites peut-être certaines choses en privé que vous
ne voudriez pas révéler en public.

En fait, ces choses sont également vraies pour moi. Elles démontrent sans l'ombre d'un doute que nous, qui sommes appelés à exercer
un ministère et à œuvrer auprès des gens, avons aussi désespérément
besoin de l'œuvre de Dieu. Nous, qui proclamons le message de la
grâce, avons aussi profondément besoin de la grâce. Nous n'avons pas
atteint le sommet. Nous n'échappons pas au besoin continuel de la
grâce. Nous ne sommes pas encore à l'abri du danger. Nous ne sommes
pas encore libérés de la tentation. La guerre dont l'enjeu est notre cœur
fait toujours rage. Nous échouons et tombons encore. Nous n'avons
tout simplement pas encore atteint le fil d'arrivée. Cependant, nous
sommes tentés de le croire parce que nous surestimons les qualités
spirituelles de notre cœur.

UN REGARD DANS LES MIROIRS DÉFORMANTS DU MINISTÈRE

Parce que nous sommes tous tentés d'être autosuffisants et de
penser que nous sommes justes par nature, nous sommes également
tentés de croire à une vision exagérée et trop élevée de nous-mêmes.
Comme le déclare Paul, nous avons des « prétentions excessives » (voir
Romains 12.3). Nous voulons que les autres reconnaissent et attestent
notre vertu. Nous voulons tous être valorisés et estimés, et qu'on nous
voit tous comme des personnes justes. Par conséquent, nous sommes
attirés par ce qui semble nous définir comme des hommes mûrs et
pieux. Bref, tous les serviteurs de Dieu sont tentés de s'interroger
devant ces miroirs déformants. Nous sommes tous enclins à nous y fier
pour déterminer qui nous sommes. Souvenez-vous qu'aucun miroir
ne vous renverra une image aussi claire et aussi fiable que celui de la
Parole de Dieu. D'ailleurs, voici quatre de ces miroirs.

1) LE MIROIR DE LA CONNAISSANCE

La connaissance biblique et la compréhension des doctrines sont des éléments très importants. Après tout, Dieu a choisi de placer la plus grande révélation de sa personne et de son plan dans un livre. Vous devez être déterminé à connaître ce livre sous toutes ses facettes. Vous devez accroître et approfondir le plus possible votre compréhension de ses vérités. Vous devez y voir le tissu de la vérité : la façon dont toutes ces vérités sont tissées et interreliées. Vous devez comprendre le déroulement du plan de la rédemption. La connaissance biblique est une chose vitale, essentielle et irremplaçable, mais il ne faut pas la confondre avec la foi véritable ou la maturité spirituelle personnelle. La foi, c'est beaucoup plus qu'un exercice cérébral. La connaissance fait partie de la foi, mais elle ne la définit pas. Ultimement, la foi est un investissement du cœur qui mène à un mode de vie radicalement nouveau. La maturité spirituelle, c'est plus que la maturité intellectuelle. Il est possible d'être mûr dans sa compréhension de la souveraineté de Dieu tout en vivant dans la peur, parce que l'immaturité vous amène à placer votre confiance dans vos propres capacités plutôt que dans les sages conseils de Dieu. Hélas, l'affirmation suivante n'est pas un oxymore : bon nombre de pasteurs connaissent leur théologie, mais sont spirituellement immatures dans leur façon de mener leur vie et d'exercer leur ministère! Votre niveau de connaissance biblique et théologique n'est pas un miroir qui constitue un moyen sûr pour évaluer votre maturité spirituelle.

2) LE MIROIR DE L'EXPÉRIENCE

Plus vous avez exercé longtemps le ministère pastoral, plus vous en connaissez les ficelles et les contrecoups, et plus vous aurez l'impression d'en avoir gravi tous les échelons. Vous n'en êtes plus à vos débuts, vous n'êtes plus un néophyte des rouages du ministère. En réalité, rien ne vous surprend désormais en ce qui a trait à l'Église locale. Vous vous êtes rendu compte que le ministère est une guerre. Vous savez qu'il peut être tantôt décevant, tantôt emballant. Vous aurez des détracteurs aussi bien que des partisans. Vous aurez à braver la tempête pour maintenir un certain équilibre entre le ministère et la vie familiale. Vous savez déjà toutes ces choses. L'œuvre dans l'Église locale est saisonnière. Bien sûr, je ne parle pas de conditions météorologiques, mais plutôt du fait que les pasteurs traversent de bonnes et de mauvaises saisons dans le ministère. Par conséquent, ces années d'expérience vous amèneront à croire que vous êtes parvenus à un stade supérieur de maturité. Toutefois, ce miroir peut refléter une perspective déformée, voire pernicieuse.

En fait, il y a une différence énorme entre la sagesse pratique acquise par l'expérience et la maturité spirituelle. Vous pouvez prédire ce qui arrivera parce que vous en avez vu d'autres, mais il se peut que vous gériez mal la situation à cause de votre manque de maturité. Si l'expérience était la seule marque de la maturité, non seulement nous connaîtrions de nombreuses personnes mûres, mais Jésus n'aurait pas eu à venir dans ce monde. Vous tirez bien des enseignements de l'expérience, mais cette dernière n'a tout simplement pas la puissance de vous rendre saint. Malheureusement, lorsque vous laissez l'expérience déterminer votre niveau de maturité, vous ne faites plus aucun effort, car vous ne ressentez plus le besoin de changer.

3) LE MIROIR DU SUCCÈS DANS LE MINISTÈRE

Bâtir son identité sur la réussite de son ministère est une perspective attrayante. Cependant, le succès d'un ministère dépend de choses beaucoup plus profondes que la clairvoyance du dirigeant, sa planification stratégique, son aptitude à discerner les moments propices, ainsi que sa capacité à former une équipe d'ouvriers et à inculquer une vision du ministère à sa congrégation. Si nos efforts humains ne sont pas soutenus par la puissante grâce de Dieu et accompagnés par le Saint-Esprit, ils resteront vains. Christ seul bâtit son Église. Cette réalité est humiliante, parce qu'elle nous oblige à admettre que nous n'avons pas le moindre pouvoir de changer qui que ce soit. Nous ne sommes pas en mesure de faire avancer le royaume de Dieu. Par conséquent, le succès du ministère en dit toujours plus long à propos du Seigneur que nous servons qu'à propos de nous. La réussite n'est pas un instrument valide pour mesurer notre maturité. En effet, Dieu bénit nos ministères malgré nous en raison de son zèle pour son Église et de son engagement à faire triompher sa gloire.

4) LE MIROIR DE LA CÉLÉBRITÉ DANS LE MINISTÈRE

La célébrité dans le ministère pastoral présente un réel danger. Les personnes qui vous connaissent uniquement par l'intermédiaire de votre personnalité publique, vos livres, vos blogues ou votre voix lorsqu'ils écoutent une conférence ou votre DVD sont tout à fait incapables de vous renvoyer une image juste de vous-même. Vous devez considérer leurs éloges comme bien intentionnés, mais elles ne constituent aucune aide spirituelle réelle, puisqu'elles manquent de précision. Ces gens ne vous ont pas observé dans la vie privée, ils ne connaissent pas votre cœur et n'ont pas interrogé votre entourage. Naturellement, il est tentant de prêter une attention excessive aux affirmations de vos admirateurs et de vous croire à la hauteur, parce que les gens vous traitent comme si vous étiez quelqu'un de spécial. Nous oublions aisément qui nous sommes en réalité. L'acclamation publique est souvent un terreau fertile pour l'orgueil spirituel. Les personnes qui vous estiment, mais qui ne vous connaissent pas du tout, ne sont pas en mesure de juger de votre niveau de maturité spirituelle.

▲ ▲ ▲

Pasteur, vous examinez-vous tous les jours devant le miroir de la Parole de Dieu qui est le seul miroir digne de confiance? Peut-être avez-vous plutôt pris l'habitude de vous regarder dans des miroirs déformants qui vous donneront toujours une vision distordue de votre progression dans la marche spirituelle?

LES DANGERS QUI GUETTENT CELUI QUI CROIT AVOIR ATTEINT LE PLUS HAUT NIVEAU

Je ne le voyais pas à l'époque, mais j'appréciais la célébrité que connaissait mon ministère à ses débuts, dans le nord de la Pennsylvanie. Je dirigeais une petite Église en plein essor et une école chrétienne qui croissait rapidement, et j'y prenais plaisir. Les gens s'extasiaient, car nous récoltions du fruit à un endroit qui en avait porté très peu dans le passé. J'avais l'impression d'être entouré de gens reconnaissants qui prenaient souvent le temps de me remercier. Je ne m'en rendais pas compte alors, mais je m'attribuais une grande part du mérite. J'ignorais à quel point j'étais orgueilleux, jusqu'au jour où un homme a demandé à me rencontrer. J'étais sûr que l'un de mes glorieux sermons avait touché son cœur et qu'il souhaitait en discuter avec moi. Nous nous sommes rencontrés pour souper, mais en fin de compte, nous n'avons rien mangé. Il est vite devenu évident qu'il ne souhaitait pas parler de lui-même : il voulait parler de moi. Il a passé environ deux heures à dresser une liste d'exemples où l'orgueil se manifestait dans ma vie. Il m'a dit qu'il avait l'impression que je pensais que mon travail consistait à avoir « le dernier mot sur tout ».

J'étais anéanti. Je croyais qu'il avait tort et qu'il avait fait preuve d'une attitude désobligeante envers moi. J'ai cependant dû admettre que je venais justement d'être piqué dans mon orgueil. J'ai donc appelé mon frère Tedd pour lui demander ce que je devais faire. Tedd m'a donné le meilleur et le plus difficile des conseils. Il a tout simplement dit : « écoute ». Durant les quelques semaines qui ont suivi, j'ai fait de mon mieux pour m'arrêter, observer et écouter. J'ai alors vu un homme orgueilleux qui, de façons plus ou moins subtiles, s'attribuait le mérite de ce que la grâce seule peut accomplir. J'ai écouté parler un homme qui avait oublié qui il était. J'ai vu un jeune pasteur qui avait déjà commencé à se rengorger de son succès. J'aimerais pouvoir dire que je suis désormais libéré de toutes les illusions que j'entretenais au début de mon ministère. Hélas, ce n'est pas le cas! Il y a des moments où je tire vanité des félicitations d'un auditeur reconnaissant. Parfois, j'adopte une attitude défensive lorsqu'on semble me remettre en question ou m'affronter. À certains moments, je me préoccupe encore trop de moi-même et pas assez de Christ. De toute évidence, je lutte toujours parce qu'il y a encore de l'outrecuidance en moi. Les éloges des autres me donnent parfois l'illusion d'avoir raison de vanter mes mérites. Par conséquent, j'appelle encore à l'aide. J'ai encore besoin d'être délivré de moi-même. Il ne me reste qu'un espoir : la grâce transformatrice de Jésus-Christ.

Si un pasteur a une attitude prétentieuse, quelles habitudes aura-t-il tendance à adopter dans sa vie et dans le ministère? Eh bien, si vous croyez avoir atteint votre apogée :

1) VOUS CROIREZ NE PAS AVOIR BESOIN DES VÉRITÉS QUE VOUS PRÊCHEZ.

Au cours d'une période de questions à la suite d'une conférence, Sinclair Ferguson a déclaré qu'il avait décidé de faire ce qu'il exhortait les autres à faire. La période accordée à la préparation d'un sermon devrait également vous inciter à reconnaître votre besoin constant, à faire appel à l'aide divine et à célébrer la grâce toujours présente et inépuisable. « Je suis un homme dont les lèvres sont impures, j'habite au milieu d'un peuple dont les lèvres sont impures », voilà l'attitude qu'il faut cultiver selon Ésaïe 6.5. Si vous estimez avoir atteint votre apogée, vous préparerez votre matériel avec un sentiment de supériorité pour vous adresser à des personnes qui se trouvent malheureusement dépourvues de ce dont vous n'avez plus besoin. Avez-vous désespérément soif des vérités que vous souhaitez exposer aux autres?

2) VOUS NE SEREZ PAS OUVERT AU MINISTÈRE DU CORPS DE CHRIST.

L'autosuffisance et l'orgueil vont de pair. Lorsque vous vous considérez comme sage, vous ne demandez jamais conseil aux autres. Vous croyez alors être mature et vous n'aurez pas recours à la protection des autres. Si vous vous considérez comme une personne mûre dans la foi, vous ne chercherez pas les encouragements enthousiastes des autres. Si vous n'êtes pas conscient de votre péché, vous ne voyez pas l'intérêt de le confesser à ceux qui peuvent vous donner conseil et vous mettre en garde. Lorsque vous croyez être assez fort pour résister à toute tentation qui vous guette, vous ne demanderez pas le soutien des autres et vous ne vous recommanderez pas à leurs prières. Le fait d'estimer être parvenu au niveau supérieur, que vous en soyez conscients ou non, vous séparera du ministère essentiel, protecteur et sanctifiant du corps de Christ.

3) VOUS EXIGEREZ DES AUTRES LA PERFECTION QUE VOUS CROIREZ AVOIR ATTEINTE.

L'orgueil présente un sol aride où la grâce pastorale ne peut s'épanouir. Les personnes imbues d'elles-mêmes ont tendance à exiger des autres les mêmes vertus qu'elles croient posséder. Au lieu de fournir un terreau favorable dans lequel la grâce de Dieu peut se manifester, l'orgueil est une pépinière d'attentes irréalistes, propice à la critique, à l'impatience et aux jugements sévères. Un grand nombre de responsables d'Églises m'ont confié que leur relation avec leur pasteur principal est davantage caractérisée par la loi que par la grâce (je paraphrase). Lorsque vous croyez respecter la loi, vous êtes tout à fait à l'aise de l'imposer aux autres. Êtes-vous au contraire attristé du fait que vous omettez de vous conformer totalement aux exigences de Dieu tous les jours? Êtes-vous affligé du fait que vous cherchez votre repos dans votre propre justice et non dans celle de Christ? Si c'est le cas, vous prendrez naturellement soin d'accorder aux autres la même grâce dont vous avez si désespérément besoin et que Dieu vous offre dans sa grâce.

4) VOUS VOUS SENTIREZ EN DROIT D'EXERCER UN POUVOIR DE CONTRÔLE PLUS GRAND QUE CELUI DONT VOUS DISPOSEZ.

Si vous êtes éblouis par votre propre sagesse et par votre puissance et que vous cumulez les évidences de votre propre justice, vous ferez sans doute preuve d'une confiance démesurée en vos propres aptitudes à gérer ce que Dieu vous a confié. Puisque vous êtes convaincu d'être sage et puissant, il est naturel de vous estimer en droit d'exercer un pouvoir de contrôle. Vous n'avez pas la soif d'apprendre la sagesse que vous ne possédez pas. Vous ne cherchez pas à surmonter vos propres faiblesses. Vous ne craignez pas que votre position d'autorité puisse être teintée par le péché, qu'elle puisse être avilie par votre désir de gagner l'estime et de satisfaire vos intérêts personnels.

Soyons honnêtes. Il y a trop de luttes de pouvoir dans l'Église locale. Le ministère de l'Évangile revêt aisément un caractère politique. L'orgueil donne envie d'exercer plus de pouvoir (même si on l'ignore). Cette envie nous pousse à rassembler des alliés et à établir des ennemis dans le ministère. En un sens, le ministère de l'Évangile est devenu un combat politique pour obtenir un pouvoir sur les hommes. Cette forme de ministère a perdu son objectif. Jésus ne fait plus partie de l'équation. On présente un roi qui n'est pas le Roi. On construit un royaume, mais pas *le* royaume. Si, en tant que pasteur, votre ministère est pastoral, vous l'exercez pour les autres, mais s'il est politique, vous le faites pour vous-même.

5) VOUS NE RESSENTIREZ PLUS LE BESOIN D'ACCORDER DU TEMPS TOUS LES JOURS À LA MÉDITATION ET À LA COMMUNION AVEC CHRIST.

Le temps personnel d'adoration n'a pas de lien avec le nombre de fois que vous avez lu votre Bible. Il ne s'agit pas de relire votre livre de méditations ou votre commentaire biblique préféré ou vos notes de sermon. Toutes ces choses doivent être perçues comme des contributions en vue de quelque chose de plus fondamental. Qu'est-ce que c'est? C'est l'humble adoration de Dieu, quotidienne, personnelle, méditative et joyeuse. C'est le fait de commencer ou de terminer votre journée en communion avec Christ. C'est l'habitude régulière qui consiste à « contempler la magnificence de l'Éternel » (voir Psaume 27.4).

La communion avec Christ est motivée par l'humilité. Elle est alimentée par la tristesse et la célébration. Elle est stimulée par une juste perspective de notre identité et de nos besoins et par la célébration de Celui qui donne une telle vision. Ce sont la conscience du péché et la promesse du salut qui nous attirent à Christ. Nous nous approchons de lui non pas pour lire rapidement un passage et pour faire une brève prière, mais pour nous asseoir à ses pieds, pleurer sur nos péchés et le louer pour sa grâce qui nous en libère. La présomption détruit l'adoration.

6) VOUS VOUS ATTRIBUEREZ LE MÉRITE DE CE QUE SEULE LA GRÂCE PEUT ACCOMPLIR.

Je le répète : nous nous attribuons trop de mérite. Nous attribuons trop de mérite aux pasteurs pour ce que seule la grâce puissante, divine et souveraine a le pouvoir d'accomplir. Puis, après avoir accordé trop de mérite à l'instrument, nous courons à sa conférence ou achetons son livre pour imiter ce que notre héros a fait dans son ministère. Pouvons-nous apprendre des autres? Bien sûr. Est-il possible de reconnaître les ingrédients d'un ministère sain? Tout à fait. Devrions-nous être reconnaissants envers les serviteurs dévoués du Seigneur et exprimer cette reconnaissance? Il serait mal de ne pas le faire. Toutefois, il faut réserver notre adoration pour le Seigneur. Nous ne nous rappellerons jamais assez que sans sa présence, sa puissance et sa grâce, nos ministères ne riment à rien. Voilà la conclusion logique et inévitable.

7) VOUS CROIREZ ÊTRE DIGNE DE CE QUE PERSONNE NE PEUT OBTENIR NI MÉRITER.

La prétention semble toujours se trouver dans le sillage de l'orgueil. Quand nous croyons avoir obtenu X, vous pensez mériter Y. Puisque nous sommes remplis d'orgueil et de prétention, nous avons tendance à revendiquer des bénédictions. Nous nous attendons par conséquent à recevoir des dons particuliers de la grâce. Nous ne devons jamais oublier que nous n'avons acquis ni notre position devant le Seigneur ni notre rôle dans le ministère. Chaque moment où il nous accepte, chaque situation dans laquelle il nous emploie, nous les devons uniquement à la grâce. Nous ne sommes pas en droit d'exiger quoi que ce soit de Dieu ou des autres. Livrés à nous-mêmes, nous ne méritons que sa colère. Seule la grâce nous donne accès à son amour sans mesure. Le fait de revendiquer prétentieusement certaines bénédictions nous fera douter non seulement de l'estime de notre entourage, mais aussi de la bonté de Dieu.

8) VOUS RELÂCHEREZ VOTRE VIGILANCE EN CE QUI A TRAIT À LA TENTATION ET AU PÉCHÉ.

La présomption nous rend trop sûrs de nous-mêmes. Cette assurance démesurée nous incite à prendre de mauvaises décisions. Ces dernières nous exposent à la tentation et au péché. Or l'orgueil nous pousse à croire que nous sommes en mesure de résister et, aussitôt, nous trébuchons. La prétention nous fait oublier le combat quotidien qui fait rage dans nos cœurs et nous adoptons la mentalité typique de ceux qui vivent en temps de paix. Puisque nous entretenons une trop haute estime de nous-mêmes, nous ne prenons pas les précautions nécessaires dans notre vie spirituelle. Ainsi, nous perdons de vue le fait que nous sommes comme tout autre individu que nous connaissons ou auprès de qui nous exerçons notre ministère. Nous vivons en plein cœur du « déjà, mais pas encore ». À cet endroit précis, la tentation nous guette de toutes parts. Par conséquent, nous sommes toujours enclins à céder à son attrait. Un ennemi rôde autour de nous sans relâche, prêt à fondre sur sa prochaine victime. De plus, nous sommes toujours capables de nous tromper nous-mêmes et de nous illusionner : nous avons donc toujours besoin d'être délivrés de nous-mêmes. Nous devons toujours mener une vie humble et sage, car elle nous protégera de nombreux dangers. Au beau milieu du « déjà, mais pas encore », nous avons constamment besoin du secours de la grâce.

9) DANS VOTRE MINISTÈRE, VOUS VOUS CHARGEREZ DE RESPONSABILITÉS TROP LOURDES À PORTER.

L'orgueil nous incite à accepter plus de responsabilités que nous pouvons en assumer. La présomption nous pousse à entreprendre plus de travail que nous sommes concrètement en mesure d'en accomplir. La gloire personnelle nous donne l'illusion que nous sommes indispensables et que tout dépend de nous. C'est l'orgueil et non l'humilité qui nous empêche de dire non. C'est l'orgueil qui rend la vie difficile dans les limites de notre propre personnalité et de nos propres forces. Je suis persuadé que la présomption est responsable de plusieurs des tensions qui existent entre la famille et le ministère. Nous savons que Dieu ne nous appellera jamais à garder un commandement et en même temps à en enfreindre un autre. Si donc, au fil du temps, notre famille a souffert de notre négligence à cause du ministère, c'est parce que nous nous imposons des tâches que nous aurions dû déléguer. À vrai dire, nous avons estimé à tort que nous étions capables d'en faire plus que nous le pouvons en réalité.

▲   ▲   ▲

Et vous, pasteur ? Y a-t-il des manifestations de l'orgueil dans votre ministère ? Je prie Dieu que ce chapitre produise en vous une humble évaluation de vous-même. La réalité, c'est que vous et moi sommes en quelque sorte toujours face à une impasse. Bien sûr, par la grâce, nous parvenons souvent à y voir clair, mais en même temps, il nous arrive souvent de nous tromper. Il y a des moments où nous sommes des adorateurs enthousiastes, mais à d'autres moments, nous sommes tout simplement trop imbus de nous-mêmes. Tantôt nous sommes profondément reconnaissants, tantôt nous sommes prétentieux et exigeants.

À certains moments nous dirigeons avec un cœur pastoral, mais en d'autres occasions nous sommes craintifs, centrés sur nous-mêmes et avides de pouvoir. Parfois, notre cœur brisé nous amène à accompagner les gens dans leur tristesse à l'aide de l'Évangile, mais d'autres fois, par orgueil, nous souhaitons tout simplement qu'ils parviennent à s'en sortir seuls comme nous l'avons fait. Il y a des moments où nous vivons et travaillons dans la perspective du royaume de Dieu, mais en d'autres temps, par égoïsme, nous concevons un plan merveilleux pour notre propre vie.

Bref, le grand combat spirituel ne se déroule pas uniquement à l'extérieur. En effet, tout démontre qu'il fait encore rage en nous. Le ministère motivé par l'Évangile et centré sur Christ, celui qui accorde la grâce à ceux qui écoutent, ne commence pas par la connaissance théologique. Il prend plutôt sa source dans un cœur humble. Il faut d'abord reconnaître notre propre besoin et le fait que nous ne sommes pas bien différents des individus auprès de qui nous exerçons notre ministère.

PARTIE 3

LE DANGER QUI GUETTE CELUI QUI CROIT AVOIR ATTEINT SON APOGÉE

(OUBLIER SON IDENTITÉ)

CHAPITRE DOUZE

LA GLOIRE PERSONNELLE

C'est l'adoration qui façonne, dirige et motive le ministère pastoral. Votre ministère sera toujours empreint soit de l'adoration de Dieu, soit de l'adoration de votre propre égo ou, chez la plupart d'entre nous, d'un mélange troublant des deux. Le ministère ne comporte sans doute aucune tentation plus puissante, plus séductrice et plus trompeuse que celle de la gloire personnelle. Il semble que rien ne soit plus enivrant que d'être couvert d'éloges et aucune ivresse n'est pire que celle qui nous pousse à rechercher notre propre gloire. Cette ivresse a le pouvoir de vous rendre horriblement présomptueux et inaccessibles. Par consé-quent, les autres auront du mal à travailler avec vous et votre entourage trouvera pénible de vous faire voir cette réalité. Vous regarderez de haut des personnes qui, en réalité, ne sont pas bien différentes de vous. Vous vous entourerez de gens qui ne savent pas dire non et qui sont trop facilement disposés à être du même avis que vous. Vous serez vulnérable puisque votre sagesse spirituelle et votre protection morale seront altérées. De plus, tout cela arrivera sans que vous le remarquiez, parce que vous demeurerez convaincu que tout va parfaitement bien dans votre cœur. Vous vous souviendrez de votre gloire personnelle lorsque vous vous sentirez attaqué. Il suffira qu'on vous remette en question pour que vous la défendiez. Vous nierez que vous faites partie du problème de même que votre part de responsabilité dans l'échec. Il sera beaucoup plus facile d'attribuer la faute aux autres que de recon-naître vos propres fautes. Vous serez plus doués pour diriger que pour servir. Vous refuserez d'exécuter une tâche que vous considérerez comme trop vile pour vous. Vous vous offusquerez lorsqu'on se permettra de vous dire ce que vous devez faire. Vous confondrez constamment votre rôle d'ambassadeur avec celui d'un roi.

Il était désagréable, mais il l'ignorait. Son ministère croulait sous le fardeau, mais il ne le voyait pas. Sa relation de couple battait de l'aile, mais il ne s'en doutait pas. Il menait sa vie et son ministère comme s'il avait atteint les plus hautes sphères spirituelles. Sans même le savoir, il était imbu de lui-même et se glorifiait de ses capacités, de ses dons, de son discernement, de son expérience et de sa façon de diriger.

Si sa femme osait faire le moindre commentaire critique sur l'un de ses sermons, il se sentait vivement offensé et s'empressait de lui répondre qu'elle ne savait pas de quoi elle parlait. Quand un leader remettait en question l'une de ses propositions, il était plus prompt à défendre ses idées qu'à écouter la perception des autres sur son point de vue. Son adjoint administratif avait appris à éviter d'aborder les sujets qui avaient tendance à l'irriter. Ce pasteur ne participait jamais à des réunions de petits groupes. Il disait à sa femme qu'avec tout le travail qu'il avait, il n'avait certainement pas le temps d'assister à des études bibliques dirigées de façon maladroite. Il ne se réunissait plus avec les amis qu'il avait l'habitude de fréquenter. Même s'il répétait maintes et maintes fois à sa congrégation que leur marche avec Dieu était un projet de communauté, il ne ressentait pas lui-même le besoin de s'inclure dans cette communauté. Ses sermons manquaient de sollicitude pastorale. Ils ne dépeignaient pas de passion engageante pour l'Évangile. Ils ressemblaient davantage à des leçons bibliques arrogantes qu'à des applications pratiques de l'exégèse présentées par un homme ému et encouragé par l'histoire magnifique de la rédemption.

Il semblait plutôt sûr de lui. Beaucoup plus en effet qu'il n'était rempli du courage de la foi. Il ressemblait davantage à une usine à idées pour l'avancement de l'Église locale qu'à une personne qui croyait vraiment que l'espérance de l'Église se trouve en Jésus-Christ. Il convoquait sans arrêt des réunions, mais ne tenait pas vraiment compte des dons des autres. Ces réunions n'étaient pas collaboratives. Au contraire, elles constituaient plutôt des rassemblements qui servaient à émettre des annonces et des déclarations. Au cours de telles réunions, il s'attribuait le monopole de la parole et demandait aux responsables d'appuyer des idées auxquelles ils n'avaient pas encore eu le temps de réfléchir. Il esquivait avec soin toutes les questions et savait désamorcer les critiques, mais, je dois le répéter, ce n'est pas du tout ainsi qu'il se percevait.

Il se sentait écrasé sous le poids de toutes ses responsabilités. Toutefois, c'est uniquement parce qu'il avait accepté un trop grand nombre de tâches qu'il devait assumer un tel fardeau. Il avait de plus en plus de mal à déléguer certaines tâches à d'autres. Il était convaincu qu'il était le seul à être en mesure d'accomplir efficacement la plupart des tâches stratégiques. Par conséquent, il partageait de moins en moins de responsabilités avec les gens de son entourage. Au contraire, ses collègues étaient de plus en plus relégués au second plan, parce qu'il se chargeait des fonctions les plus importantes au sein du ministère.

À vrai dire, il se considérait comme essentiel à la santé de l'Église. Beaucoup plus que quiconque ne l'est en réalité. Par conséquent, il lui arrivait parfois d'accorder trop d'importance à ce que les autres pensaient de lui. Parce qu'il se croyait essentiel, il souhaitait que les autres le pensent également, et il était troublé quand leur perception divergeait de la sienne. Il s'évertuait alors à gagner de tels individus. À l'inverse, à certains moments, il ne se souciait pas assez de ce que les autres pensaient de lui. Il était si sûr de lui qu'il ne ressentait pas le besoin d'écouter ceux que Dieu avait placés sur son chemin pour le remettre personnellement en question et pour stimuler ses idées et ses buts. La recherche de votre propre gloire aura ces deux effets contraires dans vos relations au sein du ministère.

Pour toutes ces raisons, ceux qui travaillaient à ses côtés ont commencé à douter de lui et de son ministère. Il est difficile de faire confiance à un individu qui est trop fier, trop centré sur lui-même, imbu de son importance et dominateur. Difficile de faire confiance à quelqu'un qui parle beaucoup, mais n'écoute jamais! Quelqu'un qui est enclin à critiquer, mais qui reçoit mal la critique, direct et inaccessible à la fois, s'attire la méfiance des autres. Après tout, comment accorder sa confiance à une personne qui semble plus à l'aise d'assumer la charge entière du ministère que d'en déléguer une partie? Comment peut-on se fier à celui qui prêche ce dont il ne semble pas avoir besoin? Comment peut-on compter sur un homme qui mène par ses paroles et ses déclarations plutôt que par un consensus biblique qui tient compte des dons de chacun? Il est difficile de faire confiance à quelqu'un qui s'est attribué beaucoup trop de gloire. Pourtant, c'est ainsi qu'il agissait. Le plus triste, c'est qu'il n'est pas le seul! Un trop grand nombre de pasteurs ne comprennent pas que leur ministère est davantage influencé par la recherche de leur gloire personnelle que par celle du Christ ressuscité, omniprésent et omnipotent

Par la grâce libératrice de Dieu, sa femme en a eu assez. Après tout, elle avait été témoin de tous ces changements. Elle avait vu l'humble jeune pasteur qu'elle avait épousé devenir l'homme orgueilleux avec qui elle vivait désormais. Elle constatait à quel point son attitude dominatrice, inaccessible et présomptueuse à la maison avait changé leur relation. Elle savait que les gens de l'Église acceptaient mal sa façon de diriger. Elle avait connu la douleur de voir des amis proches quitter l'Église. Ainsi, en désespoir de cause, elle est allée le trouver un soir dans son bureau et lui a déclaré tout simplement qu'elle n'en pouvait plus. Elle lui a fait part du découragement quotidien qu'elle ressentait à cause de ce qui lui arrivait et de ce qui se produisait dans l'Église. Elle lui a dit ignorer si c'était la façon dont elle devait agir, mais elle en était venue au point où elle ne voulait plus laisser les choses continuer ainsi. Elle avait pris rendez-vous avec un autre pasteur renommé de la région et elle s'apprêtait à tout lui révéler. « Chéri, lui a-t-elle dit, si tu ne reconnais pas que tu as besoin d'aide, je vais le faire pour toi et je vais chercher l'aide dont nous avons tous les deux besoin. »

Au début, il s'est senti trahi. Il était en colère, mais il a fini par se résigner à accompagner sa femme et à aller chercher de l'aide et des conseils. C'est alors qu'a commencé un processus radical de délivrance et de restauration.

Et vous, pasteur? Dans quelle sphère de votre ministère les signes de gloire personnelle se manifestent-ils? Dans quel domaine particulier cherchez-vous à régenter tout le monde? À quel moment devriez-vous écouter davantage? Dans quelle situation cherchez-vous à vous ingérer dans des affaires qui ne vous concernent pas? Quel ministère avez-vous du mal à déléguer aux autres? À quelle occasion êtes-vous tentés de trop parler? Dans quelle sphère d'activité devriez-vous reconnaître et apprécier davantage les dons des autres? Quel fief de votre cœur êtes-vous réticent à examiner afin d'admettre vos faiblesses et vos échecs? Dans quel domaine vous considérez-vous comme plus essentiel que vous l'êtes en réalité? À quelle occasion le respect, l'estime et la reconnaissance des autres revêtent-ils trop d'importance à vos yeux? Dans quel domaine êtes-vous davantage porté à donner qu'à recevoir la critique? Dans quel champ particulier manquez-vous de reconnaissance envers les collègues que Dieu a placés à vos côtés? Dans quel contexte êtes-vous trop porté à vous appuyer sur vos propres forces et sur votre sagesse? À quel moment votre confiance en vous-même inhibe-t-elle la confiance en Christ qui façonne le ministère? De quelle manière la recherche de votre gloire personnelle nuit-elle à la santé de votre ministère?

L'HUMILITÉ DANS LE MINISTÈRE : UN MODÈLE CHRISTOLOGIQUE

L'apôtre Jean évoque un événement saisissant de la vie de Jésus et de ses disciples qui devrait bouleverser le cœur de tout pasteur. Une telle attitude anéantit toute gloire personnelle et définit le type d'humilité qui, par la grâce, devrait caractériser celui qui s'engage dans le ministère.

> Avant la fête de Pâque, sachant que l'heure était venue pour lui de passer de ce monde au Père, Jésus, qui avait aimé les siens qui étaient dans le monde, les aima jusqu'au bout. Pendant le repas, alors que le diable avait déjà mis au cœur de Judas, fils de Simon, de le livrer, Jésus, qui savait que le Père avait tout remis entre ses mains, qu'il était venu de Dieu et qu'il s'en allait à Dieu, se leva de table, ôta ses vêtements et prit un linge dont il s'entoura. Ensuite il versa de l'eau dans un bassin et se mit à laver les pieds des disciples et à les essuyer avec le linge qu'il avait à la ceinture. Il vint donc à Simon Pierre, qui lui dit : Toi, Seigneur, tu me laverais les pieds! Jésus lui répondit : Ce que je fais, tu ne le sais pas maintenant, mais tu le comprendras dans la suite. Pierre lui dit : Non, jamais tu ne me laveras les pieds. Jésus lui répondit : Si je ne te lave, tu n'as point

de part avec moi. Simon Pierre lui dit : Seigneur, non seulement les pieds, mais encore les mains et la tête. Jésus lui dit : Celui qui s'est baigné n'a pas besoin de se laver sauf les pieds, mais il est entièrement pur; et vous êtes purs, mais non pas tous. Il connaissait en effet celui qui le livrait; c'est pourquoi il dit : Vous n'êtes pas tous purs. Après leur avoir lavé les pieds et avoir repris ses vêtements, il se remit à table et leur dit : Comprenez-vous ce que je vous ai fait? Vous m'appelez : le Maître et le Seigneur, et vous dites bien, car je le suis. Si donc je vous ai lavé les pieds, moi le Seigneur et le Maître, vous aussi vous devez vous laver les pieds les uns aux autres; car je vous ai donné un exemple, afin que, vous aussi, vous fassiez comme moi je vous ai fait. En vérité, en vérité, je vous le dis, le serviteur n'est pas plus grand que son seigneur, ni l'apôtre plus grand que celui qui l'a envoyé. Si vous savez cela, vous êtes heureux, pourvu que vous le mettiez en pratique (Jean 13.1-17).

Voilà l'un de ces événements si ahurissants, si contre-intuitifs de la vie de Jésus qu'il est impossible de le comprendre totalement ou même de trouver les mots pour le décrire. Jésus passe alors ses derniers moments en compagnie de ses disciples dans la chambre haute qu'ils avaient louée. Il s'agit en l'occurrence d'un moment saint où Jésus se révèle comme l'Agneau pascal. Puisque la chambre est louée, aucun serviteur ne s'y tient avec la cruche, le bassin et le linge qui sont habituellement à leur disposition pour laver les pieds de Jésus et de ses disciples. Bien sûr, aucun des disciples ne voulait s'abaisser à accomplir une tâche aussi ingrate. Ils étaient tous trop imbus d'eux-mêmes et obsédés par leur pouvoir et par la place qu'ils occuperaient dans le royaume.

Or, cette tâche était essentielle à la société de l'époque. Toutefois, elle était si dégradante qu'on ne l'assignait pas à n'importe quel serviteur. De toute évidence, il y avait de nombreux degrés d'autorité et de responsabilités dans la culture des serviteurs à l'époque du Nouveau Testament. Certains serviteurs géraient la maison entière alors que d'autres menaient une vie inférieure d'esclave. La tâche de laver les pieds sales des gens avant qu'ils mangent était réservée à l'esclave de dernier rang et qu'on estimait comme le plus insignifiant. Bien sûr, aucun des disciples ne souhaitaient s'abaisser à une telle position devant les autres. Surtout pas au moment où ils comptaient rivaliser entre eux pour déterminer qui serait considéré comme le plus grand dans le royaume des cieux.

Or, à la fin du repas, Jésus se lève, ôte ses vêtements, se ceint d'un linge et remplit le bassin d'eau. Est-il vraiment sur le point d'exécuter une telle tâche? Comment peut-il s'abaisser ainsi, lui, le Tout-Puissant, le Fils de Dieu, le Roi promis, le Créateur de tout ce qui existe? N'est-il pas l'accomplissement de toutes les promesses des alliances, l'Agneau qui sauve les perdus? Comment peut-il songer à s'acquitter d'un travail qu'on jugeait si inconvenant et si ingrat qu'on ne le confiait qu'aux esclaves? C'était pourtant précisément ce qu'il avait l'intention de faire. D'ailleurs, il est crucial de comprendre qu'il savait parfaitement de quelle manière ce geste était relié à sa véritable nature et à sa mission. Jean déclare que Jésus était tout à fait conscient de son identité lorsqu'il s'est chargé de cette sale et humiliante corvée. Il savait d'où il venait et la raison pour laquelle il avait été envoyé : « Jésus, qui savait que le Père avait tout remis entre ses mains, qu'il était venu de Dieu et qu'il s'en allait à Dieu, se leva. » C'est bien parce que Jésus se souvenait de son identité et non parce qu'il l'avait oubliée qu'il a accompli cet acte déconcertant d'amour et d'humilité. Il s'agissait de la sainte mission du Fils sauveur. Il devait consentir à revêtir la plus humiliante des conditions humaines, s'acquitter des tâches les plus dégradantes et renoncer aux privilèges de sa position afin de nous racheter. Cet appel à la fois noble et saint constituait la seule solution. Son identité de Fils de Dieu n'a pas fait de lui un être arrogant et exigeant : il était prêt à faire tout ce qui était nécessaire pour accomplir l'œuvre de la rédemption. Son identité infiniment glorieuse n'a pas constitué un obstacle à l'exécution de la tâche. Au contraire, c'est son identité qui l'a motivé à faire ce que les disciples considéraient comme trop vil pour eux.

Après avoir terminé cette besogne ingrate, Jésus a regardé ses disciples et leur a dit : « Si donc je vous ai lavé les pieds, moi le Seigneur et le Maître, vous aussi vous devez vous laver les pieds les uns aux autres. » Autrement dit : « Cette attitude que j'ai envers vous, vous devez l'avoir les uns envers les autres. La raison d'être de mon appel devrait également définir le vôtre. Le zèle dont je fais preuve devrait caractériser votre ministère. » Quelle est donc cette attitude? Quel dévouement doit influencer le ministère de tout pasteur?

Pasteurs, vous et moi ne devons pas accorder trop d'importance à notre situation. Nous ne devons pas céder à la tentation de défendre à tout prix le pouvoir et les avantages reliés à notre position. Résistons au désir de rechercher les honneurs, comme si nous appartenions à une classe privilégiée. Après tout, nous ne sommes dignes d'aucun mérite ou hommage particulier. Par conséquent, descendons du piédestal auquel nous associons le ministère. Nous sommes appelés à servir nos semblables, non pas de manière condescendante, mais plutôt en travaillant côte à côte avec eux.

Ainsi, quelle est la grande leçon, la grande mobilisation qui émane de cet événement saisissant de la vie de Jésus? La voici : « Vous n'êtes pas plus grand que votre maître. Or, puisqu'il a consenti à s'abaisser de la sorte, vous devez de même faire preuve de zèle. Vous êtes ses ambassadeurs, appelés à représenter sa volonté et ses voies, et à servir d'instruments de sa grâce rédemptrice. Par conséquent, vous ne devez considérer aucune tâche du ministère comme étant indigne de vous. Vous devez consentir de bon gré à exécuter les plus viles et les plus dégradantes pour accomplir son œuvre et sa volonté. Ne surestimez pas votre position et votre dignité. Vous devez accepter d'être le plus humble des esclaves afin que son règne vienne et que sa volonté soit faite. Soyez prêts à faire tout ce que fait normalement un instrument de la grâce rédemptrice. Ne soyez pas orgueilleux. Ne résistez pas à l'appel qui vous est confié. »

Pasteurs, parlons franchement. Nous sommes tentés de nous considérer comme des êtres supérieurs. Nous nous énervons parfois à propos de choses que nous estimons ne pas convenir à notre rang. Nous ne sommes pas toujours disposés à nous acquitter du boulot assommant qui fait également partie de la pratique du ministère. Pour ma part, je ne suis pas toujours prêt à le faire de bon cœur. Nous sommes trop centrés sur la réputation, sur la position et sur le pouvoir. Nous cherchons à être reconnus et à nous démarquer de l'ensemble. C'est également une de mes luttes. Nous ne sommes pas attirés par la servitude rédemptrice. Nous aspirons à un ministère propre et confortable. Je le sais, puisque c'est mon cas. Nous avons tendance à nous considérer comme des hommes d'action plutôt que des serviteurs. Et tout cela parce que nous ne comprenons pas notre identité en tant qu'ambassadeurs. À vrai dire, si vous et moi croyons être au-dessus de l'œuvre du royaume, c'est uniquement parce que nous sommes devenus amnésiques au sujet de notre identité. Or, il n'y a qu'un pas entre le fait d'oublier notre position et le fait de nous attribuer celle de Dieu.

Le mandat et l'exemple extraordinaire de Christ devraient produire en chacun de nous une tristesse qui mène à la confession. Il nous arrive de nous égarer et de devenir des maîtres plutôt que des serviteurs. Toutefois, nous savons au plus profond de notre cœur que nous ne deviendrons jamais tout ce que nous avons été appelés à devenir à moins d'être délivrés par la même grâce que nous proclamons et vivons devant les autres. Par conséquent, nous n'avons pas à craindre que le Père nous tourne le dos à cause de notre fierté ridicule, illusoire et déplacée.

Dieu sait qui nous sommes. Il sait que nous ne sommes pas à la hauteur de ses justes exigences. C'est pourquoi il nous a fait don de son Fils. Nous pouvons courir vers lui et admettre à notre grande honte que nous avons recherché notre gloire personnelle plutôt que la sienne. Nous savons qu'il ne se moquera pas de nous et qu'il ne nous rejettera pas du revers de la main. Nous le savons, parce que notre position devant lui ne dépend pas de nos réalisations, mais de l'œuvre sans tache accomplie par son Fils. Pourquoi ne pas faire cette confession dès maintenant? Cherchez auprès de Dieu l'aide dont vous avez besoin. Votre Sauveur est proche, il veut et peut vous secourir.

LES EFFETS DÉVASTATEURS SUR LE MINISTÈRE DE LA SOIF DE GLOIRE PERSONNELLE

Il est important de reconnaître le fruit que produit cette recherche de gloire en vous et dans le ministère. Que Dieu utilise la liste suivante pour vous donner la sagesse nécessaire pour bien orienter le diagnostic et pour exposer votre cœur et recentrer votre ministère. Voici de quelle manière cette soif de gloire personnelle déteint sur votre ministère.

1) LA SOIF DE GLOIRE PERSONNELLE INCITE UN INDIVIDU À ÉTALER EN PUBLIC CE QU'IL DEVRAIT GARDER POUR LUI.

Les pharisiens constituent l'exemple le plus frappant de cette réalité. Ils considéraient leur vie comme glorieuse. Par conséquent, ils n'hésitaient jamais à exhiber cette gloire aux regards attentifs des gens qui les entouraient. Plus vous croyez avoir atteint votre apogée, moins vous verrez votre besoin quotidien de la grâce salvatrice et plus vous aurez tendance à tout ramener à vous-même et à vous féliciter de votre propre succès. Si vous recherchez votre propre gloire, vous travaillerez de façon à en obtenir plus sans même vous en rendre compte. Vous serez tenté d'exagérer les détails d'histoires personnelles de sorte qu'elles feront de vous un héros plus grand que nature. Vous trouverez des façons de relater vos actes de foi personnels quand vous serez en public. Puisque vous vous croyez digne d'éloges, vous chercherez l'acclamation des autres de même que des façons de vous présenter aux gens comme un homme « pieux ».

À vrai dire, la plupart des pasteurs qui liront ces lignes affirmeront qu'ils ne feraient jamais une telle chose. Toutefois, je suis convaincu qu'il y a beaucoup plus d'étalage de justice personnelle dans le ministère pastoral que nous serions portés à le croire. C'est l'une des raisons pour lesquelles les congrès de pasteurs, les assemblées générales, les rassemblements ministériels et les réunions d'implanteurs d'Églises me rendent parfois mal à l'aise. Quand tous se retrouvent à l'heure du repas, ces rassemblements de pasteurs peuvent dégénérer en véritable concours où chacun affiche avec ostentation les hauts faits de sa vie et de son ministère. Il devient alors facile de manquer d'honnêteté à propos de ce qui se passe réellement dans nos cœurs et nos ministères. Après s'être réjouis de la grâce glorieuse de l'Évangile, ces individus, qui semblent carencés sur le plan des éloges, se livrent trop souvent à des démonstrations déplacées de louange personnelle.

2) LA SOIF DE GLOIRE PERSONNELLE INCITE UN INDIVIDU À ÊTRE TROP CENTRÉ SUR LUI-MÊME.

Cette réalité, nous la connaissons tous. Nous l'avons tous vue à l'œuvre. Elle nous a tous rendus mal à l'aise chez les autres, même si nous nous y sommes livrés nous-mêmes à l'occasion. Les personnes orgueilleuses ont tendance à beaucoup parler d'elles-mêmes. Elles préfèrent généralement leur opinion à celle des autres et croient que leurs histoires sont plus intéressantes que celles des autres. Les personnes orgueilleuses pensent qu'elles en savent plus que les autres. Elles croient tout comprendre mieux que tout le monde. Par conséquent, elles croient avoir acquis le droit d'être écoutées. Elles estiment qu'elles ont de la gloire à offrir aux autres. Ces personnes, puisqu'elles sont profondément fières de ce qu'elles savent et de ce qu'elles font, s'en vantent sans arrêt. Les personnes orgueilleuses dissimulent leur faiblesse et ne mentionnent jamais leurs échecs. Elles ne confessent pas leur péché. Bref, les personnes orgueilleuses ont plutôt tendance à braquer les projecteurs sur elles-mêmes de sorte que leur expérience de la grâce glorieuse et totalement imméritée qui vient de Dieu demeure dans l'ombre.

3) LA SOIF DE GLOIRE PERSONNELLE INCITE UN INDIVIDU À PARLER ALORS QU'IL DEVRAIT SE TAIRE.

Lorsque vous croyez avoir atteint les plus hauts sommets, vous vous appuyez totalement sur vos opinions et vous vous montrez fier d'elles. Vous croyez davantage à vos idées qu'à celles des autres. Par conséquent, vous ne serez pas disposé à les écouter et vous aurez tendance à vouloir que votre jugement et vos points de vue constituent le dernier mot de chaque réunion et de chaque conversation. Par le fait même, vous vous sentirez de plus en plus à l'aise de dominer et de monopoliser la parole lors d'une réunion. Vous perdrez de vue le fait que la sagesse se trouve dans la multitude de conseillers. Vous ne verrez plus le rôle essentiel du ministère du corps de Christ dans votre vie. Vous n'admettrez plus vos propres penchants et votre aveuglement spirituel. À vrai dire, vous ne vous présenterez plus aux réunions, qu'elles soient officielles ou informelles, en étant conscient de votre besoin personnel et profond de ce que les autres ont à offrir. Ainsi, vous monopoliserez toutes les conversations.

4) LA SOIF DE GLOIRE PERSONNELLE INCITE UN INDIVIDU À GARDER LE SILENCE AU MOMENT OÙ IL DEVRAIT PARLER.

La gloire que vous recherchez pour vous-même peut également produire l'effet contraire. Les leaders trop sûrs d'eux-mêmes, qui s'attribuent sans le savoir ce que seule la grâce peut accomplir, considèrent souvent les réunions comme une perte de temps. Leur orgueil les rend excessivement détachés de tout. Ils ont donc tendance à percevoir les réunions comme des interruptions irritantes et inutiles dans leur horaire déjà trop chargé. Ainsi, ils ne tiendront pas compte d'une réunion prévue ou la toléreront tout au plus, mais ils essaieront d'y mettre fin aussi vite que possible. À vrai dire, ils ne présenteront pas leurs idées pour que les autres les examinent et les évaluent, car franchement, ils ne croient pas que ce soit utile. Et lorsqu'ils finissent par émettre leurs opinions, ils ne sautent pas dans la mêlée au moment où les autres en discutent, parce qu'ils croient que leur raisonnement est irréfutable. L'homme qui recherche sa gloire personnelle aura tendance à trop parler lorsque le silence est de mise et ne ressentira pas l'obligation de prendre la parole lorsqu'il est nécessaire de le faire.

5) LA SOIF DE GLOIRE PERSONNELLE INCITE UN INDIVIDU À ACCORDER TROP D'IMPORTANCE À CE QUE LES AUTRES PENSENT DE LUI.

Lorsque vous vous persuadez vous-mêmes que vous êtes quelqu'un, vous voulez également que les autres reconnaissent cette personne que vous croyez être. Bien sûr, nous voyons cette même attitude chez les pharisiens : l'autoglorification mène toujours à une quelconque recherche de gloire. Les personnes qui croient qu'elles ont accédé à des sphères spirituelles supérieures se préoccupent parfois beaucoup trop de la réaction des autres à leur égard. Ces individus sont constamment à l'affût de l'opinion qu'on exprime par rapport à leur ministère. Sans s'en rendre compte, ils en viennent à changer leur façon de faire ou de s'exprimer dans le but de recueillir les éloges des autres. Ils parlent et agissent de façon à obtenir la reconnaissance qu'ils croient mériter. Or, ils en viennent à exercer le ministère de l'Évangile de Jésus-Christ non pour la gloire de Christ ou la rédemption des personnes confiées à leurs soins, mais pour leur propre gloire. Cela m'est arrivé. Au cours de la préparation d'un sermon, j'ai déjà pensé qu'un certain point présenté d'une certaine manière pourrait gagner un détracteur. J'ai également observé la réaction de certaines personnes pendant que je prêchais. Je constate que j'avais abandonné mon appel à titre d'ambassadeur de la gloire éternelle dans de telles occasions au cours de la préparation et de la prédication d'un sermon. Tout cela, dans le but d'acquérir l'acclamation temporaire des hommes.

6) LA SOIF DE GLOIRE PERSONNELLE INCITE UN INDIVIDU À ACCORDER TROP PEU D'IMPORTANCE À CE QUE LES AUTRES PENSENT DE LUI.

Cependant, le contraire peut également se produire. Si vous estimez avoir atteint le sommet, il est aussi possible que vous preniez la direction opposée qui vous mène à mépriser l'opinion des autres. Vous êtes si sûr de vous-même que vous ne croyez tout simplement pas que vous avez besoin que les autres évaluent vos pensées, vos idées, vos actes, vos paroles, vos plans, vos objectifs, vos attitudes et vos initiatives. En fait, vous ne croyez pas avoir besoin d'aide. Vous ne croyez pas que la contribution des autres puisse améliorer de quelque manière ce que vous avez à offrir. Ainsi, vous persistez à faire seul ce qui devrait être effectué en groupe. Par contre, si vous travaillez en groupe, vous aurez tendance à vous entourer de personnes qui sont si impressionnées par vous et si enthousiasmées par l'idée d'être incluses qu'elles approuveront tout ce que vous déciderez et ferez. Si c'est votre cas, vous avez oublié votre identité et la manière dont Dieu définit cette identité et vos besoins. Par conséquent, votre attitude et votre façon d'agir comportent des dangers pour vous et pour votre ministère.

7) LA SOIF DE GLOIRE PERSONNELLE EMPÊCHERA UN INDIVIDU D'ADMETTRE SES PÉCHÉS, SES FAIBLESSES ET SES ÉCHECS ET D'Y FAIRE FACE.

Pourquoi nous montrons-nous si irrités et tendus lorsqu'on nous remet en question? Pourquoi activons-nous l'avocat intérieur et plaidons-nous notre propre cause? Pourquoi renvoyons-nous l'ascenseur en déclarant qu'après tout, nous ne sommes pas les seuls à pécher?

Pourquoi discutons-nous des faits et réfutons-nous l'interprétation des autres? Nous agissons ainsi parce que nous sommes profondément convaincus que nous sommes plus justes que la description qu'on donne de nous dans ces moments de confrontation. Les orgueilleux n'aiment pas la réprimande, la confrontation, la remise en question, la critique ou les avertissements faits avec amour, parce qu'ils n'en ressentent pas le besoin. Ainsi, lorsqu'il leur arrive de tomber, ils sont très doués pour fournir des explications plausibles pour se disculper. Bien entendu, ils évoquent toujours la pression exercée par la situation ou la relation en question pour justifier leur conduite.

Pasteur, êtes-vous disposé à admettre votre état de faiblesse? Êtes-vous prêt à reconnaître vos échecs devant Dieu et les autres? Êtes-vous disposé à faire face à vos propres manquements avec humilité? Il est tout à fait réaliste de croire qu'un de vos collègues de ministère découvrira tôt ou tard un péché, une faiblesse ou un échec dans votre vie. Ne percevez pas une telle situation comme une menace, comme l'interruption de votre ministère ou comme un affront. C'est toujours la grâce qui la suscite. Dieu vous aime : il vous a placé dans cette communauté de foi et il révélera vos besoins spirituels aux personnes de votre entourage afin qu'elles deviennent ses instruments de conviction, de délivrance et de transformation.

8) LA SOIF DE GLOIRE PERSONNELLE FERA EN SORTE QU'UN INDIVIDU SUPPORTE MAL LA BÉNÉDICTION ACCORDÉE AUX AUTRES.

La recherche de gloire personnelle est toujours la racine de la convoitise. Enviez-vous la bénédiction dont jouissent les autres? Si c'est le cas, vous croyez sans doute qu'ils la méritent moins que vous. Par conséquent, la frustration s'installe aisément puisque ce sont les autres qui reçoivent ce que vous croyez mériter. Il est presque impossible de ne pas convoiter la bénédiction dont jouissent ces personnes, car vous croyez y avoir droit plus qu'elles. À vrai dire, votre quête de gloire personnelle et votre cœur envieux vous entraînent à accuser Dieu d'injustice. Sans vous en rendre compte, vous vous habituez à douter de sa sagesse, de sa justice et de sa bonté. Vous pensez qu'il a manqué de bienveillance envers vous. Cette idée commence à détruire votre motivation à faire le bien. De toute manière, pensez-vous, cela semble ne rien changer.

Il est important de reconnaître que la ligne est mince entre l'envie et l'amertume. C'est pour cette raison qu'Asaph, rongé par l'envie, s'écrie dans le Psaume 73 : « C'est donc en vain que j'ai purifié mon cœur, et que j'ai lavé mes mains dans l'innocence » (verset 13). Il dit en quelque sorte : « J'ai obéi à Dieu, et voilà tout ce que j'obtiens ? » Puis, il écrit : « Lorsque mon cœur s'aigrissait, et que je me sentais percé dans les reins, j'étais stupide et sans connaissance, avec toi j'étais comme les bêtes » (versets 21-22). Quelle image : une bête amère! J'ai rencontré de nombreux pasteurs amers, des hommes persuadés qu'ils ont enduré des épreuves qu'ils ne méritaient pas. Ces hommes enviaient le ministère des autres. Ils avaient perdu leur motivation et leur joie et, semaine après semaine, ils expédiaient leur tâche à contrecœur. J'ai rencontré plusieurs pasteurs qui en sont venus à douter de la bonté de Dieu. Tragiquement, ils n'ont pas le réflexe de se tourner vers celui de qui ils doutent pour chercher auprès de lui l'aide dont ils ont besoin.

9) LA SOIF DE GLOIRE PERSONNELLE INCITE UN INDIVIDU À DÉSIRER LE POUVOIR PLUTÔT QUE LA SOUMISSION.

La quête de la gloire personnelle attire toujours davantage notre attention sur la situation que nous occupons et le pouvoir dont nous jouissons que sur la manifestation de la soumission au Grand Roi dans le cadre du ministère. Nous observons cette dynamique dans la vie des disciples. Ce n'est pas pour réaliser les rêves associés à leurs petits royaumes individuels que Jésus les avait appelés à lui. Il voulait plutôt les accueillir comme les héritiers d'un royaume meilleur et comme instruments pour accomplir son œuvre. Toutefois, leur orgueil a obscurci leur compréhension et ils se sont butés sur la question de l'ordre de préséance qui leur serait accordé dans le royaume.

De toute évidence, vous ne parviendrez jamais à répondre à votre appel d'ambassadeur si vous recherchez en même temps le pouvoir et la position d'un roi. La soif de pouvoir transformera votre souci pastoral en ambition politique. Vous chercherez à être servi alors que vous devriez être prompt à servir. Vous exigerez des autres ce que vous n'êtes pas disposé à faire vous-même. Vous réclamerez des privilèges tandis que vous devriez être prêt à renoncer à vos droits. Vous vous préoccuperez davantage des répercussions que les choses auront sur vous plutôt que de la façon dont elles reflèteront Christ. Vous serez tenté de fixer la norme au lieu de vous conformer avec joie au plan d'un Autre. La quête de gloire personnelle transforme des ambassadeurs appelés et choisis en rois autoproclamés. Ainsi, un tel changement se produit de manière imperceptible et altère l'objectif ultime de notre ministère : la personne que nous cherchons désormais à glorifier n'est plus Jésus-Christ, mais nous-mêmes.

10) LA SOIF DE GLOIRE PERSONNELLE INCITE UN INDIVIDU À CONSERVER LA MAINMISE SUR LE MINISTÈRE AU LIEU DE LE DÉLÉGUER.

Vous êtes imbu de vous-même et trop sûr de vous? Vous aurez alors tendance à penser que vous êtes la personne la plus douée de votre domaine, en ce qui a trait au ministère. Vous aurez du mal à reconnaître et à apprécier les dons que Dieu accorde aux autres. Par conséquent, vous parviendrez difficilement à faire de votre ministère un processus de communauté. À bien des égards, une trop haute opinion de vous-même vous conduira toujours à regarder les autres de haut. C'est l'humilité et la conscience de son interdépendance qui poussent une personne à chercher et à estimer à leur juste valeur les dons des autres ainsi que leur contribution. Or, les pasteurs qui croient avoir accédé au plus haut sommet ont tendance à mépriser l'interaction du groupe. En quelque sorte, ils considèrent la délégation comme une perte de temps. Dans leur cœur, ils se demandent : *pourquoi confier à un autre une tâche que je peux mieux faire moi-même?* L'orgueil pastoral détruit le travail d'équipe dans le ministère, de même que le ministère essentiel du corps de Christ.

▲ ▲ ▲

Je tiens à dire que j'ai écrit cette dernière section en éprouvant personnellement de la tristesse et du remords. Motivé par l'odieuse recherche de ma propre gloire, je suis moi-même tombé dans chacun de ces pièges au cours de mon ministère. Je me suis montré dominateur alors que j'aurais dû être à l'écoute. Je me suis attribué l'exclusivité de ce que j'aurais dû laisser aux autres. J'ai adopté une attitude défensive alors que j'avais désespérément besoin de réprimandes. J'ai résisté à l'aide au lieu de crier à l'aide. Je me suis montré trop sûr de mon opinion et trop fermé au point de vue des autres. Je me suis vanté de mes réalisations pour obtenir l'approbation des autres. Quand je songe à mes nombreuses années de ministère, je suis triste, mais pas désespéré. Je ne le suis pas, parce que dans toute ma faiblesse, le Dieu de la grâce infinie m'a secouru. Il m'a restauré maintes et maintes fois. Il m'a progressivement délivré de moi-même (une œuvre qu'il poursuit jusqu'à ce jour). De plus, même si j'ai été partagé à certains moments entre mon royaume personnel et le royaume de Dieu, il m'a miraculeusement utilisé dans la vie de plusieurs. Avec amour, il a travaillé à ternir et à détériorer ma gloire afin que je fasse de sa gloire mes délices. Il a dévasté mon royaume afin que le sien devienne la source de ma joie. Enfin, il a écrasé ma couronne sous ses pieds afin que j'aspire à être non pas un roi, mais son ambassadeur.

Dans cette suprême miséricorde, il y a de l'espoir pour tous ceux qui travaillent dans le ministère. Votre Seigneur veut plus que le succès de votre ministère : il cherche aussi à vous détrôner. C'est uniquement lorsque son trône sera plus important que le vôtre que vous trouverez la joie dans la dure et humiliante tâche qu'est le ministère de l'Évangile. Dans sa grâce, il travaillera sans relâche jusqu'à ce que nos cœurs soient tout à fait passionnés par sa gloire. Voilà assurément une bonne nouvelle!

CHAPITRE TREIZE

LA PRÉPARATION PERPÉTUELLE

Je dois avouer que j'ai beaucoup de difficulté à arrêter de penser. C'est presque une obsession. Il m'arrive souvent de me garer au côté de la route ou d'interrompre une promenade pour noter quelques idées sur mon téléphone : des pensées qui me trottaient dans la tête viennent soudain de prendre forme. Luella, ma femme, se plaint souvent que même si je suis physiquement avec elle, je ne suis pas vraiment présent. Elle peut déduire de mon silence ou de l'expression de mon visage que le contenu d'un projet sur lequel je travaille depuis quelque temps s'est emparé de mon esprit et de mon attention. J'ai toujours eu beaucoup de mal à échapper à la règle d'or de la préparation soignée. Les jours de congé, j'arrive difficilement à lâcher prise et à relaxer. À vrai dire, il semble que je m'éloigne très rarement de mon ministère pour retrouver ma vie privée. Même dans le silence d'un endroit calme, le bruit du ministère continue à résonner en moi. D'une certaine manière, j'ai l'impression que je suis constamment en train de me préparer.

L'autre jour, j'ai pris pleinement conscience du combat réel qui se déroule dans mon cœur entre la préparation et l'attention portée à ma vie intérieure. Je faisais face aux défis d'une conférence internationale d'une certaine envergure où je devais prendre la parole à plusieurs reprises. J'étais alors absorbé par la préparation d'un contenu nouveau et par l'adaptation de contenu déjà préparé. Je savais que les principes que j'allais partager avec les auditeurs leur offriraient un nouvel angle selon lequel considérer leur marche avec Dieu. C'était stimulant. Je m'y appliquais du mieux que je pouvais. Aussitôt sorti du lit tous les matins, j'évaluais de nouvelles manières d'aborder le sujet. Ma journée n'était pas encore entamée que le fardeau de la préparation s'était déjà emparé de moi. Sur mon vélo d'exercice, mon esprit travaillait plus fort que mes jambes à passer d'un concept à l'autre, d'une illustration à l'autre et d'une mise en application à l'autre. Jour après jour, lorsque je m'assoyais pour lire et prier pour la croissance de mon âme, les textes que je lisais se transformaient rapidement en nouvelles composantes de la conférence à venir.

C'est alors que je me suis rendu compte que je ne lisais pas pour moi-même, mais plutôt pour mes futurs auditeurs. Je n'étais ni éclairé, ni interpelé, ni attristé, ni transformé par le passage. En fait, il avait peu de répercussions sur ma vie. Ce matin-là, les Écritures m'enthousiasmaient, mais pas personnellement et pas parce que j'avais été humilié par ce que j'avais vu dans le miroir de Dieu. J'étais plutôt enthousiasmé parce que j'avais acquis du nouveau contenu à partager aux autres. Ce matin-là, il n'y a eu aucune adoration personnelle de Dieu. Aucune soif de Dieu, aucune tristesse vis-à-vis du péché, aucune réjouissance dans la grâce et aucune démonstration de mon engagement à vivre par la foi. Je n'ai pas grandi dans la discipline, la persévérance et l'espérance. Je n'ai pas éprouvé de révérence pour la gloire de Dieu. Je n'ai pas perçu la présence et l'amour de Dieu de manière plus profonde. Ma gratitude du fait d'appartenir à sa famille ne s'est pas manifestée ce jour-là. Je n'ai pas reçu l'encouragement que procure une vision de la victoire définitive sur le péché. Je n'ai été motivé par aucune aspiration spirituelle. Ce jour-là, je n'ai pas non plus imploré Dieu pour que son royaume vienne et pour que sa volonté soit faite.

Hélas, il n'y avait rien de « moi » dans ce temps d'adoration! Même s'il s'était déroulé à l'heure où je prends habituellement un moment en privé avec le Seigneur, ce n'était pas un temps d'adoration. Cette rencontre n'était ni très personnelle ni relationnelle, comme lorsqu'un enfant communie avec son père. Je communiais davantage avec mes futurs auditeurs qu'avec Dieu. Je crois que toute préparation à la prédication ou à l'enseignement devrait se produire dans un cadre de recueillement. Or, dans ce cas, la préparation anéantissait le recueillement. J'avais la Bible entre les mains, mais je ne nourrissais pas mon âme indigente et affamée. Je suis sorti de la pièce sans avoir changé spirituellement et ce n'est que plus tard, en réfléchissant à cette matinée, que je m'en suis rendu compte. Plus tard au cours de la même journée, une personne m'a demandé ce que j'avais lu durant mon temps personnel d'adoration. C'est en lui répondant que j'ai constaté qu'en réalité, je n'avais pas eu de moment intime d'adoration ce jour-là. J'avais simplement eu une occasion de plus pour me préparer.

Je crois que la lutte que je décris en est une que nous vivons tous dans le ministère. Il est très difficile d'avoir la responsabilité de prêcher et d'enseigner la Parole de Dieu chaque semaine sans que cette responsabilité domine nos pensées chaque fois que nous tenons la Bible entre nos mains. L'engagement à réserver tous les jours un temps pour communier avec notre Seigneur attise dans notre cœur le conflit entre le caractère essentiel de l'adoration personnelle et la nécessité d'une préparation adéquate. Dans le plan de Dieu, ces deux éléments ne sont pas mutuellement exclusifs et ils ne s'opposent pas. Je l'ai souvent dit, Dieu ne nous appellera jamais à accomplir une tâche qui exigerait de lui désobéir dans un autre domaine. Pourtant, il est très difficile de respecter comme il se doit ces deux aspects de notre appel.

Lorsque je m'adresse à un groupe de pasteurs à propos du manque d'adoration personnelle, je me trouve souvent devant un groupe d'hommes qui ont la tête baissée. Plusieurs de mes auditeurs ont confessé qu'ils ne se souviennent plus du moment où leur culte personnel était assidu et enthousiaste. Bon nombre d'entre eux m'ont avoué qu'ils ont tout simplement cessé de se battre. Ils se lèvent, se préparent et se mettent aussitôt en selle pour s'acquitter de leur tâche : ils s'élancent au service de Jésus. Cependant, ils sont trop occupés pour passer du temps avec lui au milieu du tourbillon d'urgences que représente le ministère. Ils vivent avec Jésus à la façon d'un mari qui, bien qu'il pourvoie aux besoins matériels de sa femme, ne participe d'aucune manière à une relation un tant soit peu intime avec elle. Ils savent bien comment gagner leur vie, mais ils ne savent pas bien comment aimer. Ils travaillent dur, mais pas à entretenir la relation la plus importante de leur vie. Plusieurs pasteurs ont la volonté de bien diriger et de bien enseigner, mais cette volonté n'est malheureusement ni motivée ni dirigée par un cœur rempli de ferveur pour leur Sauveur. Leur christianisme correspond davantage à une discipline institutionnelle qu'à une relation personnelle. Le succès du ministère les attire plus que leur propre croissance. La prochaine phase du plan stratégique les stimule plus que la gloire de Dieu et la splendeur de sa grâce. Ils ont perdu de vue le but ultime. Leur cœur a été pris en otage, mais hélas, la plupart d'entre eux l'ignorent!

Toutefois, cette lutte sous-tend un autre enjeu. Ce manque de zèle dans la méditation quotidienne centrée sur Christ ne découle pas seulement des exigences sans fin liées à la préparation du ministère. Elle émane également d'un sentiment : celui d'avoir déjà atteint le sommet. Je suis convaincu que lorsque la liste des occupations et ce sentiment s'entrecroisent, l'adoration privée est l'une des premières activités à disparaître. C'est sans doute un mélange de crainte et de gratitude qui nous incite tous les matins à rechercher à genoux une communion avec Christ. C'est par la confession quotidienne de notre identité et de notre fragilité que nous reprenons contact avec notre cœur et avec son besoin d'être sans cesse conquis. Hélas, nous n'avons pas toujours le péché en horreur, et il nous semble même plutôt attrayant à l'occasion. Lorsque nous prenons le temps d'y réfléchir, nous souhaitons revenir dans les bras protecteurs de notre Seigneur. Quand nous considérons le danger réel de la tentation dans ce monde déchu, nous cherchons alors à obtenir son aide jour après jour. C'est la crainte de notre propre faiblesse qui nous pousse à chercher notre force auprès du Sauveur. Nous devons craindre la puissance de la folie qui réside toujours en nous. Cette crainte nous incitera à rechercher quotidiennement la sagesse qui se trouve dans les pages des Écritures et nulle part ailleurs. Une crainte humble et sainte nous propulse dans une vie constante d'adoration personnelle quotidienne.

Ainsi, l'illusion d'être plus mûr et plus doué que vous l'êtes en réalité de même que l'oubli de votre véritable identité découragent la recherche de l'aide constante de votre Sauveur.

Le fait de croire que vous êtes parvenu à votre apogée détruit en vous la gratitude qui mène à l'adoration personnelle. Si vous estimez avoir atteint le plus haut niveau, vous vous féliciterez alors de résultats que seule la grâce peut produire. Vous aurez également tendance à vous attribuer le mérite pour des choses que Dieu seul peut faire.

Vous commencerez à croire à tort que le succès du ministère dépend uniquement de vous. Vous considérerez que vous êtes plus indispensable que vous l'êtes en réalité. Toutes ces choses anéantissent la gratitude qui inspire l'adoration. Les personnes orgueilleuses ont tendance à être ingrates pour la simple raison que l'orgueil les pousse à s'accorder trop de mérite.

Par conséquent, lorsque les aptitudes, l'expérience et le succès du ministère dictent votre façon de vous évaluer, c'est votre zèle pour l'adoration personnelle qui s'en trouve inévitablement affaibli. Parce que vous êtes convaincus que tout va bien, vous n'éprouvez pas le besoin de recevoir les tendres soins, la consolation, la sagesse et la guérison du Grand Médecin. L'humble désir suscité par la crainte de l'Éternel et l'heureuse soif causée par la gratitude à son égard ont été remplacés par le sentiment d'avoir atteint les plus hautes sphères spirituelles. Or, ce sentiment nuit à l'adoration.

L'un des scandales tenus sous silence dans l'Église évangélique moderne est sans doute le fait qu'un très grand nombre de pasteurs se trouvent dans cette situation. Ils dirigent les ministères de l'Évangile, mais ressentent très peu le besoin de cet Évangile dans leur propre vie. Ils ne se préoccupent pas de la guérison, de l'instruction et de la croissance de leur propre cœur. Ils ne sont pas toujours reconnaissants envers la grâce qui les délivre, les transforme et les vivifie. En réalité, ils aiment leur ministère plus que Christ. Les concepts de la rédemption les stimulent plus que le Rédempteur. Qu'ils en soient conscients ou non, ils se laissent impressionner davantage par leur propre personne que par Celui qui leur donne le souffle physique et spirituel. Ils n'éprouvent pas l'affliction quotidienne de savoir que tout ce qu'ils enseignent est beaucoup plus facile à enseigner qu'à mettre en pratique. Le fait qu'il leur arrive souvent de manquer à leur appel en tant qu'ambassadeur du Roi ne les attriste plus. Ils ne reconnaissent plus les procédés trompeurs des vieilles habitudes de leur cœur : l'impatience, la colère, l'amertume, l'envie, la jalousie, l'avarice, la suffisance, etc. Ils n'aspirent plus à voir la main gracieuse du Rédempteur façonner leur vie. Ils négligent de faire de l'adoration personnelle une habitude constante, non par manque de discipline ou par paresse, mais parce qu'ils doivent se préparer en vue d'une responsabilité du ministère à venir. Ils n'ont pas envie de prendre le temps d'adorer et de méditer parce qu'ils estiment avoir atteint les plus hauts sommets. Or, ce sentiment a détruit la crainte pieuse et l'humble gratitude qui les incitaient à l'adoration.

LA DANGEREUSE DICHOTOMIE

Une telle manière de vivre mène à une dichotomie dangereuse et à une croyance erronée. Cette dernière, parfois inconsciente, prétend qu'il n'existe aucun lien causal intime entre la vie privée et la pratique du ministère. On peut en venir à croire qu'un homme qui ne cultive pas sa vie d'adoration personnelle est tout de même en mesure de diriger les autres dans leur adoration de Dieu. Il est également possible de croire qu'une personne qui manque de gratitude dans sa relation avec Dieu peut stimuler la gratitude des autres ou qu'une personne orgueilleuse peut encourager l'Église à l'humilité. Comment en venons-nous à penser que nous pouvons offrir dans le ministère ce que nous ne possédons pas nous-mêmes?

Toutefois, le Nouveau Testament ne donne jamais à penser que le pasteur peut emprunter en même temps deux voies différentes : d'une part, l'homme et sa vie privée à la maison, d'autre part, l'homme et sa vie publique devant la congrégation. Paul aurait considéré cette vision du ministère pastoral comme une hérésie dangereuse. Ainsi, lorsqu'il présente les qualités d'un ancien, il attire l'attention sur la vie du pasteur dans son foyer. Si un ancien dirige mal sa propre maison, comment peut-il prendre soin du corps des croyants de sa communauté?

Vous êtes en toutes circonstances la même personne. La délimitation entre votre vie et votre ministère n'est ni distincte ni définie. Vous ne devenez pas une personne différente simplement parce que vous assumez une quelconque fonction dans le ministère. Vous et moi possédons chacun un cœur unique. Par conséquent, l'état de notre cœur constitue une part considérable de notre ministère. Bien sûr, ce principe semble très évident. Toutefois, j'ai bien peur que cette vérité soit négligée dans plusieurs de nos Églises.

Examinons à nouveau le conseil que donne Paul au jeune pasteur Timothée : « Veille sur toi-même et sur ton enseignement, avec persévérance. Car en agissant ainsi, tu sauveras et toi-même et ceux qui t'écoutent » (1 Timothée 4.16). Le conseil de Paul comporte deux présuppositions cruciales. La première est le fait que Timothée n'a pas encore atteint l'apogée. Paul rappelle à Timothée qu'il est toujours sur la voie de la sanctification, même s'il est pasteur. Il ne doit pas oublier que son cœur peut encore s'égarer et qu'il a toujours besoin de tout ce qu'il souhaite offrir aux autres. Il a besoin d'avertissement, d'encouragement, de réprimande, de conseil, etc. Timothée, le ministre de l'Évangile, a lui aussi personnellement besoin de l'Évangile. Par conséquent, Paul lui recommande de veiller sur lui-même. Cet avertissement lancé à Timothée comprend un appel à prendre soin de son propre cœur. Il ne peut penser qu'il suffit de se préparer adéquatement pour être utile au ministère. Il ne peut non plus laisser les exigences de la préparation compromettre sa propre croissance spirituelle. Bien sûr, il doit se préparer et bien le faire. Il doit veiller attentivement à son enseignement certes, mais ce n'est pas suffisant.

Paul suppose d'abord, à cause du péché qui persiste, que Timothée est toujours en danger et qu'il doit humblement veiller sur son cœur. Toutefois, Paul énonce un deuxième a priori qu'il est également important de considérer : le soin et la croissance du cœur de Timothée ne servent pas seulement à sa protection et à son propre enrichissement. Ils contribuent également au salut de ses auditeurs. Paul suppose que tôt ou tard, l'état du cœur de Timothée finira par influencer la direction et le fruit de son ministère.

En tant que pasteur, le soin que vous accordez à votre propre cœur n'est pas simplement une humble confession de votre besoin du Sauveur et de votre amour pour lui. C'est aussi une déclaration de votre amour envers le peuple que Dieu a confié à vos soins. C'est sur ce point que se rejoignent la préparation et l'adoration personnelle. Votre lecture de la Bible chaque matin n'a pas pour but de trouver du contenu en vue d'une prédication : le passage que vous lisez doit nourrir votre propre cœur. Cependant, en agissant ainsi, vous préparez votre cœur en vue des diverses responsabilités, occasions et tentations que présente le ministère dans l'Église locale. Ce que vous faites chaque matin vous permettra, au moment opportun, de prendre part à l'œuvre de Dieu plutôt que d'y faire obstacle.

À vrai dire, le ministère d'une l'Église locale comporte des moments très importants où Dieu lui accorde sa protection et sa bénédiction. Dieu agit ainsi non pas à cause des connaissances exceptionnelles du dirigeant de l'Église, mais parce que ce dernier aborde la situation avec un cœur bien disposé. Ainsi, il peut faire preuve de sagesse devant les accusations, de patience envers ceux qui veulent dominer ou d'humilité envers ceux qui cherchent à l'idolâtrer. Il est prêt non seulement à enseigner, mais aussi à traverser le terrain miné de la tentation que foulent les pieds de tous ceux qui exercent leur ministère auprès de pécheurs dans ce monde imparfait. Si tous les jours vous travaillez à garder votre cœur, vous vous engagez par le fait même à prendre soin du troupeau et à le protéger. Il est tout simplement impossible de séparer ces deux réalités. Aussi, lorsque le sentiment d'avoir atteint le sommet émousse votre vigilance quant à l'état de votre propre cœur, vous exposez également les personnes qui vous ont été confiées par Dieu à un danger bien réel.

L'ADORATION PERSONNELLE : VOTRE MORT ET VOTRE VIE

En réalité, la santé et la réussite de votre ministère sont une question à la fois de vie et de mort. Si vous voulez être un ambassadeur utile entre les mains du Dieu dont la grâce est glorieuse et puissante, vous devez mourir à vous-même. Vous devez mourir à vos plans pour votre propre vie. Vous devez mourir à vos rêves égocentriques de réussite, à vos exigences de confort et de facilité, à votre propre définition de la belle vie, ainsi qu'à votre recherche de plaisir, d'acclamation, de prédominance et de respect. Vous devez mourir à votre désir de tout diriger, à votre espoir de justice indépendante, à vos projets pour la vie des autres, ainsi qu'à votre soif d'un certain mode de vie ou d'une certaine situation. Vous devez mourir à votre propre royauté et à la poursuite de votre propre gloire dans le but d'embrasser la cause d'un Autre et de rechercher sa gloire. Vous devez mourir à la gestion de votre propre temps, au maintien de votre réputation, à votre désir d'avoir le dernier mot et de tout faire à votre façon. Vous devez mourir à votre confiance inébranlable en vous-même. Vous devez mourir.

Qu'est que cela a à voir avec votre vie d'adoration personnelle? À vrai dire, rien n'est plus efficace pour tuer un individu que son temps personnel d'adoration. Je veux dire bien sûr qu'il a le pouvoir de mettre à mort le « moi » qui réside en chacun de nous. Ce « moi » résiste constamment à Dieu et entrave l'accomplissement de son œuvre au lieu d'y prendre part. L'adoration personnelle et privée est un instrument efficace de la grâce entre les mains de Dieu pour faire mourir en vous ces choses qui doivent disparaître. Ainsi, vous serez l'homme que vous avez été appelé à être et vous accomplirez la tâche qui vous est réservée dans le cadre de votre ministère. Permettez-moi de préciser ma pensée.

D'abord, une adoration personnelle constante vous permettra d'avoir une vision juste de Dieu. Un des grands dangers qui nous guettent tous est le fait que notre perception peut se corrompre au point de ne plus apercevoir la grâce merveilleuse de Dieu. « Toute la terre est pleine de sa gloire » (Ésaïe 6.3), certes, mais nous pouvons devenir affreusement aveugles au spectacle qui s'offre à nos yeux! Une foule de choses peuvent obstruer notre vision. Des personnes accablées de soucis sollicitent désespérément des soins pastoraux. L'Église semble accuser un déficit budgétaire. Les dirigeants doivent faire preuve de plus d'humilité et d'unité entre eux. Le bâtiment est déjà exploité aux limites des possibilités qu'il peut offrir. Le ministère auprès des enfants stagne et est dépourvu de direction efficace. Certains points suscitent la division théologique et la controverse. Le responsable de l'adoration se prend davantage pour une vedette que pour un pasteur. Une série de sermons doit être préparée. Des missionnaires ont besoin de soutien financier. Des leaders ont besoin de formation. Les yeux de notre cœur sont remplis de tant de choses importantes qu'il nous arrive souvent de ne plus voir celle qui est la plus importante.

L'étude de la Bible, la méditation et la prière quotidiennes ont le pouvoir de nous donner une vision nouvelle de l'ampleur de la gloire de Dieu. De plus, le fait d'être tous les jours en présence de sa grandeur contribuera à nous encourager et à nous rappeler que nous ne sommes ni grands ni glorieux. L'adoration personnelle a le pouvoir de nous remettre progressivement à notre place. Puisqu'elle reconnaît que Dieu est au centre de l'univers, elle peut anéantir toute aspiration que nous entretenons d'être nous-mêmes au centre de l'univers. L'adoration personnelle attire notre attention sur le magnifique royaume de Dieu et peut nous affranchir du désir de construire le nôtre. De plus, elle nous expose sans cesse à la grâce transformatrice de Dieu et nous libère de notre espoir de changer les autres. Dieu emploie nos temps d'adoration personnelle pour nous libérer de toute attente que nous cultivons encore d'accomplir nous-mêmes ce que seul le Messie peut accomplir. Toutefois, l'impact de notre adoration personnelle se répercute encore à d'autres domaines.

Un culte personnel au quotidien donne aussi une *vision juste du monde*. À mesure que les Écritures éclairent quotidiennement notre esprit sur la réalité profondément trompeuse de ce monde déchu, nous sommes progressivement libérés de l'espoir de voir ce monde déchu, notre entourage imparfait et notre Église devenir le paradis ministériel qu'ils ne seront jamais. Peu à peu, nous mourons à nos attentes irréalistes et à nos rêves de gloires pastorales. Nous cessons progressivement d'envier le ministère des autres et de nous demander pourquoi les choses sont si difficiles là où nous travaillons. Nous commençons à comprendre que le ministère pastoral constitue une guerre et que par conséquent, nous ne pouvons pas l'aborder de manière sereine, comme si nous vivions en temps de paix. Nous comprenons petit à petit que la destination finale n'est pas ce monde. Or, c'est justement en vue de la destination finale que toutes les luttes actuelles du ministère sont censées nous préparer et préparer les personnes dont nous prenons soin. L'adoration personnelle quotidienne a le pouvoir de nous libérer de perceptions naïves et romantiques au sujet de l'Église locale qui, hélas, sont souvent ce qui motive ceux qui pratiquent le ministère. La parfaite honnêteté avec laquelle la Bible décrit notre monde, celui où nous vivons et où nous travaillons, a le pouvoir de mettre fin au rêve égocentrique que nous caressons de servir votre Roi crucifié sans avoir à souffrir. Et il y a plus encore.

L'adoration personnelle et privée a le pouvoir de mettre à mort la *vision erronée que nous avons souvent de nous-mêmes*. La vision que nous renvoie le miroir tous les jours nous aide à avoir une vision appropriée et actuelle de nous-mêmes. Or, nous aimons penser que nous nous connaissons bien et que nous évaluons avec justesse nos forces et nos faiblesses. Nous voudrions croire que nous avons correctement interprété notre parcours. Nous aimerions affirmer que nous ne pointons plus les autres du doigt quand la faute nous revient, que nous reconnaissons et admettons rapidement nos torts. Cependant, ce n'est pas toujours le cas. Nous entretenons souvent une vision tordue de nous-mêmes. Nous nous pensons souvent meilleurs que nous le sommes en réalité. Par conséquent, nous avons besoin d'un miroir qui nous montrera qui nous sommes avec une exactitude absolue.

Il est important d'y veiller avec soin, puisque l'autodétermination, la suffisance et une confiance en soi démesurée détruisent la tendresse, l'humilité, la grâce, la patience et l'amour bienveillant qui devraient caractériser tout ministère pastoral.

Pasteur, vous avez besoin de l'espoir et du courage que seule *une vision juste de la grâce de Dieu* peut vous offrir. Souvenez-vous que vous n'avez pas à faire ce que seule la grâce a la puissance de faire. Or, j'ai bien peur que bon nombre de pasteurs perdent de vue cette grâce. Ils tombent dans le même piège que l'armée d'Israël qui jugeait de son potentiel selon sa taille et selon l'ampleur de son épreuve. Pas étonnant que ses soldats aient tremblé devant Goliath sur le champ de bataille! Ils avaient oublié qu'ils n'étaient pas seuls. À vrai dire, ces enfants de Dieu avaient oublié que leur potentiel était beaucoup plus imposant que leur sagesse, leur force ou leur expérience, parce que le Tout-Puissant s'était engagé par alliance à déployer sa puissance pour les défendre.

De la même manière, les pasteurs sont tentés d'employer une mesure peu fiable pour évaluer leur potentiel. Bien qu'ils n'en soient sans doute pas conscients, leur compréhension de l'Évangile comporte une large brèche. Ils négligent de se prêcher à eux-mêmes le message actuel et pertinent de l'Évangile de la grâce de Jésus. Par conséquent, ils craignent d'affronter ce qui dépasse leur capacité ou ils s'attribuent des capacités qu'ils ne possèdent pas. Le message de la grâce que décrit la Bible d'une couverture à l'autre a la puissance de mettre à mort nos peurs paralysantes et de nous empêcher de devenir enflés d'orgueil. Tout pasteur doit confesser quotidiennement son besoin de cette grâce, sans quoi il représente un danger pour lui-même et pour les autres. Le message de la grâce nous donne à la fois humilité et espoir, deux traits de caractère indispensables pour tout leader dans l'Église de Jésus-Christ.

Néanmoins, ce qui nous tue nous donne également la vie. À mesure que l'adoration personnelle devient l'instrument de grâce qui favorise notre mort et nous fait peu à peu mourir à notre autodétermination, à notre suffisance et à notre égocentrisme, nous commençons à vivre réellement. La vie véritable survient après la mort. La vraie justice se produit sans doute uniquement au moment où nous sommes sans ressource. Souvenez-vous des paroles de Christ : « Alors Jésus dit à ses disciples : Si quelqu'un veut venir après moi, qu'il renonce à lui-même, qu'il se charge de sa croix et qu'il me suive. Quiconque en effet voudra sauver sa vie la perdra, mais quiconque perdra sa vie à cause de moi la trouvera » (Matthieu 16.24-25).

L'adoration personnelle quotidienne remet sans cesse la gloire de Dieu devant mes yeux. Par conséquent, elle me force à affronter la triste condition du monde dans lequel je vis et me révèle ma faiblesse et mon péché. De plus, elle m'arrose de la grâce merveilleuse de Dieu et me prépare et m'éveille progressivement à l'appel de Dieu et aux luttes qui accompagneront la réponse à cet appel.

L'adoration pratiquée en privé est l'un des moyens que Dieu utilise non seulement pour vous venir en aide, mais également pour secourir les individus qu'il a confiés à vos soins. Lorsque le sentiment d'avoir atteint les plus hauts sommets vous a dépouillé de la sainte crainte et de l'humble reconnaissance qui mènent à l'adoration personnelle constante, vous exposez l'Église dont vous avez la charge, ainsi que vous-même, à de grands dangers. C'est là un bien triste état!

INDICES QUI MONTRENT QUE VOUS AVEZ OUBLIÉ VOTRE DOUBLE IDENTITÉ

Voici donc la réalité que vit tout individu dans le ministère : où qu'il aille et quoi qu'il fasse, il doit toujours s'assurer de préserver sa double identité. Peu importe l'influence qu'il exerce, la renommée ou l'expérience dont il jouit, il doit lutter pour garder ces deux identités. Pasteur, vous devez vous considérer non seulement comme un *instrument* de l'œuvre, mais aussi comme un *bénéficiaire* de celle-ci. Votre travail en tant qu'instrument n'annule pas votre identité de bénéficiaire et cette dernière n'affaiblit pas la portée de votre travail en tant qu'instrument. Vous et moi, en plus de nous considérer comme des instruments de la grâce dans la vie des autres, devons toujours nous rappeler que nous avons besoin de cette même grâce que nous offrons aux autres.

En effet, si vous cessez de croire que vous dépendez également de la grâce que vous êtes appelé à présenter aux autres, vous cesserez alors de rechercher cette grâce. Or, cette dernière est votre protection, votre sagesse, votre espoir et votre force. Par conséquent, si vous l'oubliez, ou que vous vous considérez uniquement comme son instrument, votre étude personnelle de la Parole et votre adoration du Seigneur perdront considérablement de leur vigueur. Vous finirez par ne plus vous approprier la Parole et, ce faisant, chaque fois que vous ouvrirez la Bible, ce sera dans le but de préparer un enseignement pour les autres et non pour nourrir votre propre cœur. En réalité, vous serez toujours en préparation, mais vous ne vous rassasierez jamais personnellement des vérités substantielles dont vous vous apprêtez à nourrir les autres.

Cela ne va pas sans rappeler ces mots évocateurs de l'apôtre Pierre : « Désirez comme des enfants nouveau-nés le lait non frelaté de la parole, afin que par lui vous croissiez pour le salut » (1 Pierre 2.2). Je me souviens de l'appétit vorace de notre premier enfant. Il avait soif du lait que seule sa mère pouvait lui donner et rien ne pouvait l'en détourner! Mais je me souviens également qu'après s'être rassasié physiquement, il pleurait lorsque sa mère l'écartait de sa poitrine pour le déposer. Ces nouveaux pleurs correspondaient à une autre soif. Il avait aussi soif du rapport intime, de la communion et de la sécurité des bras de sa mère. Cette image évoque en moi une question. Ai-je perdu ma soif d'enfant envers la Parole nourrissante de Dieu? Ai-je perdu ma soif du confort et de la sécurité que procure la communion intime avec mon Seigneur? Est-ce que je me limite à un engagement discipliné au service d'une institution religieuse? Ai-je tout réduit à des idées théologiques et des stratégies ministérielles? Mon ministère a-t-il cessé d'être une relation personnelle accompagnée d'un appel personnel pour ne devenir rien de plus qu'une carrière? Le désir sincère d'apporter la grâce aux autres s'est-il transformé en une amnésie identitaire dangereuse et tueuse d'âmes?

Êtes-vous si occupé à nourrir les autres que vous en négligez votre propre besoin de vous nourrir?

Voici des indices que vous pouvez relever dans votre vie et votre ministère qui montrent que votre travail en tant qu'*instrument* de la grâce vous a conduit à oublier ou à nier votre identité en tant que *bénéficiaire* de cette même grâce.

1) LA BIBLE N'EST PLUS UN MIROIR.

Le premier indice est un changement dans votre relation avec la Parole de Dieu. *La Bible a cessé d'être un miroir et elle n'est plus qu'un outil pour exercer le ministère auprès des autres.* C'est une situation dangereuse. Le cœur y est à risque. Néanmoins, un très grand nombre de pasteurs se trouvent dans cette situation. Votre vie d'adoration peut aussi changer.

2) L'ADORATION PASSE D'UNE QUÊTE PERSONNELLE À UNE OBLIGATION PUBLIQUE.

L'adoration passe d'une quête privée humble et reconnaissante à quelque chose qui ressemble à une obligation publique. En effet, c'est votre devoir de conduire les autres dans l'adoration au même titre que c'est votre devoir de leur enseigner la Parole de Dieu. Or, comment mener de façon efficace et persuasive des personnes à faire ce que vous n'expérimentez pas vous-même quotidiennement?

3) LE CHRISTIANISME DEVIENT UN SYSTÈME PLUTÔT QU'UNE RELATION.

Votre christianisme devient *davantage un système de rédemption qu'une relation et une communion personnelles avec le Rédempteur.* Il y a sans doute autour de nous plus de christianisme dépourvu de Christ que nous l'imaginons. Une telle forme de christianisme émane sans doute d'un cœur indifférent plus que d'une faille dans la mise en application de notre théologie.

4) VOTRE DÉSIR D'ACQUÉRIR DES CONNAISSANCES N'EST PAS ACCOMPAGNÉ D'UNE SOIF.

Un autre indicateur de la perte de votre identité de bénéficiaire est le fait que *votre désir de connaître le contenu de la Parole n'est pas accompagné d'une soif de votre cœur envers le Dieu de la Parole*. Le sentiment d'avoir accédé au plus haut niveau comporte une subtile idolâtrie de la Bible : l'assurance que vous procurent vos connaissances et votre aisance à utiliser la Parole se substitue alors à votre confiance envers le Seigneur. Vous êtes plus motivé à devenir intelligent sur le plan théologique qu'à voir votre vie et votre cœur radicalement transformés par la Parole de Dieu. Est-il possible que votre cœur soit avide de la Parole (une quête de l'expertise théologique et de la connaissance biblique), mais qu'il manque de passion pour le Dieu de la Parole?

5) VOUS VOUS PRÉOCCUPEZ DAVANTAGE DU PÉCHÉ DES AUTRES QUE DU VÔTRE.

Si vous oubliez votre identité de bénéficiaire, votre *souci pour les autres sera si grand qu'il vous empêchera de vous affliger de vos propres péchés*. Qui d'entre nous ne s'est jamais assis devant un prédicateur doué, en pensant que son message s'adressait à d'autres? Vous n'êtes pas personnellement assoiffé et reconnaissant durant de tels moments. Vous vous réjouissez plutôt de savoir que telle personne se trouve parmi les auditeurs, car elle a vraiment besoin d'entendre ce que dit ce prédicateur. Cette réalité constitue une tentation bel et bien réelle pour tous ceux qui exercent le ministère. Vous courez un grand danger si la tristesse que vous cause la condition des autres est plus grande que celle que vous éprouvez envers votre propre péché.

6) L'ORGUEIL DE CONNAÎTRE REMPLACE L'HUMILITÉ D'ÊTRE CONNU.

Le dernier indice qui montre que vous avez oublié les deux dimensions de votre identité est celui-ci : *l'orgueil de connaître remplace l'humilité d'être connu*. Votre vie et votre ministère sont dès lors principalement marqués par l'orgueil que vous procurent vos connaissances plutôt que par l'humilité d'être entièrement connu et néanmoins pleinement aimé par le Sauveur. Par conséquent, vous exercez votre ministère comme un homme qui croit avoir atteint les plus hautes cimes plutôt que de vous réjouir en tout temps du secours de la grâce dont, comme les autres, vous avez tant besoin.

▲　▲　▲

Ces indices s'accumulent-ils dans votre vie et votre ministère? Y a-t-il des signes qui démontrent que votre appel au ministère de la grâce vous a fait oublier votre besoin de la grâce?

L'une des bénédictions les plus douces de la croix de Jésus-Christ est sans doute le fait que le voile de séparation a été déchiré en deux. Pour cette raison, les lieux saints ne sont plus réservés au souverain sacrificateur une seule fois par année. Désormais, chaque enfant de Dieu peut venir avec confiance dans la présence de Dieu, et ce, pas seulement une fois par année. Après que l'auteur de l'Épître aux Hébreux a évoqué cet accueil, il ajoute : « Approchons-nous donc avec assurance… » (4.16.) Malgré tous nos péchés, nos faiblesses et nos échecs, nous sommes invités à faire ce qui devrait dépasser notre entendement. Dieu ne se limite pas à nous tolérer de loin. Au contraire, le Roi des rois, le Seigneur des seigneurs, le Créateur, le Souverain, le Sauveur nous invite à entretenir une relation personnelle intime avec lui. Malgré toute notre corruption, nous sommes appelés à venir en sa présence en toute confiance. Le sang de Jésus a accompli l'impossible. Pour l'auteur des Hébreux, il n'y a qu'une façon appropriée de répondre à l'accès que nous avons maintenant auprès de Jésus. C'est de nous « approcher » de lui. Si nous avons oublié qui nous sommes et ce qui nous est offert, nous avons aussi sans doute cessé de nous approcher de Jésus. Convaincus que tout va bien et affairés comme nous le sommes à nous préparer, beaucoup d'entre nous ont cessé de communier avec Celui qui est notre vie, notre paix, notre réconciliation, notre sagesse, notre espoir, notre pardon et notre force. Par conséquent, notre ministère est dépourvu de la tendresse, de la patience et de la passion qu'une adoration soumise et reconnaissante produit dans les cœurs.

De toute évidence, il est tout à fait impossible d'être un bon ambassadeur de la grâce du Roi sans reconnaître son propre besoin du Roi. Le ministère public est conçu pour être alimenté et motivé par l'adoration privée. Lorsqu'elle est absente, il se produit un changement en vous et en votre ministère qui risque de devenir néfaste pour vous et pour les personnes auprès desquelles vous avez été appelé à servir.

Pasteur, le sentiment d'avoir atteint le sommet et les soucis du ministère ont-ils miné votre vie d'adoration privée, votre méditation et votre communion avec Christ? Ou, dans les mots de l'Épître aux Hébreux, vous approchez-vous toujours du trône de la grâce?

CHAPITRE QUATORZE

L'ÉCART

Ce midi-là, j'ai vécu un moment drôle, mais fort embarrassant, qui s'est néanmoins avéré bénéfique. Mon adjoint Steve et moi étions en compagnie d'un groupe de pasteurs qui souhaitaient nous rencontrer et qui s'étaient joints à nous pour casser la croûte. Un des pasteurs avait demandé à Steve ce qui l'avait motivé à céder son entreprise d'assurance à son gendre afin de contribuer aux Ministères Paul Tripp et d'y travailler à temps plein. Spontanément, Steve a répondu : « Eh bien, si j'ai choisi de travailler dans ce ministère, ce n'est certainement pas parce que j'idéalise Paul, parce qu'il lui arrive d'être un idiot. Je le fais parce que je partage sa vision de relier la puissance transformatrice de Jésus-Christ à la vie de tous les jours. » En entendant ces mots, j'ai tout de suite eu envie d'ajouter pour me justifier : « Oui, Steve, il m'arrive d'être un idiot, mais s'il fallait l'annoncer à ces pasteurs, j'aurais préféré le faire moi-même. » C'était une scène intéressante. Certains pasteurs ont ri, d'autres se montraient mal à l'aise tandis que je me demandais si je devais réagir à la situation.

À vrai dire, Steve avait tout à fait raison. Il m'a vu dans des circonstances vraiment embarrassantes, alors que j'étais irritable, insupportable ou que je broyais du noir. Il est impossible de vivre et de travailler aux côtés d'une personne sans obtenir les preuves empiriques de l'éventail complet de sa dépravation. Il s'agit de ces choses dans le cœur qui nécessitent toujours la main transformatrice du Rédempteur. Steve a depuis longtemps abandonné l'illusion que je suis un exemple héroïque de ce que j'enseigne. Si j'étais la raison pour laquelle il exerçait ce ministère, je lui aurais déjà fourni maintes fois l'occasion d'abandonner. Je demeure un homme déchu qui a besoin des soins de la grâce et de la restauration qu'elle procure.

Ainsi, puisque nous approchons de la fin de ce livre, je serai tout à fait honnête et je vous demanderai d'en faire autant. Pasteurs, nous sommes tous en quelque sorte un peu décousus. Il nous arrive à tous par moments d'être de piètres exemples des vérités que nous enseignons. Nous avons tous la sombre capacité de faire l'exposition d'un passage biblique qui acclame la grâce de Dieu pour ensuite faire preuve de dureté en tant que mari ou père dans la voiture, en rentrant à la maison. Vous pouvez diriger une discussion à propos de la pureté sexuelle dans un groupe d'hommes pour ensuite convoiter les femmes à l'épicerie sur le chemin du retour. Vous pouvez enseigner sur la nature sacrificielle de l'amour et vous montrer par la suite égoïste et peu disposé à rendre service aux membres de votre famille. Vous et moi pouvons définir l'humilité biblique, tout en demeurant orgueilleux et fiers de ce que nous savons et de ce que nous avons accompli. Nous sommes capables d'expliquer l'impact de l'investissement de nos dons et de nos forces dans l'œuvre du royaume de Dieu pour ensuite gaspiller d'innombrables heures devant l'écran plat. Nous pouvons parler de la beauté du pardon alors que nous entretenons de l'amertume contre certaines familles ou certains leaders qui se sont opposés à nous. Nous sommes capables de parler de la seigneurie de Dieu dans tous les domaines de notre vie pour ensuite nous masturber dans la salle de bain avant d'aller au lit. Nous parlons du repos que procure la souveraineté de Dieu, puis nous travaillons subtilement dans les coulisses pour nous assurer d'obtenir gain de cause. Nous parlons de donner à Dieu la gloire qui lui est due, puis nous trafiquons les chiffres pour faire paraître notre ministère plus fructueux aux yeux des autres. Nous parlons de croire à la provision de Dieu, puis nous nous endettons et dépensons plus que ce que Dieu nous a donné. Nous enseignons aux autres le repos que nous pouvons trouver lorsque nous découvrons notre identité en Christ, mais dans le concret du ministère quotidien, nous nous préoccupons considérablement de ce que les autres pensent de nous. Nous pouvons bien enseigner le contentement, mais nous sommes enclins à nous plaindre et à murmurer dès que surviennent les embûches. Nous sommes tous capables d'être suffisants, orgueilleux, méprisants, dominateurs, coléiques, amers et exigeants. Nous agissons parfois comme si nos bénédictions nous étaient dues. Nous oublions souvent combien nous avons besoin de tout ce que nous enseignons. Tout cela démontre au quotidien que nous sommes toujours en processus de sanctification et que nous avons constamment besoin du secours de la grâce.

D'une certaine façon, un fossé profond sépare le personnage public reluisant et les détails incohérents de notre vie privée. Certains aspects de cette dissociation nous accompagneront jusqu'au retour du Seigneur.

Toutefois, cette dissociation ne vous disqualifie pas forcément du ministère. Néanmoins, lorsque vous vous y habituez, elle devient spirituellement néfaste pour vous et pour votre ministère. Vous devenez dangereux lorsque vous apprenez l'art de vous accommoder de cette distinction. Maîtriser la sombre aptitude spirituelle à compartimenter votre propre cœur peut vous conduire à un véritable désastre, car vous vous comportez alors de deux manières tout à fait différentes et ce côté sombre ne vous hante plus. N'oubliez pas que cette dissociation existe la plupart du temps dans les domaines banals de la vie quotidienne. C'est donc dans ce contexte que nous devons examiner les éléments de rupture ou de divergence entre le personnage public qui exerce le ministère et la vie privée. Peut-être êtes-vous devenu insensible à ces incohérences et avez-vous même acquis la capacité de tout faire fonctionner malgré elles?

SE PRÊCHER À SOI-MÊME L'ÉVANGILE

De là l'importance pour nous, pasteurs, de nous prêcher l'Évangile à nous-mêmes. Une grande part de cette dissociation et de cette rupture est accentuée du fait que, dans notre quotidien, nous avons tendance à oublier le même Évangile que nous prêchons de façon si convaincante aux autres dans des contextes publics. Voici la lutte quotidienne des pasteurs : non seulement nous devons vivre avec cette dualité, mais tant de choses peuvent également réclamer l'attention de notre cœur. Du coup, elles commencent à exercer leur influence sur ce que nous faisons et disons dans le ministère.

Il est possible que vous ressentiez la pression causée par les attentes des autres concernant votre ministère, étant donné la réussite que vous avez connue au séminaire. Vous vous sentez sans doute redevable envers un groupe d'Églises qui a cru en vous et qui a investi dans votre ministère. Peut-être que la vision d'anciens chevronnés qui ont eu un impact important sur la culture et la direction de l'Église vous semble-t-elle lourde à porter. Vous éprouvez sans doute une certaine obligation à respecter vos propres rêves, l'espoir auquel vous vous êtes accroché et votre vision pour votre ministère dans les années à venir. De plus, si vous avez le cœur d'un pasteur, vous ressentez le poids des désirs, des attentes et des besoins spirituels des personnes que Dieu vous a appelé à servir. Vous ressentez la responsabilité de bâtir pour votre ministère une bonne réputation aux yeux d'une communauté attentive. Vous subissez sans doute la pression morale que présente la direction de nombreux ministères qui ne fonctionnent pas toujours dans l'harmonie. Vous êtes accablé par la charge des besoins financiers de l'Église. Vous devez faire face à tous ces commentaires divergents à propos de votre enseignement, de votre prédication et de votre direction de l'adoration en public. Vous êtes contraint à régler des problèmes que vous n'avez pas créés, mais qui doivent être résolus. Vous devez affronter le fardeau de l'opposition et de la critique. Vous devez travailler avec des leaders qui veulent dominer et qui se montrent plus politiques que pastoraux dans leur approche. Vous êtes conscient du poids de toutes ces choses qui vous éloignent de l'immense responsabilité que vous avez en tant que père et mari.

Toutes ces préoccupations sont légitimes. Toutefois, si votre attention est constamment absorbée par les problèmes graves qui se succèdent, les soucis peuvent faire en sorte que vous perdiez de vue l'objectif du ministère. Lorsqu'ils se combinent, vous risquez également de trouver difficilement le repos du cœur. Bien qu'il soit approprié de se charger de toutes ces responsabilités, vous ne devez laisser aucune d'elles dominer votre cœur. Ces préoccupations constantes peuvent se transformer en idolâtries pastorales séductrices. Vous croyez alors servir Dieu, mais votre cœur est gouverné par une chose à laquelle vous avez rattaché votre identité pastorale et votre sentiment de bien-être intérieur. À vrai dire, il est à la fois possible d'appeler les autres à se soumettre à la seigneurie de Jésus-Christ tout en soumettant votre propre cœur à une panoplie d'idoles, dans le ministère pastoral. Dans un tel cas, vous exercez votre ministère dans l'espoir d'obtenir auprès de vos semblables ce que vous avez déjà reçu en Dieu seul. Imperceptiblement, vous cherchez l'acclamation, la réussite, la réputation et vous espérez que ces choses, et d'autres encore, constituent votre messie personnel. Or, cela ne se produira jamais. Vous serez plutôt porté à prendre de mauvaises décisions sans jamais obtenir l'assurance intérieure que vous recherchez. Songez à la folie de cette subtile idolâtrie liée au ministère.

Les membres de votre congrégation ne sont pas devenus des participants actifs de votre ministère dans le but de contribuer collectivement à rehausser votre estime personnelle et votre assurance concernant vos dons. Dieu ne vous a pas appelé à ce ministère particulier pour que vous puissiez vous tailler une identité qui vous convienne. Les leaders de l'Église ne vous ont pas appelé à être leur pasteur pour combler votre besoin d'une tribune où vous pourriez trouver un sens et un but à votre vie. Les personnes accablées d'épreuves ne vous ont pas confié leurs soucis pour que vous vous sentiez important, essentiel et apprécié. Ceux qui donnent fidèlement à l'œuvre ne le font pas pour que vous vous construisiez un ministère couronné de succès et pour que vous fassiez grand cas de vos réalisations. Ainsi, ce n'est pas au sein de votre ministère que vous trouverez le repos du cœur auquel aspire tout être humain. Or, si c'est là que vous le cherchez, vous n'y récolterez qu'anxiété, frustration, convoitise, blessures, déception, colère, et amertume. Cela vous conduira à douter de la bonté de Dieu. Je suis convaincu que ce qu'on appelle communément une « dépression du ministère » (un terme qui selon moi n'est pas très bénéfique) émane souvent de la fatigue et du découragement d'un pasteur qui cherche dans son ministère ce qui ne s'y trouve pas.

Les réalités de votre vie spirituelle personnelle se heurtent donc aux réalités et aux attentes du ministère public. Vous courez le risque de vous habituer à une divergence entre votre personnalité publique et votre vie spirituelle personnelle. Cette dernière est confrontée à la guerre d'adoration qui se livre dans votre cœur lorsque vous entendez la voix des idoles qui assaillent tout pasteur.

Je crains qu'au fort de cette guerre, bon nombre de pasteurs, épuisés par le combat spirituel, se soient accordé le droit de se sentir de plus en plus à l'aise au sein de cette *duplicité* et qu'ils se soient livrés à une forme subtile d'*idolâtrie*. D'une part, la duplicité au sein du ministère constitue une rupture entre les vérités que les pasteurs enseignent et leur façon de vivre. D'autre part, le fait de laisser une quelconque quête dominer leur cœur est bel et bien une idolâtrie du ministère. Or, notre seule protection, c'est l'Évangile de Jésus-Christ. Seule la grâce nous offre la vie qui satisfait pleinement et c'est uniquement lorsque nous y puisons que nous cessons de chercher la vie ailleurs. Le repos du pardon que procure la grâce nous permet de nous examiner honnêtement et de nous affliger sans toutefois sombrer dans une culpabilité et une honte paralysantes.

Pasteur, vous avez besoin plus quiconque d'entendre votre propre prédication. Votre propre cœur est le premier endroit où vous devez faire l'exégèse et l'exposition de la grâce. Il n'existe aucune autre chaire où il est plus essentiel d'enseigner l'importance d'appliquer cette grâce aux circonstances et aux relations que votre propre vie. C'est dans votre propre cœur que vous devez d'abord craindre les répercussions de la duplicité. C'est là que vous devez d'abord redouter une forme d'idolâtrie qui est devenue acceptable sur le plan religieux. Le ministère est un combat pour l'Évangile qui se livre dans votre cœur. La grâce vous permet d'être un bon soldat. Vous et moi ne devons pas nous permettre de devenir indifférents aux choses que Dieu qualifie de mauvaises. Nous ne devons pas apprendre à nous accommoder de choses dysfonctionnelles tout en prétendant qu'elles fonctionnent tout à fait bien. Nous ne devons pas nous convaincre nous-mêmes que nos idoles n'en sont pas ni nous permettre de vivre et d'exercer le ministère avec un manque flagrant de constance et d'intégrité. Nous devons comprendre que nous avons été appelés à combattre pour l'Évangile de Jésus-Christ. Or, ce combat débute dans notre cœur.

Les quelques principes suivants sont essentiels à la mise en pratique de l'Évangile dans la vie de tous les jours : tout pasteur devrait constamment se les prêcher à lui-même.

1) JE NE DOIS PAS ME SOUCIER D'ÊTRE À LA HAUTEUR DE LA SITUATION, PARCE QUE JÉSUS L'A ÉTÉ À MA PLACE.

Seul l'Évangile peut me libérer de la crainte de ne pas être trouvé digne. En effet, je ne suis pas digne. Je ne pourrai jamais dire ou faire quoi que ce soit qui puisse me rendre digne de l'acceptation et de l'affection de mon Père. Je ne pourrai jamais être parfaitement obéissant de manière à mériter son approbation. Je ne suis pas dans le ministère parce que je suis devenu, par mes propres efforts, un brillant exemple de tout ce que peut produire l'Évangile. J'ai été libéré du besoin de me prouver à moi-même et aux autres que je suis digne. Je n'ai pas besoin de plaider en privé en faveur de ma propre valeur ou d'accomplir en public des actes pour le prouver. Jésus a été parfaitement à la hauteur; il a été parfaitement digne à ma place. Il a accompli ce que je ne pouvais pas accomplir afin que j'obtienne une position que je n'avais pas et que je n'aurais jamais pu acquérir. Je n'ai pas à vivre comme si j'étais en période de probation, comme si je devais encore me soumettre à une évaluation. J'ai été accepté et appelé au ministère. Je n'ai rien mérité. Ce sont des dons de la grâce. Je n'ai rien à prouver lorsque j'exerce le ministère sinon que l'Évangile de Christ est vrai et tout à fait digne de confiance : il a la puissance de nous libérer et de nous transformer. Aussi longtemps que je serai dans le ministère, je serai confronté à mon propre péché, à ma propre faiblesse et à la pression qu'exercent sur moi les attentes et les critiques des autres. Je dois jour après jour me prêcher à moi-même cet Évangile de la grâce.

2) LA GRÂCE ME PERMET DE TROUVER MON IDENTITÉ ET MA SÉCURITÉ DANS MA RELATION AVEC DIEU. AINSI, JE SUIS LIBÉRÉ DU FARDEAU QUI ME POUSSAIT À LES CONSTRUIRE SUR CE QUE LES AUTRES PENSENT DE MOI.

En tant que pasteur, vous devriez moins vous préoccuper de ce que les autres pensent de vous, en ce sens que ce n'est pas auprès des autres que vous cherchez le courage, l'espoir, la paix, le repos et une raison de persévérer. Ainsi, vous êtes délivré du fardeau qui consiste à accorder trop d'importance aux réactions des gens et à craindre vos détracteurs. Pasteur, si vous avez besoin de doses périodiques d'appréciation et de respect pour persévérer, vous avez un sérieux problème. Bien sûr, vous avez besoin du ministère du corps de Christ et vous souhaitez vous ouvrir à ce ministère, mais vous êtes libéré des hauts et des bas de l'opinion des autres. Puisque votre identité est assurée en tant qu'enfant de Dieu, vous ne devez pas la chercher dans l'appréciation exprimée par les gens autour de vous. Vous êtes donc en mesure d'écouter la critique sans être anéanti par elle et de refuser de laisser l'opinion des autres définir votre identité et la direction de votre ministère. Votre identité assurée en Christ vous permet aussi d'affronter vos faiblesses avec humilité et honnêteté. C'est possible, puisque votre position devant Dieu n'est pas fondée sur votre performance, mais sur l'obéissance parfaite de Christ. De deux choses l'une : soit vous cherchez votre identité dans l'exercice du ministère, soit vous vous tenez debout avec assurance grâce à l'identité que vous avez reçue en Christ. Par conséquent, vous devez vous prêcher quotidiennement ces vérités.

3) JE N'AI PAS À CRAINDRE CE QUI PEUT ÊTRE RÉVÉLÉ SUR MON COMPTE, CAR TOUT CE QU'ON POURRAIT DIVULGUER A DÉJÀ ÉTÉ COUVERT PAR LE SANG DE JÉSUS.

La hantise d'être connu vous mènera à la dissimulation. Vous deviendrez maître dans l'art d'éviter les questions. Vous vous constituerez un arsenal de réponses bibliques sans intérêt pour donner l'impression que vous êtes plus spirituel que vous ne l'êtes. Je suis persuadé que beaucoup de pasteurs ont peur d'être vraiment connus. Ils craignent que leurs luttes réelles soient mises au grand jour. Plusieurs pasteurs m'ont avoué qu'ils avaient peur que leur péché soit révélé. À leur avis, ils ne peuvent se permettre d'être des pécheurs ordinaires, comme tout le monde. Une culture d'Église dans laquelle les pasteurs se sentent forcés de nier leur péché et de vivre en cachette par crainte d'être dévoilés est une culture dysfonctionnelle. Elle s'oppose carrément à l'Évangile que cette même culture est appelée à vivre et à proclamer.

Je dois me rappeler que l'Évangile m'invite à vivre à visage découvert. Il me permet de garder espoir malgré mes aspects les plus sombres. Il me rassure puisque tout ce qui peut être révélé sur mon compte a été résolu dans la personne et l'œuvre du Seigneur Jésus. Je n'ai donc pas à construire mon ministère sur un mensonge et prétendre que je suis quelqu'un d'autre. Je peux vivre dans l'humilité et l'honnêteté devant les autres et confier mon présent ministère et mon avenir entre les mains de mon Sauveur. Peu importe comment les autres réagissent, il ne me tournera jamais le dos et il ne niera pas les dons qu'il m'a donnés.

4) J'AI BESOIN DE ME RAPPELER QUE CE SONT MES ILLUSIONS D'INDÉPENDANCE ET NON MES FAIBLESSES QUI ENTRAVENT L'EFFICACITÉ DE MON MINISTÈRE.

On peut dire que si la faiblesse humaine engendrait d'emblée une disqualification pour le ministère, aucun des disciples n'y aurait été appelé. En réalité, pas un jour ne passe, pasteur, sans que votre faiblesse soit manifeste d'une manière ou d'une autre. Chaque jour, vous démontrez qu'il reste toujours en vous un certain résidu d'égarement. À vrai dire, Dieu utilisera les responsabilités, les occasions, les fardeaux et les tentations pour vous révéler votre véritable faiblesse et pour la révéler à ceux qui vous aiment. Il agit ainsi afin que vous recherchiez sans cesse l'aide de sa grâce. Il montre votre faiblesse aux autres afin qu'ils soient des instruments de sa grâce dans votre vie. Paul n'a pas abandonné son ministère malgré sa conviction qu'il était le premier de tous les pécheurs. Au contraire, le fait de reconnaître votre faiblesse protégera votre ministère. Cette réalité, quand vous la regardez en face, vous empêche de devenir obsédé par votre réputation auprès des hommes et par le désir de construire votre propre royaume. Enfin, c'est votre faiblesse qui vous protège des dangers de la présomption et d'une confiance démesurée en vos propres capacités.

Les illusions que vous entretenez quant à votre force et à la maturité dont vous manquez en réalité risquent de faire déraper votre ministère et finiront par le détruire. En effet, lorsque vous vous croyez puissant, vous pensez que vous pouvez vivre indépendamment de la grâce de Jésus et du ministère des autres, sans même parfois en être conscients.

5) JE PEUX AVOIR L'ASSURANCE QUE DIEU NE S'EST PAS TROMPÉ LORSQU'IL M'A APPELÉ AU MINISTÈRE. MON BESOIN SPIRITUEL NE NUIT PAS AU MESSAGE DE L'ÉVANGILE. AU CONTRAIRE, IL LE PROCLAME.

D'abord, il est évident que vous devez être rendu à un certain niveau de maturité pour être qualifié pour le ministère de l'Église locale.

Cependant, il faut reconsidérer l'idée selon laquelle toute faiblesse dont fait preuve un pasteur met en péril ou ridiculise le message qu'il proclame. Un tel point de vue prétend que vous devriez vous présenter comme le portrait parfait de tout ce que peut produire l'Évangile, sans quoi vous déshonorez le nom de Jésus. Cette attitude ne laisse aucune place à la confession et à la recherche de l'aide dont vous aurez inévitablement besoin en tant que pasteur. Après tout, vous êtes toujours au cœur du processus de sanctification.

Cependant, vous ne serez jamais ce portrait parfait. Christ est la seule personne qui a atteint cette perfection. À vrai dire, nous sommes plutôt appelés à démontrer la véracité de l'Évangile en étant des fenêtres à travers lesquelles les autres peuvent voir la gloire du Seigneur ressuscité. C'est notre faiblesse qui démontre le caractère indispensable et la puissance de la grâce du Seigneur Jésus-Christ. Seule sa grâce toujours présente et toute-puissante peut faire d'une personne qui a encore besoin d'être transformée un instrument de cette grâce transformatrice dans la vie des autres. Cette perspective nous libère et constitue une véritable délivrance. Elle nous empêche de prétendre que nous sommes ce que nous ne sommes pas en réalité et de nous glorifier de ce que nous n'avons jamais eu la capacité de produire par nous-mêmes. Elle empêche les personnes que nous servons de nous mettre sur un piédestal messianique qui doit être réservé à Jésus seul. L'Évangile que nous devons nous prêcher tient compte de notre faiblesse constante et de la grâce toujours suffisante.

6) IL N'Y A QU'UN SEUL MESSIE, ET CE N'EST ASSURÉMENT PAS MOI!

Il y a une chose que le ministère révèle hors de tout doute à propos de nous : nous n'avons ni la sagesse, ni le caractère, ni la force du Messie. Il n'est pas mal d'admettre que nous ne détenons pas la sagesse parfaite et que nous nous montrons parfois insensés. Il faut reconnaître que nous ne sommes pas entièrement transformés et qu'à certains moments, le caractère de Christ n'est pas manifeste dans nos vies. Nous devons confesser sans honte que nous ne sommes pas toujours à la hauteur. Le ministère expose les domaines dans lesquels nous sommes faibles. Qui plus est, il peut détruire notre confiance naïve en nous-mêmes et nous convaincre que Jésus-Christ est le seul rocher suffisamment solide sur lequel nous appuyer avec confiance.

▲ ▲ ▲

Ainsi, seuls l'espoir et l'assurance qu'apporte l'Évangile peuvent vous délivrer de la duplicité et de l'idolâtrie à laquelle tous les pasteurs sont tentés de s'adonner. C'est le courage de la grâce qui vous donnera envie de voir et de corriger les domaines de votre vie où votre message n'est pas cohérent avec votre façon de vivre. Seul l'Évangile peut vous délivrer de vos tentatives futiles de tout faire fonctionner malgré cette divergence. La décision irrévocable d'accueillir l'Évangile vous libérera du besoin qui consiste à chercher votre identité et votre refuge dans des éléments du ministère qui peuvent devenir les objets de votre véritable adoration. Or, ces choses n'ont pas la capacité de répondre à ce besoin. Si vous êtes pleinement convaincu que l'amour de Dieu est sans limites, vous n'aurez plus tendance à chercher le réconfort auprès des faux messies qui se présentent à tout pasteur. Vous ne chercherez plus à fonder votre espérance sur eux.

En un sens, vous connaîtrez soit la tristesse, soit l'illusion dans le ministère pastoral. Puisque le ministère expose votre faiblesse, il a le pouvoir de produire en vous une tristesse bénéfique : l'abandon de votre propre justice vous conduira à la croix pour y trouver le pardon, la guérison et la consolation. Toutefois, si vous oubliez l'Évangile, vous travaillerez à dissimuler et à nier ce qui est révélé à propos de votre vie privée et à utiliser la réussite de votre personnalité publique pour vous défendre. Vous entretiendrez l'illusion que vous êtes un expert de la grâce alors que vous êtes en réalité le cas typique de celui qui a besoin de l'Évangile qu'il offre aux autres. Seules deux routes s'offrent à votre cœur dans l'itinéraire du ministère : la route de la tristesse et la route de la prétention. La première mène à une plus grande espérance en Christ et à un courage accru pour exercer le ministère. L'autre mène à l'illusion orgueilleuse de sa propre importance, aux mauvaises décisions et à la suffisance. Toutefois, la vie à laquelle vous aspirez à l'écart des autres n'est possible qu'au sein de la communion fraternelle. La tristesse vous fera abandonner vos rêves quant à l'établissement du royaume de votre ministère et vous fera consentir à servir les desseins d'un meilleur Roi. La prétention vous fera confondre les intérêts de votre royaume personnel et ceux du Roi que vous êtes appelé à servir. Elle vous fera envisager votre ministère avec les yeux d'un monarque qui n'a pas besoin de la grâce. Pasteur, soyez sincère. Laquelle de ces voies décrit le mieux votre ministère?

COMBLER L'ÉCART

Ainsi, comment pouvons-nous combler l'écart qui existe dans chacune de nos vies entre notre enseignement et notre façon de vivre? Voici cinq engagements qui devraient être incrustés dans nos vies de ministère respectives.

1) CONTRAIGNEZ-VOUS À FAIRE VOUS-MÊME CE QUE VOUS EXHORTEZ LES AUTRES À FAIRE.

Pour chaque enseignement ou prédication que nous préparons, notre étude devrait inclure la mise en application personnelle. Nous devons nous demander ce que le passage que nous étudions dévoile sur notre propre cœur. Dans quel domaine ce passage de la Parole nous appelle-t-il à la confession et à la repentance? Quel élément révèle-t-il sur le caractère et le plan de Dieu qui pourrait ranimer notre façon de vivre? Comment appliquer ses perspectives, ses principes et ses commandements à notre quotidien? Au cours de la préparation, nous devons accorder à notre cœur le temps nécessaire pour qu'il s'afflige de son état et se réjouisse de l'Évangile. Nous devons prendre le temps de prier, de nous confesser et de nous engager à franchir concrètement les étapes de la repentance. C'est une immense bénédiction d'être appelé par Dieu à passer autant de temps dans sa Parole libératrice et transformatrice. Nous avons tous besoin d'en tirer avantage.

2) CONFESSEZ PUBLIQUEMENT VOS PROPRES LUTTES.

Je ne dis pas, bien sûr, que vous devez vous vider le cœur chaque fois que vous enseignez et que vous prêchez. Par contre, je crois que la confession n'est pas seulement bénéfique pour vous. Il est également important pour vos auditeurs d'entendre que vous n'avez pas encore atteint les plus hautes sphères spirituelles, que la vie de la foi représente une lutte pour vous aussi. Le simple fait d'ouvrir votre cœur en public réduit le fossé entre votre personnalité publique et votre vie privée. Vous rejetez ainsi l'idée de vous construire une vie parallèle. C'est un combat qui s'engage contre l'incohérence entre votre enseignement et votre façon de vivre, à laquelle il est si facile de s'habituer. Ce geste constitue une mise en application, devant votre congrégation, de votre prédication et de votre enseignement. Il s'agit d'une invitation à prier pour vous, à vous reprendre et à vous encourager. Vous déclarez ainsi votre engagement à vivre une vie qui coïncide avec votre enseignement. Vous faites publiquement l'effort de combler l'écart.

3) PLACEZ-VOUS SOUS UN CONSEIL SAGE ET BIBLIQUE.

À l'évidence, pasteur, nous avons tous besoin d'être conseillés. C'est un scandale de constater que dans une multitude d'Églises personne n'offre au pasteur de soutien pastoral. Personne ne l'aide à voir clairement ce qu'il ne voit pas ou à examiner ses pensées, ses désirs, ses paroles, et ses comportements. Personne ne l'invite régulièrement à se confesser. Qui détermine pour lui le moment où la repentance est de mise? Qui le soutient, dans ses moments de découragement, à l'aide des vérités bibliques? Qui lui rappelle la présence, et les promesses d'un Sauveur qui pourvoit à tous nos besoins? Personne ne l'avertit au sujet de son idolâtrie et de son orgueil. Personne ne le met en garde contre les tentations et les dangers dans sa vie.

Or, personne ne peut se permettre d'attendre et d'espérer simplement que cela se produise tout seul. Nous devons prendre l'initiative de rechercher quelqu'un que nous respectons et avec qui nous pouvons construire cette relation de conseil. Un individu à qui nous choisissons d'être redevables tout au long de notre ministère. Il ne suffit pas de le faire seulement pendant les périodes de découragement et de tracas. Nous devons humblement admettre que ce type de ministère transparent fait partie intégrante de notre ministère. Dans chaque ministère où je me suis trouvé, j'ai recherché l'aide pastorale de quelqu'un. Je ne peux m'imaginer à quoi ressemblerait ma vie ou mon ministère sans la protection, la délivrance, la vision et la croissance que ce genre de relation m'a procuré. En effet, j'ai toujours aussi besoin de ce soutien maintenant qu'au moment où j'ai compris, il y a plusieurs années, qu'en tant que pasteur, je n'avais pas été appelé à faire cavalier seul.

4) RENDEZ-VOUS ABORDABLE POUR VOTRE ENTOURAGE.

Pour éviter cette discordance entre la vie privée et le ministère, vous devez également exiger que votre famille s'engage dans votre ministère. Invitez votre femme à relever les domaines où vous faites preuve de paresse et d'incohérence spirituelle. Encouragez-la à vous reprendre avec amour lorsque vous activez votre avocat intérieur et lorsque vous refusez d'écouter. Demandez à celle qui vit auprès de vous de relever les moments où vous projetez sur votre famille les frustrations de votre ministère. Demandez de l'aide pour prendre de meilleures décisions lorsqu'il est question du double appel que représentent la famille et le ministère. Invitez vos enfants à vous reprendre respectueusement quand vous agissez envers eux plus durement que vous n'agiriez avec quiconque dans l'Église. J'en conviens, ce n'est pas le rôle de nos enfants de nous éduquer, mais nous devons rester humbles, abordables et disposés à admettre que notre façon d'exercer l'autorité parentale n'est pas toujours un reflet reluisant de l'autorité de Dieu. Demandez souvent à votre femme et à vos enfants de prier pour vous. Durant les moments d'adoration familiale, demandez que l'on prie pour vos luttes. Engagez-vous à confesser vos torts commis envers les membres de votre famille et cherchez leur pardon. Sommes-nous conscients du fait que personne n'a une meilleure perception à notre sujet que les personnes avec qui nous vivons? Y voyons-nous un atout et une bénédiction qui nous permettent de tirer profit de ces relations sur le plan personnel et spirituel? Ou passons-nous simplement à côté de l'avantage que constitue le point de vue de nos proches?

5) CONSTRUISEZ UNE COMMUNAUTÉ DE LEADERS HUMBLES ET SINCÈRES.

À vrai dire, plusieurs dirigeants dans l'Église ne connaissent pas leur pasteur et bon nombre de pasteurs ne connaissent pas les dirigeants de l'Église. Dans la plupart des groupes de leaders, aucun temps n'est investi dans le but de former une équipe compétente où l'on se conseille mutuellement. Vous devriez viser à ce que les anciens, les diacres ou toute équipe de responsables avec qui vous travaillez forment le groupe le plus spirituellement riche et le plus dévoué de votre Église. Les autres groupes devraient pouvoir regarder l'équipe que vous avez formée avec vos dirigeants et dire : « si seulement notre groupe ressemblait à celui-là ! » Chaque fois que vous vous réunissez, la confession et la prière devraient être à l'ordre du jour. Vous devriez organiser des retraites où les leaders bâtissent des relations fondées sur le partage personnel, la confession et la prière. Les rassemblements d'ouvriers engagés dans le ministère devraient être des endroits appropriés pour demander que l'on prie pour vous au sujet de vos luttes et des domaines dans lesquels vous avez besoin de croissance. Souvenez-vous que ce n'est pas par la connaissance, les aptitudes, l'expérience et la planification de ce groupe de leaders que les ministères que vous dirigez seront façonnés. C'est plutôt l'état du cœur de chacun de ces dirigeants qui influencera considérablement ces ministères. Ne laissons pas les activités de l'Église empiéter sur la formation d'une équipe de leaders spirituelle et active.

▲   ▲   ▲

Certes, il reste des domaines de notre vie où nous sommes toujours de piètres modèles de ce que nous proposons aux autres. Dans ces domaines précis, nous ne nous conformons pas encore aux critères que nous enseignons et prêchons. Cette réalité demeurera jusqu'à ce que le Seigneur revienne et nous ramène à la maison : Dieu a voulu que notre croissance soit un processus et non un phénomène particulier. Toutefois, réfléchissons à cette question. Nous sommes-nous habitués à cette rupture entre notre ministère et notre vie? Sommes-nous devenus indifférents quant à cette incohérence? Avons-nous appris à fonctionner malgré notre discordance spirituelle? Ou au contraire, sommes-nous tous les jours attristés par cette rupture? Notre tristesse nous motive-t-elle à mener notre vie et notre ministère dans une humilité et une sincérité encore plus grandes? Sommes-nous ouverts à l'aide que Dieu offre à chacun d'entre nous dans son Église? Enfin, nous qui sommes appelés à conseiller les autres vivons-nous comme si nous avions aussi besoin des conseils des autres?

CHAPITRE QUINZE

ALORS, QUE FAIRE À PRÉSENT?

Je confesse que la rédaction de ce livre a été très difficile, mais fort bénéfique. Dieu a utilisé cette expérience pour m'éclairer sur plusieurs aspects de mon cœur : je dois surveiller certaines de mes paroles et de mes actions. Dieu a employé ce livre pour me révéler des attitudes et des gestes qui ne sont pas cohérents avec ce que j'enseigne si passionnément aux autres. Au cours de la rédaction, il m'est arrivé maintes fois de fondre en larmes en essayant de partager avec Luella ce que Dieu me révélait. J'ai dû prendre un certain recul à plusieurs reprises pour prier, me confesser ou adorer. J'en suis venu à avoir une perception plus exacte de moi-même et une gratitude plus profonde envers la grâce constante de mon Sauveur. J'ai été humilié et j'ai pu constater à nouveau pourquoi ma position devant mon Père céleste ne sera jamais fondée sur ma performance, mais sur l'œuvre de Christ. Enfin, je redoute de moins en moins l'idée de confesser aux autres que j'ai toujours besoin du secours que Dieu m'accorde par l'entremise de son peuple.

Le passage suivant résume très bien tout ce que nous avons vu. C'est le conseil que donne Pierre aux dirigeants de l'Église. Il se trouve dans 1 Pierre 5.6-11 :

> Humiliez-vous donc sous la puissante main de Dieu, afin qu'il vous
> élève en temps voulu. Déchargez-vous sur lui de tous vos soucis,
> car il prend soin de vous. Soyez sobres. Veillez! Votre adversaire,
> le diable, rôde comme un lion rugissant, cherchant qui dévorer;
> résistez-lui, fermes dans la foi, et sachant que les mêmes souffrances

sont imposées à vos frères dans le monde. Le Dieu de toute grâce, qui, en Christ, vous a appelés à sa gloire éternelle, après que vous aurez souffert un peu de temps, vous formera lui-même, vous affermira, vous fortifiera, vous rendra inébranlables. À lui la puissance aux siècles des siècles! Amen!

Voici cinq recommandations tirées de ce passage qui illustrent bien comment mettre en application ce que vous avez lu dans ce livre.

1) SACHEZ QUI VOUS ÊTES DEVANT DIEU.

Je dois confesser avec tristesse que lorsque je passe en revue mes années de ministère, je constate que je n'ai pas toujours su qui j'étais. Il y a eu des moments, et même des époques, où j'ai considéré le ministère comme étant *mon* ministère. Il est maintenant évident pour moi que certaines des périodes les plus difficiles du ministère avaient été préparées par Dieu afin que je lâche prise. Notamment, une lettre envoyée à des confrères pour remettre en question mon orthodoxie, un vote qui m'a exclu de l'école chrétienne que j'avais fondée et le dénigrement de ma prédication par le leader influent d'une Église locale. Ces luttes se sont avérées beaucoup plus importantes que celles que je m'attendais à vivre pour le ministère de l'Évangile au sein d'un monde déchu. Je sais maintenant qu'il s'agissait d'instruments de Dieu pour secourir mon ministère et regagner mon cœur. Dieu ne me tournait pas le dos. Il tournait plutôt vers moi son regard empreint de grâce. L'Église était sans doute devenue mon petit royaume personnel. L'école était sans doute devenue *mon* école. J'ai sans doute fait preuve d'orgueil dans ma prédication le dimanche matin.

Dieu ne voulait pas que l'Église soit désavantagée à cause des ambitions que je nourrissais pour mon propre royaume. Il ne voulait pas me céder son trône pour que je devienne le souverain royal de mon propre ministère. Il ne m'aurait pas permis de me tenir devant l'assemblée en étant un voleur de gloire. Ainsi, à maintes et maintes reprises, Dieu a eu recours à des situations difficiles dans le ministère pour m'inciter à renouveler mon allégeance à son royaume et à sa gloire.

Bref, voilà en quoi consiste le grand combat intérieur du ministère. Vous êtes appelé à être l'ambassadeur public et influent d'un Roi glorieux, mais vous devez résister au désir d'être vous-même un roi. Vous êtes appelé à faire retentir la gloire de Dieu, mais vous ne devez jamais vous approprier cette gloire. Vous occupez un poste de direction, d'influence et d'éminence, mais dans l'exercice de cette fonction, vous êtes appelé à vous humilier « sous la main de Dieu » (verset 6). À vrai dire, rien n'est plus important dans le ministère que de savoir qui vous êtes. La crainte des hommes, l'orgueil de la connaissance, la quête de domination, la dépression devant les difficultés, la convoitise à l'égard du ministère des autres, l'amertume envers les détracteurs et la peur de l'échec relèvent sans doute tous du même enjeu. Toutes ces luttes sont liées à la tentation de vous mettre au centre de votre ministère. Depuis le premier sombre épisode dans le jardin, la lutte est toujours associée au même désir : celui d'être au centre de tout.

Il est si facile de confondre notre royaume et celui de Dieu, de nous convaincre que nous combattons pour l'Évangile alors qu'en réalité, nous luttons pour nos intérêts. Nous nous persuadons que nous cherchons simplement à être un dirigeant efficace. Or, ce que nous cherchons vraiment, c'est la domination. Nous pouvons prétendre que nous construisons de saines relations dans le ministère alors que nous voulons avant tout que les autres nous aiment. Il est si facile de nous persuader que nous essayons d'aider les autres à comprendre des vérités théologiques alors qu'en réalité, nous cherchons à les impressionner par nos connaissances. Nous affirmons sans doute que nous combattons pour le bien, mais à vrai dire, nous nous sentons menacés par l'influence grandissante d'une autre personne. Nous nous imaginons aisément que nous recherchons ce qui est mieux. Toutefois, nous souhaitons plutôt une vie commode et prévisible dans le ministère. Nous déclarons sans peine que nous cherchons à glorifier Dieu, alors qu'en réalité, nous aimons la célébrité du ministère plus que nous voulons l'admettre. Il est difficile de se rappeler notre véritable place lorsque le ministère nous propulse à un poste caractérisé par la prééminence et l'influence. La tentation nous entraîne subtilement à envier la place de Dieu. Il est vital de se rappeler que la tentation du jardin nous suit partout : à l'Église, au bureau, aux réunions du conseil, lors des rencontres de counseling et au cours de nos temps d'étude.

Somme toute, peu importe l'endroit où vous exercez le ministère, votre situation, le nombre de personnes qui vous admirent, l'influence que vous avez acquise, la durée et la réussite de votre ministère : vous ne serez jamais au centre de votre ministère, car cette place est celle de Christ. Dieu n'abandonnera jamais son royaume pour le vôtre. Il ne vous cédera jamais son trône. Il ne vous accordera jamais la gloire qui lui appartient. Son royaume et sa gloire constituent l'espérance de votre ministère et de l'Église. Enfin, lorsque j'oublie quelle est ma place et que je recherche en quelque sorte celle de Dieu, j'expose mon ministère ainsi que l'Église où j'ai été appelé à servir à de graves dangers.

Par conséquent, j'ai besoin d'être délivré de moi-même. Je peux changer de rôle et de responsabilité dans le ministère, mais je ne peux échapper aux pensées et aux désirs de mon propre cœur. C'est pourquoi ce matin encore, je fais appel à l'aide de mon Rédempteur. Je prie qu'il puisse combattre à ma place et que sa grâce m'incite à l'aimer plus que je m'aime moi-même. Je prie qu'il m'accorde d'être si profondément satisfait dans sa gloire que je perde tout intérêt à chercher ma propre gloire. Et alors même que je prie, je sais que je devrai recommencer cette prière demain, puisque je serai encore tenté demain d'oublier qui je suis. Je serai également tenté de me placer au centre de mon ministère. Or, ce n'est pas moi qui dois occuper cette place.

Dans votre ministère, à l'endroit même où Dieu vous a placé, y a-t-il lieu de croire que vous avez oublié qui vous êtes, ou votre ministère est-il plutôt façonné par un engagement quotidien à vous « humilier sous la main puissante de Dieu »? Les personnes que vous servez auraient-elles raison de penser que vous êtes trop axé sur le pouvoir et le contrôle? Ces personnes affirmeraient-elles que vous vous préoccupez trop de ce que les autres pensent de vous? Diraient-elles que vous cherchez trop à attirer l'attention et à exercer votre influence? Vous décriraient-elles comme un humble leader-serviteur? Vous perçoivent-elles comme un homme porté à s'attribuer trop de mérite? Ou plutôt, reconnaissent-elles que vous savez de façon évidente que vous n'êtes pas au centre du ministère auquel Dieu vous a appelé? Peuvent-elles conclure que vous savez qui vous êtes vraiment?

2) APPUYEZ-VOUS SUR DIEU ET CHERCHEZ EN LUI VOTRE REPOS.

Lorsque nous croyons que Dieu prend réellement soin de nous, nous pouvons trouver notre repos en lui. Cette confiance a un effet transformateur sur notre ministère. À certains moments, vous serez tenté de vous demander si Dieu est près de vous et s'il s'intéresse vraiment à vous. Dans d'autres occasions, il paraîtra ne pas répondre à vos prières ou il vous semblera absent. Il y aura des jours où vous vous sentirez incompris et seul, où il sera presque impossible de comprendre les plans de Dieu. Vous serez parfois tenté de vous demander si tout cela en vaut vraiment la peine et alors, l'idée d'être vendeur d'*iPad* ne vous semblera pas si mauvaise après tout. À certains moments, la pression déchirante entre le ministère et la famille semblera trop lourde à porter. Certains jours, vous croirez que Dieu ne vous a donné ni la sagesse ni la force nécessaire pour accomplir ce qu'il vous appelle à faire. Il y aura des moments où l'opposition sera forte et le progrès insignifiant. Vous aurez parfois tendance à douter profondément du fait que Dieu prend toujours soin de vous.

J'ai déjà écrit à ce sujet, mais il est important de le répéter. Parfois, même si nous sommes dans le ministère, il nous arrive comme aux autres de remettre en question la bonté, la fidélité et l'amour de Dieu. Il y a des moments où nous avons envie de crier : « où es-tu? » ou « que fais-tu, au juste? » À l'occasion, nous sommes tentés de croire que nous serions une meilleure tête pour l'Église que celui qui en est véritablement la Tête, un meilleur souverain que le Dieu souverain ou un meilleur sauveur que l'unique Sauveur. Bien qu'il soit difficile de l'admettre, il peut arriver que nous nous demandions si Dieu dort aux commandes.

En réalité, nous ne comprendrons jamais Dieu. Il n'agira pas toujours selon nos attentes. Il ne se conformera jamais à nos projets. Il ne se montrera jamais prévisible dans le seul but de nous rassurer. Si nous nous reposons en Dieu uniquement lorsque nous comprenons ce qu'il fait, plusieurs circonstances surviendront dans lesquelles nous ne jouirons pas de ce repos. Le danger auquel nous nous exposons est bien réel : nous ne chercherons jamais l'aide d'une personne en qui nous n'avons plus confiance. C'est dans les moments d'épreuve, lorsque les actions de Dieu semblent incompréhensibles, qu'il est le plus important de nous prêcher à nous-mêmes l'Évangile de son amour constant et inébranlable. Assurément, ses soins à notre égard sont bel et bien réels, même au cours de ces moments où nous ne comprenons pas son amour et ses actions.

Je veux m'interdire de penser que je suis seul. Je refuse de prétendre que je suis pauvre. Je refuse de céder à la panique au point de voir mon ministère complètement paralysé. Je ne chercherai pas de l'aide là où je ne peux la trouver. Dieu est avec moi, il s'occupe de moi. Cela me donne l'assurance que j'ai et que j'aurai toujours tout ce dont j'ai besoin pour accomplir le rôle précis qui m'a été imparti dans le ministère, pour être ce que je suis appelé à être et pour faire ce qu'il m'a été réservé de faire.

Votre repos en Dieu calme-t-il votre anxiété? Vous empêche-t-il de vous sentir seul et surchargé? Vous réconforte-t-il dans les épreuves? Le repos dont vous jouissez est-il une source de repos et de consolation pour les autres? Vous empêche-t-il de ressentir le besoin de vous évader d'une quelconque façon (nourriture, drogue, alcool, sexe, télévision, internet, activités, personnes, etc.)? Le repos que Dieu vous offre vous encourage-t-il dans le ministère? Vous aide-t-il à faire face à l'opposition avec humilité? Jouissez-vous concrètement du repos de Dieu?

3) PRENEZ VOTRE MINISTÈRE AU SÉRIEUX.

Pierre semble presque affirmer : « Avez-vous oublié l'existence du mal réel et personnel? Avez-vous oublié que le ministère est une guerre spirituelle de tous les instants? Êtes-vous si habitués à cette guerre spirituelle que vous ne la prenez plus au sérieux dans le contexte de votre vie quotidienne et de votre ministère? Ignorez-vous qu'aussi longtemps que vous serez sur cette terre, vous serez constamment harcelés spirituellement et que ceux auprès de qui vous travaillez le seront également? Adoptez-vous une attitude trop désinvolte par rapport à votre ministère? Vous permettez-vous certains comportements que vous jugeriez inadmissibles si vous vous souveniez que vous êtes engagés dans la guerre la plus importante de tous les temps? Avez-vous omis certains gestes essentiels du fait que vous n'avez pas pris cette guerre au sérieux? »

Ainsi, bon nombre d'entre nous entretiennent une perception du ministère qui est carrément terrestre et pas du tout spirituelle. Cette situation est triste et comporte un risque important. Tout démontre que nous nous préoccupons beaucoup du personnel, des planifications stratégiques, des programmes de construction, de la situation financière, des structures administratives, de la démographie de l'auditoire, de la pertinence culturelle, de l'avancement de notre carrière, du maintien du budget, des collectes de fonds. Toutefois, nous ne consentons aucun effort supplémentaire pour devenir de meilleurs soldats dans le grand combat spirituel qui fait rage en nous. Cela nous attire sans doute bien des ennuis, car cette perception du ministère expose plusieurs d'entre nous à la tentation. Nous pourrions croire que l'exhortation à veiller parce que Satan existe vraiment est si évidente que Pierre se serait abstenu de l'adresser aux leaders de l'Église de Dieu. Pourtant, il la leur rappelle.

Pierre connaissait le piège dans lequel plusieurs d'entre nous sont tombés. Il consiste à oublier qui nous sommes au cœur du ministère, à oublier la condition du monde dans lequel nous vivons, et à oublier qui sont les personnes que nous sommes appelés à servir. Par conséquent, nous perdons de vue le mal qui nous assaille et qui constitue le cadre dans lequel nous exerçons le ministère. Pasteur, votre théologie ne vous empêchera pas de subir des attaques spirituelles. Vos dons ne vous permettront pas d'y échapper. Votre expérience ne vous en protégera pas. Le fait de faire partie d'une équipe formée de responsables efficaces et de faire preuve d'une bonne planification n'atténue pas les réalités spirituelles contre lesquelles Pierre nous met en garde. Le diable existe et il cherche à vous dévorer. Vous devez vous montrer sérieux et attentif.

Très peu de pasteurs ont subi des ravages dans leur ministère à cause d'une mauvaise planification. Très peu d'entre eux ont vu leur ministère être en péril à cause du manque de responsables doués. Un faible nombre seulement se sont égarés dans leur ministère à cause d'un budget mal géré. Par contre, des milliers de pasteurs ont détruit leur ministère parce qu'ils avaient perdu de vue le but du ministère et parce qu'ils ne s'étaient pas protégés contre la tentation. Ils sont malheureusement devenus les victimes de cette guerre que Pierre nous demande de ne jamais oublier.

Par conséquent, si vous croyez réellement ce que dit Pierre au sujet du ministère quotidien dans l'Église locale, vous choisirez d'agir d'une certaine manière en tout temps. Vous vous prémunirez contre les mensonges séducteurs de l'ennemi. Vous refuserez de vous illusionner et de prétendre que vous vous êtes élevé au point de ne plus avoir besoin de vigilance. Vous vous assurerez qu'un autre pasteur prenne soin de vous à titre de pasteur. Vous vous entourerez de personnes à qui vous pourrez librement confesser vos faiblesses, vos échecs, vos luttes et vos péchés. Vous inviterez les autres à vous avertir, à vous mettre au défi et à vous reprendre si nécessaire et quand ils le feront, vous éviterez de vous défendre et de chercher à vous justifier. Vous vous engagerez à affermir votre âme quotidiennement. Vous chercherez à exposer l'emprise du diable dans la vie des responsables et des leaders. Vous vous fixerez des limites, des frontières que les autres vous aideront à maintenir pour vous protéger contre vous-même. Vous prendrez garde aux incohérences entre votre personnalité publique et votre vie privée. Vous réviserez 1 Pierre 5 avec votre équipe de responsables et de dirigeants. Même dans les situations les plus banales, exigez que votre approche du ministère soit fondée sur les paroles d'avertissement de Pierre.

4) RÉSISTEZ À TOUT PRIX.

Pierre énonce un principe qui, à première vue, semble étrange. Il nous exhorte, nous qui sommes dans le ministère, à résister au diable. Puis il ajoute : « sachant que les mêmes souffrances sont imposées à vos frères dans le monde » (verset 9). Ces paroles montrent que Pierre est lui-même un pasteur sage et perspicace. Il appelle d'abord tous ceux qui travaillent dans le ministère à résister au malin et à ne lui laisser aucune place pour accomplir son œuvre. Ensuite, il expose l'un des mensonges les plus séducteurs du diable. Ce dernier veut vous amener à croire que votre ministère est particulièrement difficile. Il veut que vous pensiez que vous avez été mis à part pour vivre une souffrance unique. Il souhaite que vous vous imaginiez que les circonstances et les relations qui entourent votre ministère sont nettement plus difficiles que celles qu'expérimentent les autres. Il veut vous voir persister misérablement dans le mensonge selon lequel ils prospèrent pendant que vous souffrez, qu'ils sont respectés alors qu'on vous remet en question et que leur travail est facile tandis que le vôtre est ardu. Il veut vous faire croire que vous êtes en quelque sorte différent des autres, dans le but que vous portiez le fardeau de la solitude.

Or, pourquoi Satan voudrait-il vous faire croire qu'une souffrance particulière s'acharne sur vous? Il sait ce qui perturbera et qui ultimement détruira votre ministère et il souhaite vous voir emprunter cette voie. Il veut vous pousser à douter de la présence, de la bonté, de la fidélité et de la grâce de Dieu. C'est là son arme la plus puissante. Elle a le pouvoir de vous blesser et de nuire à votre ministère. De toute évidence, si vous en venez à douter de la bonté de Dieu, vous ne chercherez pas son réconfort dans les moments difficiles. En effet, nous ne cherchons pas l'aide de quelqu'un en qui nous n'avons pas confiance. De plus, si vous doutez de la bonté de Dieu, il sera très difficile d'inviter les autres à compter sur sa bonté. Le fait d'entretenir des doutes personnels au sujet de la bienveillance de Dieu minera toute votre vitalité spirituelle et celle de votre ministère. Notez qu'il est possible de s'engager au quotidien dans un ministère et de maintenir fermement sa confession théologique et de douter en même temps, au plus profond de soi, de la fidélité de Dieu. Plusieurs pasteurs sont remplis de colère et d'amertume et ils s'acharnent néanmoins à la tâche, sans même songer à se relâcher. Toutefois, dans l'exercice de leur ministère, ils se demandent si le Dieu qu'ils sont appelés à représenter se soucie vraiment d'eux.

À vrai dire, une autre chose mérite également notre attention. Pierre n'est pas étonné de constater que ses lecteurs et ses frères dans le ministère souffrent. L'expérience personnelle lui a appris que l'appel au ministère est aussi un appel à souffrir (voir 2 Corinthiens 1 pour comparer ce que dit Paul à ce sujet). Dans toute guerre, le soldat souffrira d'une façon ou d'une autre. Ainsi, les pasteurs finiront un jour ou l'autre par souffrir dans le grand combat spirituel de la rédemption. Le soldat, s'il ne souffre pas d'une blessure, souffrira sans doute du fait que sa vie est mise en suspens. Il souffrira de l'éloignement des êtres qui lui sont chers, de la peur, de la tentation et de l'épuisement du combat. Il subira l'horreur d'avoir à vivre des choses qu'aucun être humain ne devrait voir ou expérimenter. Il sera frappé de culpabilité, car il a survécu et croit qu'il aurait sans doute pu faire davantage. De même, le ministère de l'Évangile nous amène au front et nous expose aux dangers personnels et collectifs de la guerre. Il est impossible d'exercer le ministère et de s'en sortir indemne. Par conséquent, vous et moi devons nous opposer au mensonge de l'ennemi selon lequel nous avons été choisis pour affronter plus de difficultés que les autres. Résistons à la tentation qui nous porte à croire que Dieu nous a oubliés, qu'il nous a négligés ou nous a tourné le dos. Rejetons l'idée que nous sommes victimes de l'abandon de Celui qui nous a appelés à le représenter. Souvenons-nous que notre souffrance n'entrave pas le plan de Dieu. Au contraire, elle en fait partie. Non seulement Dieu nous accompagne dans les souffrances, mais il les utilise également pour nous transformer et pour transformer ceux auprès de qui nous exerçons notre ministère.

5) FAITES CONFIANCE À LA GRÂCE TRANSFORMATRICE DE DIEU.

Pierre termine ses exhortations adressées aux leaders de l'Église en évoquant non pas ce à quoi ils sont appelés, mais plutôt ce qu'ils ont reçu. Il les oriente ainsi vers le seul endroit où ils trouveront le repos, l'espoir, la sécurité, la paix intérieure et une raison de persévérer.

Lorsque vous cherchez sur le plan horizontal ce que vous avez déjà obtenu dans votre relation avec Dieu sur le plan vertical, vous vous exposez, vous ainsi que votre ministère, à un danger spirituel. Si vous cherchez votre identité dans votre ministère au lieu d'exercer le ministère selon l'identité que vous avez déjà reçue, vous ouvrez la porte à l'asservissement et à l'anxiété. Ces derniers peuvent affaiblir votre ministère et vous induire en erreur. Si le respect et l'estime des autres vous motivent plus que la grâce constante et fidèle de Dieu, vous finirez par être déçu et découragé et vous vous demanderez si vous avez ce qu'il faut pour persévérer. À l'évidence, vous vous exposez à l'échec lorsque vous vous confiez en votre propre sagesse et en vos propres forces. Vous exigez alors de vous-même une vertu impossible à pratiquer, et, par conséquent, vous n'aspirez plus à la grâce toute suffisante.

Ainsi, Pierre termine ses paroles de sagesse, d'avertissement et d'encouragement pour tous ceux qui exercent le ministère en les ramenant à l'essentiel. Il n'y a qu'un seul endroit où puiser votre repos, votre motivation et votre espoir. Vous ne trouverez jamais ces choses en vous-même, auprès de ceux que vous servez ou des dirigeants qui servent à vos côtés, ni même dans la réussite que connaît votre ministère. Vous et moi devons nous prêcher cet Évangile ancien et le mettre chaque jour en pratique avec une passion renouvelée. Évitons de nous évaluer sur la seule base de nos dons et de nos expériences et d'envisager notre avenir selon la situation que nous connaissons aujourd'hui.

Notez que Pierre considère qu'il est essentiel d'inviter les ministres de l'Évangile à se rappeler l'Évangile. On pourrait croire qu'une telle remarque est superflue, mais Pierre voit les choses autrement. C'est sans doute l'objectif central du livre que vous venez de lire. Il expose de manière détaillée ce qui se produit dans la vie d'un individu quand il oublie de se prêcher à lui-même l'Évangile qu'il est appelé à présenter aux autres. Hélas, des milliers de ministres de l'Évangile démontrent par leur vie et leur ministère qu'ils souffrent d'amnésie par rapport à l'Évangile! Or, ils paient très cher leur oubli. Le prix à payer est le même pour tous ceux qui recherchent la vie là où elle ne se trouve pas.

Avec beaucoup de hardiesse, Pierre n'hésite pas à prêcher une fois de plus l'Évangile aux ministres de cet Évangile. Il sait que l'Évangile est souvent la première victime du travail ardu, de la lutte et de la souffrance associés au ministère dans l'Église locale. Par conséquent, Pierre rappelle à ses lecteurs que la grâce garantit leur avenir. Il déclare : « En Christ, vous avez été appelés à la gloire éternelle » (voir verset 10). Or, il importe de comprendre qu'il ne s'agit pas d'un vague espoir, mais d'une source réelle et actuelle de motivation pour le ministère présent. Pierre affirme que si notre place est assurée auprès du Sauveur dans l'éternité, la grâce dont nous jouissons d'ici là est également assurée. La promesse de la grâce à venir est toujours accompagnée de la promesse de la grâce présente. Si le dénouement de mon histoire est assuré, cela signifie par conséquent que Dieu ne souhaite pas m'abandonner ou me perdre en chemin. Pasteur, votre avenir éternel est lié à la promesse sincère que vous bénéficierez de toute la grâce dont vous aurez besoin entre le moment où vous êtes venu à Christ et celui où vous rentrerez à la maison céleste pour être éternellement avec lui.

Pierre veut également que vous sachiez que le Seigneur, en plus de vous offrir sa protection, sa provision et sa puissance, travaille aussi en vous dans le but de vous transformer. Pas un moment ne passe dans votre ministère sans qu'il n'exerce aussi son ministère envers vous. En même temps qu'il agit à travers vous pour façonner les autres, le Sauveur vous façonne. En plus de vous avoir appelé à être un agent de sa grâce transformatrice, il vous transforme par la même grâce. Il s'engage non seulement à veiller au succès de votre ministère, mais aussi au triomphe de sa grâce dans votre propre cœur et votre propre vie. Par conséquent, Pierre déclare : « Christ… vous formera lui-même, vous affermira, vous fortifiera, vous rendra inébranlables » (verset 10). Vous n'êtes pas qu'un simple véhicule de sa merveilleuse grâce. En effet, vous êtes également un bénéficiaire de cette grâce. Vous parlez aux autres de tout ce que Dieu s'est engagé à leur donner en Christ, et au plus profond de votre cœur, vous savez que vous en avez vous-même désespérément besoin. Eh bien, Pierre vous assure une fois de plus que vous êtes l'objet des tendres soins rédempteurs de Christ et que vous le serez toute votre vie, jusqu'à ce qu'il ait achevé son œuvre en vous. Voilà donc une bonne raison de vous lever le matin et de persévérer, même si votre péché et vos faiblesses ont été dévoilés et même si le ministère est difficile.

Cependant, Pierre se réserve un dernier élément dans son argumentation. Il désire vivement vous rappeler que votre Sauveur est souverain et qu'il le sera toujours. Celui qui est la source de votre espérance règne sur toute situation que vous aurez à vivre dans le cadre du ministère. Il est impossible de se trouver engagé dans un contexte ou une relation dans le ministère qui n'est pas dirigé par Christ le Roi. Cette réalité est réellement importante puisque toutes les promesses qu'il vous fait dépendent de sa souveraineté. Il est seulement en mesure de garantir la réalisation de ses promesses dans les domaines où il a la liberté d'exercer un contrôle. Et puisqu'il maîtrise tout parfaitement, aucune situation du ministère n'est hors de sa portée. Par conséquent, vous pourrez toujours compter sur lui pour l'accomplissement de tout ce qu'il vous a promis. De plus, ce n'est pas le fait que vous ayez le contrôle ou que vous fassiez preuve d'ingéniosité en tant que pasteur qui assurera la réussite de votre ministère. C'est plutôt le fait que notre souverain Sauveur accomplira parfaitement son plan pour son Église. Alors, que devons-nous donc faire à présent?

Dans le contexte particulier de votre ministère, engagez-vous à vous prêcher régulièrement l'Évangile selon Pierre et demandez à votre entourage de vous le rappeler encore et encore. Peut-être que la culture dans laquelle vous évoluez ou dans laquelle vous avez été formé s'éloigne des préceptes bibliques. Si vous êtes le dirigeant d'un séminaire, d'un groupe d'Églises ou d'un ministère particulier, travaillez avec d'autres à corriger les domaines de votre ministère qui ne sont pas toujours conformes aux exigences bibliques. Si vous exercez un ministère et que la lecture de ces pages vous a révélé l'état de votre cœur, confessez ce que vous devez confesser et cherchez de l'aide. Si vous êtes pasteur et que vous constatez que la culture qui influence votre ministère a besoin de changement, réglez cette question avec vos leaders et effectuez ces changements avec eux.

Si vous avez lu ce livre parce que vous aimez votre pasteur ou le dirigeant d'un ministère précis et que vous vous souciez de lui, priez pour lui tous les jours. Cherchez à l'encourager au moyen de l'Évangile chaque fois où il est approprié de le faire. Si vous êtes la femme d'un ouvrier dans le ministère et que vous vous préoccupez de son bien-être spirituel, ne vous contentez pas d'observer la scène en silence. Ne perdez pas espoir à son sujet et ne vous mettez pas en colère contre lui, mais reprenez-le et encouragez-le à chercher de l'aide. Lorsque vous faites ces choses rappelez-vous aussi ces paroles : « Que le Dieu de paix — qui a ramené d'entre les morts le grand berger des brebis, par le sang d'une alliance éternelle, notre Seigneur Jésus — vous rende aptes à tout ce qui est bien pour faire sa volonté; qu'il fasse en nous ce qui lui est agréable par Jésus-Christ, à qui soit la gloire aux siècles des siècles! Amen! » (Hébreux 13.20-21.)

www.ingramcontent.com/pod-product-compliance
Lightning Source LLC
Chambersburg PA
CBHW071320090426

42738CB00012B/2747